DARIO LISIERO

EL VICARIO APOSTOLICO

JACINTO VERA

LUSTRO DEFINITORIO EN LA HISTORIA DEL URUGUAY (1859-1863)

Primera Parte

Dario Lisiero
El Vicario Apostólico Jacinto Vera,... Primera Parte
ISBN 978-0-6151-4359-0

Introducción

La presente investigación relativa a un breve período de la historia eclesiástica uruguaya, abre una nueva página en la historiografía eclesiástica del Estado Oriental, y constituye en alguna forma su inicio, no en el sentido de que hasta el presente no se haya escrito nada, sino que lo publicado carece lamentablemente de una documentación satisfactoria.

Esta búsqueda aunque no sea la primera en el orden cronológico, lo es por la utilización de todo el material de archivo a disposición de los estudiosos (material en su casi totalidad desconocido), por la inserción de los personajes y hechos eclesiásticos en el clima **ideológico nacional** (liberalismo, masonería, y ultramontanismo), por la presentación, lo más objetiva posible de los mismos, y finalmente por el estudio de las estructuras eclesiásticas y de la situación jurídica del vicariato.

El análisis cuidadoso de las fuentes, conservadas en los archivos de Europa y América, permite puntualizar la situación eclesiástica del Uruguay (independiente de hecho, y dependiente de derecho de la diócesis de Buenos Aires), esbozar tentativas de arreglo para la erección del territorio en diócesis, y la estipulación de un concordato, y finalmente esclarecer la anormal situación en el ejercicio del derecho de patronato.

Se evidencia luego el influjo preponderante de la masonería y de las otras corrientes liberales en pugna con la facción ultramontana (conservadora) del clero, presente en la oposición al nombramiento de Vera, en el entierro del masón Jakobsen, en la destitución de Brid, en el destierro de Vera y en la misión Castellanos.

El carácter, la ideología, y la manera de proceder de los protagonistas (Vera, Pereira, Berro, Marini), son objeto de especial profundización.

Los contrastes surgidos entre el delegado apostólico Marini y el Vicario Vera, y entre este último y el Presidente Berro, reducidos a sus causas últimas, son expuestos con objetividad, llegándose a la conclusión de una sustancial rectitud en la técnica diplomática de

Marini, así como de una excesiva intransigencia en la defensa de los intereses eclesiásticos por parte de Vera y de los jesuitas, y de un altísimo concepto del Estado y de la autoridad presidencial en Berro.

Una síntesis general de todas estas cuestiones permite apreciar con suficiente claridad las condiciones generales de la Iglesia en la República Oriental del Uruguay, dejando entrever la evolución posterior de las relaciones entre la misma y el Estado.

Es indudable que en la vida de la Iglesia se dan fases diversas, en las que aparecen realizaciones concretas y modelos históricos sustancialmente divergentes.

El proyecto actual de nuestra Iglesia no puede ser comparado con un modelo de cristiandad constatiniana, caracterizado por la alianza oficial entre el trono y el altar. **El trono por encima del altar.**

No se trata tampoco del modelo gregoriano (Gregorio VII), inocentino (Inocencio III) y bonifaciano (Bonifacio VIII) de alianza entre trono y altar. **El altar por encima del trono**.

Tampoco se trata del modelo puro de una Iglesia sociedad perfecta, poder paralelo, con sus instituciones propias, desde los sindicatos, a los partidos políticos, a las escuelas confesionales, a los medios de comunicación, etc.

Simplificando, podríamos decir que en la mentalidad de Vera, el único modelo de Iglesia posible era un modelo gregoriano, ajustado a la situación jurídica anormal uruguaya, mientras que para el presidente Berro podría ser válido un modelo constantiniano, con las modificaciones requeridas por el tiempo y el lugar.

En la presente investigación se estudiará la actuación de la Iglesia uruguaya, en su representante Mons. **Jacinto Vera**, durante el **lustro definitorio 1859-1863**.

CAPITULO I

Situación jurídica del Vicariato, obispado, concordato y derecho de patronato

1. **Situación jurídica del Vicariato**: *Situación jurídica en lo político*

La convención de paz de 1828 consagraba, al fin, la independencia oriental. "En los artículos primero y segundo de dicha Convención, el Imperio del Brasil y las Provincias Unidas del Río de la Plata, cada uno por su parte, 'declaraban' y 'concordaban en declarar' separadamente la independencia de la Provincia Cisplatina, o de Montevideo.

Se omitía consignar en esos artículos iniciales que la independencia no era más que el reconocimiento de los hechos impuestos por la voluntad del pueblo oriental"[1].

Quien examinase críticamente esa carta creería que la independencia de la Provincia Oriental era el fruto de una concesión graciable y generosa de las dos potencias y "la omisión en consignar que ella ratificaba la voluntad libremente expresada del pueblo oriental, fuera de ser humillante, entrañaba un peligro"[2].

La convención preliminar de paz tenía demasiadas omisiones para asegurar la independencia que tardía e imperfectamente se venía a reconocer[3].

Esta convención de paz establecía, además,"una doble protección para el nuevo Estado: garantía de su gobierno legal, hasta cinco años después de jurada la constitución; garantía de su independencia, en el tiempo y modo que se conviniese en el Tratado Definitivo de Paz.

Así, pues, indefinido en cuanto a fronteras, indefinido en cuanto a posición internacional, el país parecía justificar el apelativo de semi-soberano y mediatizado, con que fue designado despectiva e injustamente por algún ministro argentino"[4].

---

[1] PIVEL DEVOTO-RANIERI, Historia de la República..., 8
[2] Ibíd., 8-9
[3] Ibíd., 11
[4] Ibíd., 48

La intención de los contratantes, tanto de las Provincias Unidas como del Brasil, no había sido fundamentalmente sincera, porque en ambos existía el propósito de reconstruir la unidad rioplatense y la unidad imperial, respectivamente, a expensas de la Cisplatina.

No debe extrañar, por tanto, que hasta bien entrado el siglo XIX los gobernantes de Buenos Aires persistieran en sus propósitos de reconstrucción del virreinato y que los actos de intervención del Brasil en la política interna del Uruguay, no cesaran hasta la segunda mitad del siglo XIX[5].

La independencia política uruguaya "ha sido, no un acto sino un largo proceso, en que después de la etapa heroica de la guerra, hubo que cumplir otra, tal vez más penosa, en que el país, debatiéndose con vecinos poderosos que lo codiciaban, conteniendo la trabazón de sus propios partidos con los partidos ajenos, reformando dolorosamente sus instituciones, asentando las bases de su organización económica y hasta venciendo la desconfianza de sus propios hijos, fijó al fin sus fronteras de una manera consciente, voluntaria y libre, e impuso a las demás naciones el respeto a su soberanía interna e internacional"[6].

---

[5] Ibíd ., 48, 49, 50

[6] PIVEL DEVOTO-RANIERI, Historia de la República..., 57

Canjeada en Montevideo la convención de paz (4 de octubre de 1828), los pueblos orientales eligieron sus representantes que habían de componer la Asamblea General Constituyente y Legislativa. Esta asamblea, compuesta de 28 miembros, se instaló en San José el 22 de noviembre de 1828. El primer cuidado de la asamblea fue la elección del gobernador provisorio.

El 7 de marzo de 1829 la comisión, nombrada por la asamblea para redactar un proyecto de constitución, presentaba ya el fruto de sus trabajos.

Cuatro meses empleó la asamblea en discutir punto por punto dicho proyecto, siendo los artículos más debatidos el nombre oficial de la República, el artículo 5°, referente a la religión del Estado, los derechos del ciudadano y las facultades del poder ejecutivo. En cuanto a la forma de gobierno, no hubo discrepancia alguna, aceptándose la democrático-republicana propuesta por la comisión.

Finalmente la constitución fue aprobada por la asamblea el 10 de setiembre de 1829, y jurada con toda solemnidad el 18 de julio de 1830.

Situación jurídica en lo eclesiástico

Este dilatado proceso en lo político, se reflejó tan incisivamente en el de la independencia religiosa de la iglesia oriental, que se debería hablar con igual o mayor justeza de un *proceso largo y fatigoso en la independencia y organización de la iglesia nacional.*

El régimen y el gobierno eclesiástico, pues, habían experimentado de hecho alteraciones que eran una consecuencia lógica de las que había probado en el orden político y civil.

La asamblea constituyente y legislativa, el 17 de julio de 1830, sancionó una ley en la que se ordenaba que se implorara de la Sede Apostólica la separación de la República Oriental de la diócesis de Buenos Aires.

El Papa Gregorio XVI, después de algunos contratiempos y consiguientes prolongadas negociaciones, nombraba el 14 de agosto de 1832 al dr. Dámaso Antonio Larrañaga –que hasta la fecha había ejercido la jurisdicción eclesiástica como delegado del gobernador de la diócesis bonaerense –Vicario Apostólico con las prerrogativas y facultades que correspondían y pertenecían a un vicario capitular *sede vacante*, a arbitrio del mismo Gregorio y de la Santa Sede, *en la parte de la diócesis de Buenos Aires* regida y gobernada por la autoridad de Montevideo, y que se llamaba *República Oriental del Uruguay.*

Si bien el Pontífice Gregorio había dejado el territorio de la República Oriental como perteneciente *de jure* a la diócesis porteña, *de facto* lo había separado de la misma, inhibiéndole al obispo de Buenos Aires el ejercicio de sus facultades en el vicariato de Montevideo.

Los ordinarios de la vecina orilla y particularmente mons. Medrano, en más de una ocasión, haciendo caso omiso de aquella disposición pontificia, y por razones justificadas, a lo menos pastoralmente, intentaron intervenir y extender su jurisdicción en la parte de la diócesis regida y gobernada por la autoridad civil de Montevideo.

Este régimen provisorio y de transición, *de jure* "semi-soberano y mediatizado", en la convicción de los gobernantes orientales no podía ni debía permanecer por más tiempo, siendo incompatible con la dignidad de una entera nación, cuya religión era la católica, apostólica, romana.

El prestigio y las leyes de la nación y el mejor servicio de la Iglesia exigían la organización en ella de un gobierno propio y permanente, es decir, el nombramiento de un pastor que ejercitara sobre los fieles las altas funciones de su ministerio[7].

2. **Obispado**: Proyecto de 1847

La creación de un obispado en la República, objeto primario en las aspiraciones de los dirigentes políticos y paso previo, o, por lo menos, inseparable, si se quería hablar de concordato y de derecho de patronato, era aplazada en el primer proyecto de concordato por imposibilidad del momento.

Mientras se acercaba el día -explicaba el citado proyecto presentado en 1847 al gobierno de la República por los señores Magariños, Fernández y Vargas- en que cesasen las desgracias que afligían a la República, se proponía el nombramiento de un dignatario eclesiástico *in partibus infidelium*, quedando siempre como primer dignatario eclesiástico el Vicario Apostólico Larrañaga, imposibilitado casi totalmente, por su ancianidad y ceguera, en el ejercicio de sus funciones pastorales.

Tal proyecto, que sugería además una reorganización completa de los asuntos religiosos, fue aprobado por el Gobierno, encargándose, con fecha 12 de mayo de 1847, al eclesiástico Antonio R. de Vargas para preparar los trabajos de la legación uruguaya ante la Santa Sede[8].

Dicho presbítero encabezaba posteriormente la misma misión que debía celebrar el concordato y, después de celebrado, presentar las preces para la elección de un pastor.

No prosperó la misión por cambios en lo político, en lo eclesiástico y porque el arreglo propuesto, en vez de mejorar la situación, la complicaba notablemente.

Pero el motivo decisivo y fundamental que originó el fracaso de ésta, como de las sucesivas tentativas de normalización de la iglesia oriental, es el apuntado por la Revista Católica. "En el año 1847 pidió el Gobierno –escribía dicho periódico el 28 de febrero de 1861- se formulase un proyecto de concordato; se formuló efectivamente, pero no dio otro resultado que el aplazar el asunto para mejores tiempos, dándose por *único fundamento* para no llevar adelante tan hermosa idea, la falta de medios en el Gobierno para mantener la dignidad del

---

[7] ANRJ, c 52

[8] Ibíd., c 54

Episcopado con la independencia y el decoro de que debe estar revestido".

Nota de 1849

Una segunda tentativa hizo la República Oriental por el conducto de su ministro en el Brasil, dirigiendo, con fecha 9 de noviembre de 1849, una nota a mons. Vieira, encargado de negocios de la Santa Sede en el Imperio brasileño.

En esta nota, que el mismo diplomático pontificio se dignó hacer llegar hasta Su Santidad, se manifestaba en primer lugar que la República del Uruguay hubiera deseado –pero le era notoriamente imposible- presentar sus respectivas súplicas al Sumo Pontífice por intermedio de un ministro acreditado ante su sagrada persona; se pedía luego que Su Santidad erigiera en diócesis el territorio de la República, dando las facultades a su representante, residente en la corte de Río de Janeiro, para combinar, ajustar y concluir con el respectivo plenipotenciario oriental, un concordato que regulara y proveyera al gobierno, y régimen de la diócesis, enterándose con anterioridad de toda la situación concreta, y acomodando luego las medidas a las necesidades y recursos del país.

Algunos meses después, Su Santidad enviaba en misión al Río de la Plata a mons. Ludovico Besi, obispo de Canopo, pero el estado de confusión en que la guerra había colocado los países rioplatenses, volvió evidentemente estériles aquellos frutos que la misión debía producir, y su excelencia se retiraba a Europa, sin efectuar convención o tratado alguno y sin concluir nada[9].

Memorándum de 1851

Hacia fines de 1851, Andrés Lamas, enviado extraordinario y ministro plenipotenciario de la República Oriental ante la corte del Brasil, redactaba por orden de su gobierno un *memorándum*, previa inteligencia y colaboración de mons. Vieira. Recibida la aprobación del ministerio de gobierno, con fecha 11 de marzo de 1852, se remitía al cardenal entonces pro secretario de Estado.

En el mismo, Lamas afirmaba que siendo el Uruguay un Estado independiente, deseaba vivamente entrar en negociaciones con la Santa Sede, a fin de concertar definitivamente la erección de su territorio en diócesis, agregando que el gobierno imperial del Brasil no había podido eximirse "*de seconder et d'appuyer après le St. Siège una demande aussi juste que importante* ".

[9] Ibíd., c 52

La Santidad de Nuestro Señor, considerada la sustancia del negocio, se dignó ordenar que, estando a punto de efectuarse en esos días la misión del nuncio mons. Bedini para el Imperio del Brasil, se le dieran las oportunas instrucciones sobre algunos puntos principales del citado memorándum.

No habiendo tenido lugar la misión de mons. Bedini, el Santo Padre dispuso personalmente que las mismas instrucciones se comunicaran, en 1856, a mons. Massoni designado como delegado apostólico ante la corte del Brasil, en sustitución de mons. Marino Marini[10].

Misión de Salvador Ximénez en 1854

Pero con anterioridad, o sea a principios de 1854, el gobierno uruguayo había realizado una intentona más, que parecía de mayor envergadura y seriedad, enviando en misión a Roma a Salvador Ximénez, con carácter de agente confidencial

En las instrucciones, firmadas por el ministro José Antonio Zubillaga, el 18 de marzo de 1854, se decía: "Atendiendo a que los recursos actuales del Estado, han sufrido el más notable y doloroso quebranto, a consecuencia de la última guerra de nueve años por que ha pasado la República, no le permitirán atender, como muy de veras desea, a los gastos que demandaría el establecimiento de un Obispado con todos sus accesorios, el Señor Ximénez solicitará de Su Santidad, que el Vicario Apostólico que debe nombrarse para la República, en razón del fallecimiento del que antes lo era, tenga a más de aquel carácter el de Obispo *in partibus*, para que pueda desempeñar las funciones anexas al carácter episcopal.

Se autoriza al Señor Ximénez, para que teniendo presente el estado de la República, respecto de sus medios y recursos, inicie con la Santa Sede los términos de un concordato, con el objeto de estrechar y afianzar según los vivos deseos del Gobierno, las relaciones más íntimas y religiosas con Nuestro Santísimo Padre, Papa Pío IX, de cuya sublime bondad tanto esperan los fieles de este Estado"[11].

La misión Ximénez fue suspendida por el Gobierno oriental, con una nota fechada el 4 de julio de 1856, en que se decía que las dificultades con que luchaba el gobierno de la República, por la deficiencia de sus medios pecuniarios para llenar las imprescindibles atenciones del servicio público, hacían que no le fuera posible

---

[10] Ibíd., c 27. Para algunos datos sobre mons. Massoni veáse MARTINA, Pio IX..., 103-107

[11] AMRE, in, c 9

expedirse en la negociación de que el agente Ximénez estaba encargado ante la corte romana, pues que, para llevarla a cabo hubieran sido necesarios algunos desembolsos, que en ese momento no estaba en aptitud de hacer.

Era por esas consideraciones que el Gobierno había resuelto suspender hasta mejor oportunidad la expresada negociación[12].

Verdadera finalidad del Gobierno

Todos los reiterados conatos del gobierno de Montevideo, contrariamente a los sentimientos expresados en los documentos oficiales, no tenían como finalidad una sincera sistematización de los negocios eclesiásticos, colocando a la Iglesia y a sus ministros en una situación decorosa para desempeñar su misión pastoral y sacándola de ese estado de postración y descuido en el que se estaba debatiendo, sino que obedecían a un falso principio de honor e independencia; se quería concretamente la dignidad y el lustre de un obispo titular, con la consiguiente erección del vicariato en diócesis, o tan sólo el nombramiento de un obispo *in partibus*, y las ventajas del derecho de patronato, exigido como condición previa para todo concordato, sin poner las condiciones favorables y proporcionar los recursos indispensables para alcanzar dicha meta.

La primera legación Vargas como la última de Salvador Ximénez no surtieron cabalmente el efecto deseado por la deficiencia de medios pecuniarios en el Estado, y porque éste no quería hacer grandes erogaciones.

Exigencias de Roma frente al pedido del Uruguay

Respetando escrupulosamente una norma constante e invariable, Roma se mostraba dispuesta a la erección de un obispado, pero se debía asegurar antes, por parte del gobierno interesado, una dotación suficiente para mantener el decoro de la dignidad episcopal.

Al efecto se hacía notar al agente confidencial Ximénez, como a los anteriores encargados, la necesidad de fijar un sueldo conveniente para el Vicario Apostólico, su Provisor y la curia, y en fin la construcción de un local apto para el seminario conciliar.

Marini con una claridad y franqueza, que no olvidaba por supuesto las sutilezas diplomáticas, le escribía al ministro de las Carreras, el 28 de abril de 1858, que *uno de los medios principales* y tal vez *el primero* para conseguir el arreglo duradero y definitivo de la

---

[12] Ibíd.

Iglesia oriental, era la formación de un clero nacional, y para eso era indispensable un seminario.

Ese Gobierno, por tanto, debía proporcionar los recursos para la fundación y mantenimiento de dicho establecimiento. Fundado éste, hubiera sido fácil elevar la iglesia Matriz a la dignidad de catedral y erigir en ella el cabildo eclesiástico[13]; de aquí a la creación de una diócesis, el paso hubiera resultado fácil y corto.

El Gobierno de Montevideo exigía desconsideradamente el techo[14], y Roma insistía con pertinacia, estimada por muchos inconcebible, en los cimientos.

¿Qué le hubiera aprovechado a la Iglesia la dignidad episcopal y la independencia *de jure*, si hubiese seguido en el mismo estado de indigencia e incapacidad?

¿Qué se podía pretender de una diócesis sin seminario, sin clero nacional, sin estructuras, sin recursos?

La realidad era bastante significativa: en el período que va del 30 al 60, los integrantes del clero nativo nunca superaron la modesta cifra de 12 ó 15, no teniendo la mayoría de ellos las virtudes fundamentales de un buen sacerdote.

La experiencia, además, estaba diciendo que en muchos lugares, especialmente de América, en donde se habían creado obispados, confiando en la promesa de que a su tiempo se proveerían de lo necesario, no sólo los obispos vivían en la miseria, sino que las iglesias quedaban sin capítulo y sin seminario, de cuya situación procedía una extrema penuria de ministros sagrados, mayor a veces que en algunos países de misión[15].

Para el Uruguay hubiera sido más sabio y conducente arremangarse y abrir el surco, echando la semilla de condiciones y estructuras indispensables y esperar la temporada propicia para cosechar la dignidad episcopal y la independencia total.

---

[13] Ibíd.

[14] Las estrecheces económicas del gobierno, oprimido por una enorme deuda pública también hacia otras naciones, y la falacia de las más consoladoras promesas, eran una de las razones principales, por las que el propio Vicario Lamas había declarado expresamente, que no le parecía conveniente arriesgar la erección del obispado sin fijar antes la dotación estable de cuanto era necesario para tal finalidad (ANRJ, c 27).

[15] ANRJ, c 27

Respuesta de Andrés Lamas a la objeción de la erección del territorio en diócesis

En el *memorándum* de Andrés Lamas de 1851, se quiso refutar ampliamente la única objeción a la creación y formación del territorio en diócesis, y al nombramiento de un obispo propio.

Nada había que razonablemente se opusiera a la aplicación y adopción de este remedio necesario, que era el solo legal. ¿Qué podría jamás objetarse? –se preguntaba el documento-. La única objeción presentada por algunos, era la falta de medios en el país y en el gobierno, para mantener la dignidad de un obispado en la independencia y decoro con el que debía estar revestido.

En esta objeción había una idea poco exacta de la dignidad episcopal y se observaba en ella una falta muy grande de conocimientos con respecto al país y sus fuentes de riqueza.

La verdadera dignidad del obispo –según siempre el mismo documento- consistía en el carácter sagrado con el que estaba condecorado, en la alta potestad que ejercitaba, en la divina misión que desempeñaba.

No era menester de otras cosas para ser respetado por los fieles; y los que lo ejercitaban, sucesores como eran de los Apóstoles, debían gloriarse siempre en las palabras de San Pablo: "*Non enim quaero quae vestra sunt, sed vos*" (2Co 12, 14).

Para hacer comprender, en segundo lugar, que la República podía sostener el decoro y la independencia de un obispado, presentaba unas breves consideraciones. Una de las afirmaciones sustanciales era que las rentas del Estado, en sus últimos años de paz, habían superado los tres millones de escudos por año.

Era evidente que la República estaba capacitada para constituir la conveniente dotación para una sede episcopal. Pero, a renglón seguido, añadía que, mientras el país non consolidara su paz pública y adquiriera el crecimiento que de la misma debía resultar, existían medios para regularizar el ordenamiento pedido[16].

Ni antes, ni ahora, ni después el Gobierno indicó a la Santa Sede soluciones viables en este campo, recurriendo constantemente a medios extraordinarios –como fondos de fundaciones eclesiásticas, etc.- reputados inconducentes, y a promesas falaces.

---

[16] Ibíd., c 52

Conclusión

Examinando críticamente todas estas afirmaciones y teniendo presente la situación general de la República, quizás no sea arriesgado afirmar que aun en tiempo de guerra, pero sobre todo después de ella y precisamente con la misión Ximénez, se hubiera podido, con algún esfuerzo y empeño, destinar ramos fijos indispensables para la erección de un obispado, construcción de un seminario, y sustentamiento de las dignidades correspondientes.

Si no se hacía, no era por las causales aducidas. La explicación última, en efecto, parecía ser otra. Bajo la fuerte presión de los ministros masones, **se deseaba la independencia y el brillo externo de la Iglesia, pero no un compromiso serio y sincero para una organización estable y definitiva de la misma, que hubiera frustrado sus designios de laicización.**

3. **Concordato**: Necesidad de la estipulación de un concordato

En orden de importancia, el segundo objetivo perseguido por el Gobierno de Montevideo era la celebración de un concordato con la Silla Apostólica.

Lo que lógicamente respondía a una necesidad primaria e impostergable, pasó a ser un sucedáneo de la primera exigencia: la creación de un obispado. Dilacionándose ésta, se aplazaba también aquélla.

Que fuera primaria lo comprueba la praxis de todos los nuevos gobiernos, que buscan el reconocimiento y firman tratados con las naciones libres y soberanas, y el hecho concreto de la República de Chile, que en 1821 enviaba a Roma una misión encabezada por el plenipotenciario José Ignacio Cienfuegos, con las precisas instrucciones de solicitar la regularización de la situación eclesiástica y la armonización de las relaciones entre Iglesia y Estado[17].

Que fuera impostergable se deduce de las lamentables consecuencias que complicaron el desarrollo posterior histórico, siendo unilaterales y, por tanto, ilegítimas, todas las decisiones tomadas por el Gobierno en el sector religioso, como el ejercicio del derecho de patronato, la negación o concesión del *pase* a los documentos pontificios, la organización de los tribunales eclesiásticos, el reconocimiento de los recursos de fuerza, etc.

Pero ni en Montevideo, ni en Roma se prestó una seria atención al asunto. El Gobierno oriental, que en pocos años había

---

[17] DURA, Misión..., 169ss

preparado tres proyectos de concordato –el segundo y el tercero redactados con la colaboración de los diplomáticos pontificios, Vieira y Marini respectivamente- y un *memorándum*, no tenía firme voluntad y carecía de recursos abundantes para darle una sistematización duradera a la Iglesia nacional, y en consecuencia no podía aspirar seriamente a la firma de un concordato, que presuponía todo lo detallado por Marini; esto no se dejaría, por supuesto, librado al azar de los años futuros, como se opinaba ligeramente en la República Oriental.

Posición de Roma

Como para la creación de una diócesis, así también para el concordato la Santa Sede no se mostraba contraria por principio, alimentaba sólo una grande desconfianza en la duración y permanencia de una convención concluida con una nación que no daba seguridades de estabilidad.

Quedando firme la norma de que los concordatos o convenciones con la Silla Apostólica sobre asuntos eclesiásticos se debían estipular en Roma, se le encargaba al delegado apostólico, tratar con el representante de la República Oriental en Río de Janeiro, únicamente en el sentido de disponer las materias necesarias para tal finalidad, sirviéndose de las noticias que podía tener por la mayor cercanía del lugar.

Se le advertía a mons. Massoni, que atendiendo a la forma de Gobierno de Montevideo, convenía con habilidad asegurarse en la mejor manera posible, que las cosas que fueren convenidas se observaran y cumplieran luego religiosamente.

En aquellas comarcas, pues, sucedían a menudo variaciones políticas; aún más, hasta en el ordinario cambio de presidentes, acaecía alguna vez que el sucesor no se considerara de ningún modo obligado a cumplir los compromisos contraídos por el antecesor.

Si se consideraba, además, que la República Oriental era un Estado pequeño y, quizás, no todavía bien consolidado (motivo por el que en el año 1848 se había negado la estipulación de un concordato con la República de Nicaragua, que había mandado a Roma un enviado *ad hoc*), parecía menos conveniente la estipulación de un concordato formal. Hubiera sido preferible el método seguido con la República de S. Galo en la reorganización de su obispado, o sea que por los plenipotenciarios se acordaran y firmaran los artículos considerados necesarios, de manera que por parte de la Santa Sede, en lugar de la ratificación, se efectuaría la expedición de la bula con los artículos convenidos.

El internuncio debía insistir con todas sus fuerzas sobre estos principios, pero se cuidaría de excluir radicalmente la posibilidad de un concordato formal, en el caso en que el Gobierno del Uruguay persistiese en su propósito.

Con todo, aclararía que eso dependía de la Santa Sede, la que, quizás, podía plegarse y secundar los deseos de aquella República todas las veces que las condiciones fueren ventajosas para la Iglesia[18].

Conclusión

Más que "semi-soberano y mediatizado" como veían los observadores políticos extranjeros al Uruguay, la diplomacia pontificia lo consideraba menor de edad, incapaz de cumplir con las obligaciones contraídas y sin una consolidación política que inspirara confianza y seguridad.

Esta era la razón fundamental por la que no se tenía mayor apuro, ni se manifestaba un excesivo interés en Roma para concertar un concordato.

Era preferible y más tolerable una situación anormal de hecho, como la que estaba viviendo el Uruguay en los asuntos eclesiásticos, que una violación expresa o un incumplimiento tácito de una carta firmada con toda solemnidad por ambas parte.

4. **Derecho de patronato**: Convicción de Roma y Montevideo sobre el derecho de patronato

El tercer objetivo velado de la diplomacia uruguaya, expuesto bajo forma de exigencia, condición previa para todo arreglo y posesión legítima (aspectos innaturales al parecer, pero que coexistieron en la posición oriental), era el ejercicio del derecho de patronato.

En los círculos políticos y eclesiásticos montevideanos se sabía que el "Reglamento y la forma de los nombramientos actuales contienen una absoluta negativa y exclusión del derecho de patronato –como escribía el enviado extraordinario Andrés Lamas en 1851-; y la Constitución de la República, cuya fiel observancia jura el Gobierno, y de la que no puede apartarse, dispone en el artículo 81 que el Presidente ejercite el Patronato"[19].

En el artículo 31 del último proyecto de concordato, redactado por los presbíteros Antonio María Castro y Francisco Mayesté en

---

[18] ANRJ, c 27

[19] Ibíd., c 52

colaboración con el delegado Marini, durante la presidencia de Venancio Flores en 1855, se establecía: "Su Santidad el Sumo Pontífice Pío Papa IX, en vista del celo con que el Presidente de la República Oriental del Uruguay, por su nombre, y en el de sus sucesores en el Gobierno, según las leyes de la República, se compromete a proteger la Santa Religión Católica, Apostólica, Romana, concede al mismo Presidente, y a sus sucesores en el cargo, el derecho de Patronato sobre las Iglesias de la misma República"[20].

Esta última forma en que el patronato no era considerado como algo heredado de la metrópoli española, sino como una concesión personal del Pontífice, hubiera sido la más correcta y apropiada, y jurídicamente la sola legítima; pero no interviniendo la estipulación de un concordato por los motivos expuestos, se corrió paralelamente por los rieles indicados por Andrés Lamas: Roma excluía positivamente el patronato, evitando, sin embargo, todo choque directo, como procederá Marini en el nombramiento de Vera, y Montevideo por la constitución y por un *modus procedendi* instaurado por Larrañaga, ejercía *algo que llamaba patronato.*

Más que un estudio que justifique los fundamentos jurídicos de ambas posiciones o una investigación sobre la mayor o menor validez de la herencia del derecho de patronato por parte de las Repúblicas americanas después de la independencia (terreno propio de los juristas), se trazará la posición histórica de cada una de las partes interesadas, sustentada por la correspondiente argumentación.

Argumentos de la Santa Sede contra el pretendido derecho de patronato

La Santa Sede, en sus instrucciones de 1856 al internuncio Massoni, refiriéndose al Uruguay en el párrafo trece, aclaraba ampliamente su línea sobre el tópico.

La dificultad fundamental que encontraría mons. Massoni – se advertía- sería la relativa al patronato.

Pretende aquella República –se consignaba en dichas instrucciones-, como las otras de América una vez sujetas a España, gozar del ya anunciado patronato en forma de herencia procedente de España e inherente a la soberanía.

Por este falso presupuesto, el gobierno del Uruguay quiere en su *memorándum* de 1851 que se admita como base de las negociaciones el reconocimiento de dicho patronato.

---

[20] Ibíd., c 54

La presente es una cuestión vital que agita todas las Américas ex españolas, que entra en todos los diarios, y que con tanto calor ha sostenido Vigil, cura peruano, en su obra condenada últimamente con expreso breve.

Los principales argumentos en los que las Repúblicas americanas fundan sus pretensiones con respecto al patronato, a las prelacías, y a los beneficios eclesiásticos, hasta el punto de haberlo introducido en sus constituciones, son los que se detallan a continuación.

*Argumento de la "**soberanía**"*

En primer lugar, aquellos gobiernos creen que el patronato, del que se habla, sea inherente a la soberanía, o por lo menos, que ellos lo hayan heredado como por sucesión de los Reyes de España.

Pero, prescindiendo de otras razones de derecho y considerando la cuestión únicamente en la línea de hecho, se destruye fácilmente este argumento. ¿Quién no ve, en efecto, que si el patronato eclesiástico fuera inherente a la soberanía, todos los soberanos podrían gozar y disfrutar del mismo sin demandarlo y obtenerlo de la Sede Apostólica?

Los Reyes de España, sin nombrar a muchos otros soberanos, conocieron muy bien que no lo tenían desde el momento que imploraron ese privilegio de la Santa Sede, y Julio II, con bula de 28 de julio de 1508, lo acordó solamente *Ferdinando Regi et Joannae Reginae ac Castellae et Legionis Regni pro tempore.*

De esto se deduce con evidencia que para suceder en semejante patronato, no basta tener la soberanía de una parte o también de todos los antiguos establecimientos españoles de América, sino que es necesario ante todo ser Rey de Castilla y León.

Para eludir la fuerza de estos argumentos apoyados sobre el hecho, acostumbran los americanos recurrir al ejemplo del Brasil, cuyo emperador, no obstante la separación de Portugal y la erección del nuevo Imperio, ejercita el derecho de patronato, nombrando para las iglesias vacantes.

Pero conviene decir que ellos ignoran la bula de León XII, con la que aquel Pontífice deputa Gran Maestre de la Orden de Cristo al emperador del Brasil *pro tempore*, y en base a esta distinción le concede el patronato, que debe ejercerse, sin embargo, conforme a los cánones del sacrosanto concilio de Trento.

Después de lo dicho, queda manifiesto que el hecho del emperador del Brasil es más bien una confirmación del principio sostenido por la Santa Sede.

A esto se podría agregar el ejemplo de Napoleón que, desaparecida de Francia la dinastía Borbón, pidió y obtuvo como primer cónsul el derecho de nombrar para los obispados vacantes.

Argumento de la "**fundación**" *y* "**dotación**"

En segundo lugar, los gobiernos de América apoyan sus pretensiones sobre el título de fundación y dotación, afirmando que no se les puede negar el patronato sobre las iglesias de las respectivas Repúblicas, puesto que suyo es el suelo sobre el que se elevaron las fábricas, suyos los dineros y los brazos que las construyeron, y suyos finalmente los terrenos que a aquéllas suministran las décimas, y los tesoros con los que se proveyeron de rentas.

En cuanto a las consecuencias que se quieren deducir, baste reflexionar que todas las naciones cristianas del mundo podrían poco más o menos atribuirse un semejante elogio. Si éste formara un verdadero título para el derecho de patronato, los beneficios eclesiásticos estarían sometidos generalmente, como por regla, al nombramiento de algún patrono, y sólo por vía de excepción se encontrarían algunos de libre colación para los sagrados pastores.

Por el contrario, como prescribe el derecho canónico, la colación de los beneficios pertenece por sí misma libremente a la Iglesia, que luego ha acordado el derecho de patronato sobre varios de los mismos beneficios, tanto a los que los habían fundado y dotado, como alguna vez, por vía de concesión extraordinaria, a otros que en otra forma se habían hecho beneméritos de la religión. Y a este propósito es bueno que se note la diferencia que media, según los cánones, entre los patronos de beneficios menores y los de beneficios con anexa una jurisdicción espiritual sobre un pueblo, una comunidad; relativamente a estos últimos (y principalmente a los obispados), en efecto, el patronato no da de por sí el derecho de nombramiento propiamente dicho, sino que se requiere para semejante caso una concesión especial.

En fin, para disipar los sofismas de los regalistas americanos, se debe observar que el derecho de patronato *ex fundatione et dotatione*, siendo una remuneración concedida a la liberalidad de sus bienhechores, no puede de ninguna manera pretenderse de quien no haga otra cosa que satisfacer una deuda, es decir cumplir con una obligación inherente a su función.

No puede, pues, caber la menor duda de que todos los pueblos católicos están obligados por ley divina a levantar, en donde falten, los templos necesarios para el ejercicio de la religión, y proveer, en donde no se haya todavía proveído, al mantenimiento de los obispos y de los otros ministros sagrados.

Para esta finalidad sirven, faltando otras propiedades eclesiásticas, "*las sagradas décimas*", las que, lejos de ser el efecto de una espontánea liberalidad, son más bien una obligación impuesta a los pueblos creyentes por una antigua ley de la Iglesia, y no está en poder de la autoridad civil el suprimirlas, aun sustituyéndolas con otra especie de dotación, sin la intervención de la autoridad suprema de la misma Iglesia.

Mons. Massoni, por tanto, teniendo presente éstas y otras razones, hará entender al representante de la República del Uruguay que la Santa Sede no puede absolutamente admitir como base de las negociaciones el supuesto patronato, sino que la misma República, haciendo generosamente por su parte cuanto se requiere para el bien de la religión, podrá obtener análogas concesiones de la misma Santa Sede[21].

Argumentos de Montevideo a favor del pretendido derecho de patronato

El gobierno uruguayo en las instrucciones dadas a Florentino Castellanos, con fecha 30 de octubre de 1862, presentaba un tanto desórganicamente su doctrina sobre el derecho de patronato.

Aparte lo que existe –se afirmaba- por la legislación antigua, que se heredó de la metrópoli, y aparte todo lo que existía como delegaciones, regalías o concesiones hechas por la corte romana a los reyes de España para América, como soberanos de la misma, los constituyó verdaderos Vicarios Apostólicos con facultades de nombrar y proveer para el gobierno y administración de las iglesias en lo temporal, como en lo espiritual, con excepción únicamente de lo que era del orden o derecho divino.

Por más que esto sea rechazado hoy, después de la emancipación americana, por los **ultramontanos**, en lo cual se desconocen los principios del derecho público, y se hace ultraje a la *soberanía de estas Repúblicas*, el Gobierno tiene una serie de actos constitucionales, legislativos, gubernativos mixtos y judiciales, que hacen incontestable su "Soberano, Supremo y Omnímodo Derecho de Patronato".

Tales son, por ejemplo, las disposiciones constitucionales de los artículos 81 y 109 de la ley fundamental, la determinación del último relativo a acabar para siempre con los recursos a Roma en las causas eclesiásticas; la ley que creó, en consecuencia, los tribunales

---

[21] Ibíd., c 27

eclesiásticos desde la primera hasta la última instancia en la República; el decreto gubernativo mixto en el cual, tomando parte con el poder ejecutivo, por delegación legislativa, el primer Vicario Apostólico Larrañaga, de grata memoria, reglamentó la organización de esos tribunales; la serie considerable de actos de los tribunales civiles por recursos de fuerza (el último de ellos fue ejercido por el mismo Jacinto Vera, como motivo de la causa criminal que le promovió Castro Veiga).

Hay que agregar los actos de presentación o nombramiento de prelados para la Iglesia oriental, hechos por nuestros gobiernos; la aceptación por la curia romana y el reconocimiento de ese derecho de presentación desde el año 1830 hasta nuestros días, sin exceptuar el último caso del presbítero Vera, mencionado expresamente en el breve de institución por el propio Vera; el juramento expreso y explícito presentado por todos los vicarios apostólicos, siendo el último y más notable aquel a que el mismo Vera se sometió voluntariamente, reconociendo y acatando el supremo derecho de patronato, tal como existe definido por las antiguas leyes de Indias, sin reserva ni salvedad alguna, que tampoco habría sido admitida.

No se debe olvidar el conocimiento constante que de todos estos actos ha tenido la corte romana y su silencio hasta hoy, pues hasta son del dominio público y pasaron a la historia, sin haber jamás reclamado, ni pretendido siquiera que se omitiesen o modificasen en cualquiera de los diversos casos en que ha habido que nombrar prelados para la Iglesia oriental y en los cuales debían reproducirse como realmente se han reproducido las presentaciones, juramentos, etc.; el respeto por los actos jurisdiccionales de nuestros tribunales eclesiásticos, tales como los quisimos constituir; el reconocimiento de las calidades civiles o políticas, como es la ciudadanía, impuesta como *conditio sine qua non*, por nuestra legislación para la prelacía y dignidades de nuestra Iglesia; el reconocimiento constante del derecho de intervención mixta en el nombramiento, en la remoción, etc., etc.

En la última parte de las instrucciones se agregaba: y por si se suscitase discusión pretendiendo poner en duda que las Repúblicas americanas al constituirse en completa independencia y al reasumir su soberanía hayan heredado los derechos y todas las regalías de que estaban en posesión los monarcas españoles, como monarcas de América, lo cual por otra parte es conforme con el derecho público, sería importante que se le recordase al delegado apostólico, los dos ejemplos históricos que nos presenta Francia en sus relaciones con la corte romana. El primero, cuando fue conquistada Alsacia y anexada a Francia; el segundo, cuando se separaron de ésta los Países Bajos.

Como bien se sabe, así como no se reconoció por la corte romana el derecho en el Gobierno francés para extender las regalías de los concordatos existentes de Alsacia como país conquistado, así por el contrario se reconocía en los Países Bajos por la corte romana el derecho perfecto de gozar de todas las regalías y concesiones de los concordatos franceses, precisamente porque los Países Bajos se habían separado de Francia y constituido en estados independientes[22].

Observaciones a los argumentos uruguayos

Descartando un examen crítico de cada una de las argumentaciones, se brindarán, con respecto al Uruguay, algunas observaciones que revelen la calidad científica y el valor objetivo de la posición defendida pro los regalistas orientales.

Los dos ejemplos históricos de Francia, contrariamente a lo sostenido por Jaime Estrázulas, redactor de las instrucciones, son una confirmación de la tesis romana sobre el derecho de patronato. Pues, tanto la negación de la extensión de regalías a la región de Alsacia, como su reconocimiento a favor de los Países Bajos fue hecha por la corte romana, y no fue una mal acomodada apropiación o una herencia unilateral de los países interesados, tal como se había verificado en las Repúblicas americanas a raíz de la independencia.

Por tanto, sólo Roma, concedía o negaba las regalías y permitía o prohibía el derecho de patronato.

Relativamente al nombramiento de Vera y a la legislación sobre la formación de los tribunales eclesiásticos, bien definida había sido la posición de la Santa Sede, no equivaliendo su proceder a un silencio ni mucho menos a un reconocimiento, aunque fuera implícito, del derecho de patronato.

Tratándose del recurso de fuerza de fray Cándido y compañeros, Marini le había advertido que si creyendo haber sido tratado con demasiada severidad, recurría a los "*Tribunales incompetentes*", se haría con eso culpable de una falta, que se abstenía de calificar, cayendo en un abismo[23].

Vera, que el 14 de diciembre de 1859 había prestado juramento de no "contravenir en tiempo alguno ni en ninguna manera al Patronato Nacional, y de guardar y cumplir en todo dicho Patronato"[24], eludía la cuestión sobre la existencia del derecho de

---

[22] AMRE, da, c 12

[23] ASV, ss ae, a 1863, R 251, 5-5v

[24] AGN, mg, c 1105

patronato; le disputaba exclusivamente al Gobierno la extensión exorbitante y anticanónica adquirida en el transcurso de los años.

Si alguna justificación podía tener la posición uruguaya, no era tanto por la discusión teórica sobre los fundamentos jurídicos, o por hechos históricos de otras naciones, cuanto por lo que se afirmaba en otro lugar de las mismas instrucciones. El delegado, se decía, no podía pretender "desconocer, poner en duda, o discutir el Derecho de Patronato tal como existe y está consagrado en la República por actos constitucionales, legislativos, y usos, prácticas, constituyendo los últimos por sí solos *derecho no escrito*"[25].

Sentido y alcance del articulo 81 de la constitución

El artículo 81 de la constitución legislaba: "... celebrar en la misma forma concordatos con la Silla Apostólica: ejercer el patronato y retener, o conceder pase a las bulas pontificias conforme a las leyes...".

Francisco Bauzá, comentando éste y otros artículos relacionados con asuntos religiosos, escribía: "Pero la Asamblea Constituyente, con un buen sentido digno de su misión, puso en quicio las cosas, sancionando como punto de partida de toda legislación relacionada con la Iglesia, el acuerdo previo entre el Romano Pontífice y el gobierno nacional por medio de concordatos"[26].

En un buen orden lógico y jurídico el ejercicio del patronato, como las demás intervenciones en lo eclesiástico de parte del poder civil, dependían de la celebración de concordatos, no efectuándose los cuales, ilegítimas y unilaterales resultaban todas las decisiones al respecto.

Pero puesto que el artículo 81 no establecía explícitamente que el patronato se debía ejercer sólo después de un acuerdo con la Silla Apostólica, y puesto que en la práctica se desconoció *sic et simpliciter* esa exigencia previa y esencial, ambas autoridades civil y eclesiástica procedieron de común acuerdo como si la convención ya existiese, con el reconocimiento explícito de lo que se deseaba.

Se creó así por medio de "*usos y prácticas*" un "*derecho no escrito*", según los regalistas y políticos orientales, contra el que no tenían valor las argumentaciones de la jurisprudencia pontificia, y se fabricó, además, **un derecho de patronato de típico cuño criollo, adaptado a las circunstancias y estructuras locales.**

---

[25] AMRE, da, c 12

[26] BAUZA, Estudios..., 199

Dignidades comprendidas en el derecho de patronato

Es sumamente aclaratorio señalar esta peculiaridad, porque con ella se percibe lo anormal y extraño de la situación existente en el suelo oriental.

En el concordato firmado entre la Santa Sede y la República de Guatemala el 7 de octubre de 1852, se decía: "Art. 7°. En vista de los precitados compromisos contraídos, el Sumo Pontífice concede al Presidente de la República de Guatemala, y a sus sucesores en este cargo, el Patronato, o sea el privilegio de presentar para cualesquiera vacantes de Iglesias Arzobispales, o Episcopales si fueren erigidas canónicamente, a Eclesiásticos dignos e idóneos... Art. 8°. Por la misma causa Su Santidad, concede al Presidente de la República el privilegio de nombrar en cada Capítulo para seis prebendas, ya sean de dignidades o canongías o racioneros, exceptuando la primera dignidad, que será reservada a la libre colación de la Santa Sede... Art. 9°. Todas las Parroquias se proveerán en concurso abierto, según lo dispuesto por el Sagrado Concilio de Trento, debiendo los ordinarios formar las ternas de los concurrentes aprobados y dirigirlas al Presidente de la República, quien nombrará uno de los propuestos conforme a la práctica observada hasta ahora..."[27].

Iguales concesiones se hacían en el concordato estipulado en la misma fecha entre la República de Costa Rica y la corte de Roma[28].

Situación en la República Oriental del Uruguay

En el ya citado proyecto de 1856 se prescribía: "Art. 32°. El derecho de patronato, concedido por SS. el Sumo Pontífice Pío P. IX, comprende el de presentar para el Obispado de Montevideo hasta tres eclesiásticos idóneos y dignos... Art. 33°. Está comprendido también en el derecho de Patronato, que SS. concede, el de nombrar el Presidente de la República Oriental para las dignidades de Arcediano y las de Diácono y Subdiácono... Art. 38°. El Obispo presentará al Presidente de la República las ternas de los Eclesiásticos que en el concurso de oposición a las Parroquias hayan merecido ser incluidos en ellas; y el Presidente nombrará uno de los propuestos, conforme es de práctica"[29].

De esta legislación concreta, se desprende que el objeto principal del derecho de patronato eran las dignidades de arzobispo,

---

[27] AMRE, in, c 9
[28] Ibíd.
[29] ANRJ, c 54

obispo, casi todas las dignidades del capítulo catedralicio y la de cura colado.

En la República Oriental no existía ninguna de estas dignidades.

El cargo de Vicario Apostólico, siguiendo una tradición invariable, fue siempre de exclusiva elección de la Santa Sede.

La Secretaría de Estado, en efecto, al tratarse de la pretendida presentación, en virtud del derecho de patronato, del candidato Estrázulas, le comunicaba a su delegado: "Prescindiendo de la *norma constante e invariable* que el derecho de patronato, aun en la suposición de que compitiera a dicho Presidente, *no puede de ninguna manera extenderse a los Vicarios Apostólicos, los cuales son de libre y exclusiva elección de la Santa Sede*, bastaría cuanto Ud. afirma sobre las cualidades de Estrázulas, para que su presentación deba considerarse bajo todo concepto inaceptable"[30].

La segunda dignidad existente en la República era la de *párroco, pero no colado, sino interino*. Que todos los curas párrocos del vicariato fuesen interinos lo afirma el propio Andrés Lamas en su *memorándum* de 1851: "Todos los beneficios curatos están ocupados por Párrocos interinos, ya desde hace muchos años"[31].

Que el derecho de patronato no se extendiera al nombramiento y remoción de los curas interinos lo consignan claramente y sin lugar a equivocación el concilio de Trento, los sagrados cánones y las leyes españoles[32].

Las otras intervenciones practicadas por el Estado Oriental, como en la organización de los tribunales eclesiásticos, en la aceptación de los recursos de fuerza, en la designación anual de los jueces eclesiásticos, etc., ya se sabe que eran abusivas. Por no haber creado problemas graves en el desarrollo histórico en cuestión, no se consideran directamente.

Supuesto derecho de patronato en el Uruguay y su explicación

El supuesto derecho de patronato, ejercido en la República Oriental, puesto que no tenía su objeto propio por carecer el país de estructuras eclesiásticas apropiadas, se extendió a cargos totalmente ajenos a esa esfera de influencia, creándose así, como ya se afirmó, un **ejercicio del derecho de patronato de típico cuño criollo**, adaptado a las circunstancias y exigencias locales.

---

[30] ASV, ss ae, a 1860, R 283, 114

[31] ANRJ, c 52

[32] ASV, ss ae, a 1863, R 251, 135v

La única argumentación razonable que podía sustentar en algo la tan anormal posición oriental eran los "*usos y prácticas*" elevados a la categoría de "*derecho no escrito*", habiendo aceptado y confirmado Larrañaga y sus sucesores en el vicariato hasta José Benito Lamas inclusive, la participación del Gobierno en todos los actos de jurisdicción eclesiástica, desde el nombramiento y remoción de los curas interinos hasta el *placet* gubernamental para la publicación de cualquier documento importante de la curia.

Se llegó a una tan inusitada forma de **regalismo criollo**, quizás, por la manera uniforme de proceder de todas las Repúblicas americanas ex españolas, por desconocerse la verdadera doctrina sobre las relaciones entre Iglesia y Estado, por una conveniencia y al mismo tiempo debilidad de los prelados, por una exigencia un poco prepotente del Gobierno, por necesidades concretas (la Iglesia, pues, no podía prescindir de la ayuda pecuniaria, aunque fuera modesta e irregular, del Estado, y éste, como patrono y protector, no podía concebir a una Iglesia totalmente libre e independiente en el ejercicio de su jurisdicción) y por otros factores históricos.

Convicción de Marini, Vera y el Gobierno sobre el supuesto derecho de patronato.

Después de una semejante praxis de casi treinta años, Roma manifestaba su posición invariable.

"La Santa Sede –le escribía Marini a Enrique de Arrascaeta, ministro de relaciones exteriores, el 21 de abril de 1862- hasta ahora no ha reconocido ni explícita ni implícitamente en ese Superior Gobierno el derecho de Patronato, que tan sólo ella puede acordarle, sino el deber que él tiene de proteger la Iglesia y respetar y hacer respetar sus leyes y disposiciones, no sólo por presidir dicho Gobierno a una Nación Católica, como también por la Constitución política, que la rige. Sin embargo, la Santa Sede usando en todo tiempo de una singular prudencia, y en el deseo de conservar la mejor armonía con los Gobiernos con los que no ha celebrado concordatos, ha procurado siempre que la provisión de los obispados y demás destinos eclesiásticos, cuya colación corresponde a Su Santidad, recayere en personas del agrado de estos mismos Gobiernos; pero esto no importa, ni puede importar el reconocimiento del derecho de Patronato, que ellos no tienen"[33].

Mons. Vera, sin querer comprometerse en las cuestiones teóricas, afirmaba que no desconocía el patronato nacional, sino que lo acataba, reconociendo que la constitución atribuía su ejercicio al

---

[33] Ibíd., 135-135v

Presidente de la República[34], pero manifestaba que el Gobierno daba al derecho de patronato una extensión que jamás había podido tener[35].

Relativamente al grave caso de la destitución de Brid afirmaba: "El avisar al Superior Gobierno del sacerdote a quien el Prelado determina encargar interinamente del curato, *es de mera práctica*, pero jamás se ha entendido ni legalmente ni racionalmente que el Prelado no pudiera separar o sustituir el cura interino cuya comisión queda pendiente de la voluntad del Prelado"[36].

El Gobierno uruguayo, por fin, convencido de estar en posesión pacífica de derechos derivantes de usos y prácticas, proclamaba que ni en el caso de la destitución de Brid, ni en ningún otro caso, estaba dispuesto a desviarse de la regla de conducta que constantemente había seguido[37], por tanto *no se debía innovar nada*, dejando las cosas en el estado en que se encontraban[38].

Valoración de las diversas posiciones

De acuerdo a todo lo expuesto no es arduo valorar lo razonable e irrazonable, lo justo y lo abusivo, lo sostenible y lo insostenible de cada una de las tres posiciones.

La apropiación del pretendido derecho de patronato, abusiva en sus orígenes, nunca se reputó como totalmente legítima, y su ejercicio nunca como plenamente pacífico; lo comprueban, en efecto, los sucesivos conatos de arreglo, en donde, de condición previa se transformaba en una concesión benigna del Pontífice, como en el último proyecto de concordato.

Difícil solución del problema por la interdependencia de los tres objetivos gubernamentales.

Los tres objetivos perseguidos por el Gobierno uruguayo: erección del territorio en diócesis, estipulación de un concordato, ejercicio del derecho de patronato, se hallaban tan unidos e interdependientes uno con otro, que no lográndose el primero, se perdían inevitablemente también los otros dos, y pretender imponer el último, descartando los otros dos, o aun sólo el primero, hubiera equivalido lisa y llanamente a inventar un nuevo derecho de

---

[34] Ibíd., 55
[35] Ibíd., 50
[36] Ibíd., 47v
[37] Ibíd., 49v
[38] Ibíd., 46

patronato con un objeto principal nuevo: vicario apostólico y cura interino.

La solución de esta múltiple problemática no era, por tanto, sencilla ni de fácil alcance, dependiendo sustancialmente de la consolidación de las estructuras políticas y económicas del Uruguay y de su sincera voluntad de buscar el bien de la Iglesia nacional.

Tal sinceridad debía traslucir no tanto de promesas y esfuerzos que sabían un poco a viveza y engaño, cuanto de una materialización de sus deseos en obras (como la construcción de un seminario, etc.), que le aseguraran un porvenir a la Iglesia oriental.

Conclusión

Un poco contradictorias, quizás, hayan aparecido y aparecerán las afirmaciones de los observadores y los juicios emitidos sobre la situación económica del Uruguay y la actitud política del Gobierno.

En verdad, la misma realidad era contradictoria. En lo económico: por un lado, desastres provocados por la guerra y deudas enormes, y por el otro, recursos ganaderos y comerciales no despreciables. En lo político: por un lado, los deseos de ministros y eclesiásticos bien intencionados, y por el otro, las tentativas de los masones para que la Iglesia no se consolidara y prosperara.

Quizás no sea arriesgado o infundado sostener que no obstante las dificultades financieras, el Gobierno hubiera podido proveer a la educación e instrucción de los candidatos al sacerdocio, si por algo quería empezar y si de veras buscaba el arreglo definitivo de la Iglesia.

Síntesis

La situación jurídica de la Iglesia uruguaya tenía muy poco de jurídico y mucho de anormal.

El gobierno eclesiástico era independiente de hecho, pero no de derecho. En efecto, con el nombramiento del primer Vicario Larrañaga en 1832, el Pontífice Gregorio había dejado el territorio de la República Oriental como perteneciente *de jure* a la diócesis bonaerense, pero *de facto* lo había separado de la misma, inhibiéndole al obispo de Buenos Aires el ejercicio de sus facultades en el vicariato de Montevideo.

Este régimen provisorio y jurídicamente de semi-independencia, en la convicción de los gobernantes orientales no debía prolongarse por mucho tiempo. De aquí las sucesivas tentativas de arreglo para *la erección de un obispado* en el territorio nacional y la estipulación de un concordato.

No se llegó a la erección deseada –a la cual no se oponía por principio la Santa Sede- porque el Gobierno quería la dignidad y el lustre de un obispo titular, o tan sólo *in partibus*, y las ventajas del derecho de patronato, sin poner las condiciones favorables y proporcionar los recursos indispensables para alcanzar dicha meta.

Como para la erección de una diócesis, así también para el *concordato*, Roma no se mostraba contraria por principio. Dudaba solamente de la duración de una convención estipulada con una nación que no daba seguridad de estabilidad política. **Era preferible una anormalidad de hecho que una violación o un incumplimiento de una carta firmada con toda solemnidad.**

Pero lo más anormal se registraba *en el ejercicio del derecho de patronato*. No existiendo en la República ninguna dignidad propia del ejercicio de este derecho (v.g. arzobispo, obispo, cargos catedralicios, párroco colado, etc.) el mismo se extendió a cargos totalmente ajenos a su esfera de influencia (v.g. vicario apostólico, párroco interino, etc.) y se creó así un nuevo ejercicio del derecho de patronato, adaptado a las exigencias locales.

Todo esto, vivificado por principios liberales, ofrecía un terreno excelente, para que el enfrentamiento entre autoridad eclesiástica y civil se volviera inevitable[39].

---

[39] Es conveniente a este punto proporcionar algunos datos generales sobre el Uruguay para beneficio de los lectores extranjeros.

Población en 1860: 225.000 habitantes (siendo 58.000 los de la capital).

Agricultura: desarrollo paulatino.

Industria: asomaban las primeras industrias (saladero Liebig, panadería higiénica de Montevideo, etc.). Comercio: casi estacionario.

Situación financiera: un tanto angustiosa.

Enseñanza: en el 60-61 las escuelas del departamento de Montevideo eran 14 y 58 en la campaña.

Períodos fundamentales en la historia del Uruguay:

a) El coloniaje (1516-1811);

b) La Independencia (1811-1830) –comprende las guerras de emancipación-;

c) La República, desde 1830 hasta nuestros días.

El Primer ciclo de la República (1830-1875), denominado "caudillismo", comprende estos períodos: presidencia de Rivera (1830-34); presidencia de Oribe (1835-38); segunda presidencia de Rivera (1839-43); la guerra grande (1843-1851), anarquía nacional (1852-60); continúan la anarquía y el caudillismo (1860-68); hacia el año terrible (1868-75) (veáse THOMAS, Compendio…).

CAPITULO II

Jesuitas y Masones

Síntesis introductoria

"Jesuitas y Masones" no es el título de una novela, ni de una pieza teatral[1], sino que resume con concisión el espíritu, clima y estilo del período 1859-1863 en que se desarrollaron **los acontecimientos más definitorios para el rumbo de la Iglesia uruguaya en el siglo pasado.**

La oposición al nombramiento del presbítero don Jacinto Vera para el vicariato apostólico, la justificada expulsión de la misión franciscana del territorio nacional, la explosión ideológica que venía madurando desde tiempo atrás, causada por la negativa para el entierro católico del masón Jakobsen, la destitución del cura párroco Brid, la casación del *exequátur* a Vera y su extrañamiento del país, la misión Castellanos y la gobernación eclesiástica de Pablo María Pardo, con las inevitables luchas en todos los estratos sociales, resultan inexplicables en sus motivaciones más profundas si no se conoce esta doble realidad, en continua pugna entre sí: por un lado **los masones**, con un movimiento liberal en la política, religión y educación, "que inaugura formalmente en el país el proceso del racionalismo religioso"[2]; y por otro, **los jesuitas**, con una implantación en el suelo oriental de un catolicismo más enraizado que antes en el dogma y más acorde a las directrices tridentinas.

Si bien no todo el proceso histórico en cuestión debe considerarse como fruto y resultado exclusivo de estas dos corrientes antagónicas, las mismas quedan, sin embargo, como categorías supremas, juntamente con las personalidades, protagonistas responsables inmediatas de los hechos, volviendo fundamentalmente inteligible su intrincado desarrollo.

Hacia fines de diciembre de 1841, el padre Francisco Ramón Cabré s.j., a consecuencia de las medidas tomadas por Rosas, salió de

---

[1] Aunque se hayan escrito muchos libros y artículos encabezados con esas mismas palabras y aunque la obra de teatro homónima "Jesuitas y Masones" salida de la pluma de dos francmasones, se haya estrenado en Montevideo a fines de 1861 (Rev. C., dic 5 de 1861)

[2] ARDAO, Racionalismo…, 158

Argentina para pasar al pueblo de San Salvador en el Uruguay[3]. Se le unió en Montevideo a principios de 1842 el padre Coris con los hermanos coadjutores Pedraja, Fiol y González[4]. De este modo se iniciaba oficialmente el segundo período de la actividad jesuita en el Uruguay.

Orientación intelectual y religiosa de la República

La orientación intelectual y religiosa de esta República corría por una línea bien definida: racionalismo y liberalismo incrustados en un marco de instituciones eclesiásticas tradicionales, disimulando una convivencia pacífica que no podía ser sino forzada y temporánea.

"En la Universidad del 49, el espíritu escolástico, proscripto del aula de filosofía, iba a encontrar todavía un último reducto en la Facultad de Teología, prolongación de la cátedra de 1836. Pero esta supervivencia del pasado no pudo prosperar. Por falta de alumnos el aula de ciencias sagradas sólo funcionó durante el año 1855"[5].

Para la cátedra de sagrada teología "a fines de 1859 se designó a Antonio María Castro, debiendo suspenderse la enseñanza en 1860 por falta de alumnos.

El Vicario pidió su reinstalación, y así lo decretó el Consejo Universitario, designándose en 1863 nuevamente a Mayesté, que la ocupó hasta su muerte, dos años mas tarde[6], concluyendo así su efímera vida la "reina de las ciencias".

En la primera mitad del siglo XIX, predominó, por tanto, una filosofía escolástica *mitigada*, inficionada ya en su nacer por un eclecticismo espiritualista, mientras que la teología dogmática, junto con las otras ciencias sagradas, no tuvo ni el tiempo necesario para aclimatarse, prevaleciendo en la enseñanza oficial superior un racionalismo liberal, que asumirá, sobre todo en la segunda mitad del siglo, los caracteres propios de un antidogmatismo, paradójicamente opuesto a su esencia íntima de *liberal.*

"Consecuencia –en cierto modo- de la proyección espiritualista del eclecticismo fue sustento del liberalismo político que a lo largo y a lo hondo de toda la vida universitaria –y más intensamente a partir de la década del setenta- sellará definitivamente el espíritu de la Universidad de Montevideo.

---

[3] PEREZ, La Compañía ..., 240

[4] Ibíd., 243

[5] ARDAO, Filosofía..., 48

[6] PARIS DE ODDONE, La Universidad..., 105 (nota 13)

Nuestra primera institución de enseñanza había nacido a impulsos de la corriente liberal del catolicismo montevideano"[7].

"Al margen de la enseñanza oficial, la minoría ilustrada de la época –la generación de la Constituyente- comulgaba de tiempo atrás con la enciclopedia"[8].

Se completa así, breve y sintéticamente, el panorama de la cultura nacional, en donde predominan las ideas de la Ilustración francesa del siglo XVIII.

En este terreno filosófico en plena fermentación ahondará sus raíces con facilidad "el librepensamiento racionalista en materia religiosa"[9], modelando el rostro del Uruguay intelectual y religioso.

Con una mirada retrospectiva global, se puede resumir, diciendo con la autora citada: "El sentimiento religioso nunca había asumido en el país las características de un dogmatismo cerrado. Montevideo, plaza fuerte y apostadero naval, no logró cimentar una Iglesia poderosa durante la Colonia.

Las congregaciones que habían instalado aquí sus colegios de primeras letras y las propias figuras destacadas del clero nacional en los días de la revolución -un Larrañaga, un Pérez Castellano, un Lamas-, sintieron el llamado del movimiento iluminista que posibilitó la revolución americana.

---

[7] Ibíd., 100

Breve radiografía de la Universidad: La idea que presidió fundamentalmente la instalación de la universidad de Montevideo en 1849, fue la de "lograr, consumada la independencia política, la independencia mental de América; librar al país por la educación, de los hábitos político-sociales que le aquejaban a modo de legado del coloniaje. En una palabra, la constitución definitiva de la nacionalidad, dándole un espíritu propio por la educación del pueblo y la elevación de su nivel cultural" (PARIS DE ODDONE, La Universidad…, 28).

En el 60 la universidad entra en una etapa de organización. Después de su primer periodo de ensayo, alcanza ahora la elevación de su nivel cultural y docente, y lo que es más importante conforma en esta década "su verdadera fisonomía de escuela liberal" (Ibíd., 40).

Un no demasiado espíritu liberal prima hasta el 60 en los claustros universitarios "pero es en el 61 cuando la Universidad se transforma en cátedra militante de los postulados del liberalismo" (Ibíd., 40) y esto, gracias, sobre todo, a la cátedra de filosofía.

[8] ARDAO, Filosofía…, 48

[9] ARDAO, Espiritualismo…, 54

Incluso la tradición artiguista que propugnaba 'la libertad civil y religiosa en toda su extensión imaginable' era expresión del clima liberal que –aún en materia religiosa- imperaba en el medio social de la Banda Oriental del Río de la Plata"[10].

En este contexto, daban sus primeros pasos los jesuitas, llegados del otro lado del Río de la Plata; mientras los masones, dueños ya del terreno, marchaban hacia un predominio que los recién llegados les iban a disputar.

En la exposición de los sucesos, más que en una enunciación casi apriorística de tendencias y cualidades, aparecerán los lineamientos esenciales de cada grupo, pudiéndose consignar, al acabar el estudio, una posible descripción histórica de ambos movimientos.

Llegada de los jesuitas expulsados de Buenos Aires y primeras actividades

En el tiempo en que los hijos de S. Ignacio fueron expulsados de Buenos Aires –por el general Rosas, que pocos años antes los había llamado de España-, algunos de ellos, como ya se dijo, se retiraron a Montevideo, sitiado entonces por el general Oribe[11].

A principios de abril de 1842, además de los padres nombrados y los tres hermanos coadjutores, se encontraba también el p. Berdugo[12], hospedándose todos en la casa de Ejercicios.

Pero ofreciendo esta residencia, perteneciente a la familia García Zúñiga, dificultades por las leyes vigentes el día en que pasara a ser propiedad de los Padres, se buscó "una casa retirada donde pudiesen morar, observando la disciplina religiosa"[13].

Aquí se dedicaron sin dilación al sagrado ministerio, ocupando diariamente el púlpito, el confesionario, efectuando visitas a los enfermos y distribuyendo a todos una palabra de consuelo y dirección.

Con el mes de María el trabajo aumentó muy mucho. "En treinta tardes del mes de María –escribe el padre Berdugo-, consiguiente a mis ideas en orden al púlpito, he procurado combatir todos los errores que he advertido en este pueblo...

---

[10] PARIS DE ODDONE, o.c., 104-105

[11] ASV, ss ae, a 1859, R 251, 16

[12] PEREZ, o.c., 247

[13] Ibíd., 248

Yo no he predicado, sino tomado el catecismo, y con explicaciones sencillas pero muy ceñidas a la buena lógica, y naturales, desmenuzaba cada palabra, entrando en todo el fondo de la materia...

Según este modo han quedado en ridículo los sabios modernos, los protestantes, racionalistas, furieristas y los políticos falsos, sin salir del catecismo, que he procurado hacer estimar...

Ha llamado mucho la atención el modo aquí nuevo de tratar materias tan altas con tanta sencillez y claridad: me dicen que no ha habido quien no me haya entendido: la firmeza en hablar la verdad en medio de tanta corrupción, y la energía en la argumentación estribando en principios ya sentados...

Asistían los preciados de doctores y nadie se ha atrevido a chistar contra las doctrinas"[14].

Estas breves expresiones a la vez que revelan la conciencia del padre Berdugo, con relación al terreno intelectual, lleno de errores (racionalismo liberal...), en el que está lanzando su semilla, indica el método seguido en la siembra: "combatir" con las armas de sencillas explicaciones de catecismo, "pero muy ceñidas a la buena lógica", con el consiguiente resultado de quedar en ridículo los adversarios: "los sabios modernos", que especificando responden al nombre de "**protestantes, racionalistas, furieristas y falsos políticos**" y que sintetizando podrían, quizás, agruparse bajo la única denominación de "**masones**".

Estos, en efecto, estaban copando todos los puestos importantes de la vida social.

El "combatir" es el estilo clásico de los soldados ignacianos, nacido en los años de la "reforma" y "contrarreforma", y que, en un ambiente nominal y estructuralmente católico, pero de hecho sin bases dogmáticas firmes y con un gran número de "**herejes, impíos y librepensadores**"[15], provocará una resistencia enorme.

Eclesiásticos, como el canónigo Luis José de la Peña, rector del Gimnasio, base de la futura Universidad de Montevideo; políticos, como don Manuel Herrera y Obes, vice-presidente de la cámara de representantes en 1841 y posteriormente ministro de gobierno y relaciones exteriores, y otros, se atreverán no sólo a "chistar" contra esa metodología, sino que mutilada, la eliminarán definitivamente en el momento en que parecía tomar ciudadanía estable en la República Oriental.

Mientras tanto, no se registran inconvenientes de relieve por estimarse aquella actividad jesuita puramente ocasional.

---

[14] Ibíd., 272-273

[15] Ibíd., 273

Un año más tarde, la ya pequeña familia religiosa, reducida el 24 de junio 1843 al padre Ramón Cabré y a los dos hermanos coadjutores Andrés Pedraja y Antonio Piñón, realizaba obras de desprendimiento en las diversas formas de apostolado.

"Un solo operario de la Compañía, colocado en circunstancias tan poco favorables, era el instrumento de que Dios se valía para sostener la fe, la religión y la piedad de aquel pueblo desgraciado"[16].

Oposición y contraste en el sector de la enseñanza: vicisitudes del primer colegio de los jesuitas (1848-1849)

El canónigo español don Antonio R. de Vargas, fundador en el año 1838 del establecimiento que llamó Colegio Oriental de Humanidades, deseando volver a su patria y no queriendo que su obra terminara con su ida, se la ofreció al padre Ramón, que, con el permiso de su superior el padre Parés, en el año 1846 la aceptaba con la intención de "precaver a los jovencitos dedicados al estudio, de las influencias que podrían ejercer en almas tiernas maestros protestantes, o de no muy sana moral, o de ideas extraviadas"[17].

Dicho colegio con la colaboración del padre Sató s.j., enviado de refuerzo, del padre Hernández s.j. y del hermano José M. Delgado,

---

[16] Ibíd., 347

[17] Ibíd., 433

Esta es la mentalidad y posición clásica de los *católicos intransigentes* del siglo pasado. Para la curia romana, para los jesuitas y otros sectores de la intransigencia la libertad era la amiga más fiel del demonio porque abría el camino a innumerables y casi infinitos pecados. Toda expresión de libertad por pequeña que fuera, debía ser condenada. La libertad de conciencia era una locura, la libertad de prensa un mal que no se lloraría nunca abundantemente. Puesto que el liberalismo era intrínsecamente perverso, no queda otra actitud que rechazar sus doctrinas en bloque. Había que levantar los puentes y cortar todo contacto con el enemigo (cfr. MARTINA, La Chiesa..., 504).

La Iglesia-institución frente al mundo, manteniendo la tesis de la primacía de los derechos sobrenaturales, trataba de salvar sus derechos políticamente. Así, tanto la teología, el magisterio, como las estructuras eclesiásticas permanecieron fieles a la etapa anterior ("ancien régime"). La Iglesia se resistía a admitir que desde 1789 había nacido una nueva sociedad fundada en los principios de la libertad.

Para juzgar correctamente la actuación de la Iglesia local y de la diplomacia pontificia no se debe descuidar este enfoque.

empezó a prosperar, después de un decaimiento debido a las circunstancias de la guerra.

Todo esto infundía el temor, de que los Padres se establecieran definitivamente en aquella capital. En un ambiente, en que se quería emular el "siglo de las luces", esto constituía un atrevimiento imperdonable, y las trabas, sutilmente colocadas, paralizaron en el año 1848 la vida del renovado establecimiento de estudios. En efecto, "la casa que había ocupado el Colegio de Humanidades se hallaba en poder del Gobierno en calidad de embargo: rescatada por su dueño, éste subió tanto el precio de los alquileres, que los Padres se vieron en la precisión de abandonarla, por no tener cómo pagarlos, pero la mayor dificultad consistía en no poder encontrar otra"[18].

Conocida por la autoridad eclesiástica capitalina la embarazosa situación de los Padres, les ofreció la casa de Ejercicios, fundada ya de antiguo por la familia García de Zúñiga, para que se trasladasen a la misma, con la promesa explícita de resolverles las dificultades que pudiesen surgir por parte de los dueños y del mismo gobierno.

El edificio para ser sede apta para un colegio y para el fin primordial que se le había asignado de lugar para los Ejercicios Espirituales, necesitaba reparaciones y ampliaciones, con gastos muy elevados. La previsión de las erogaciones pecuniarias hubiera desanimado a cualquiera, sobre todo en semejantes condiciones de guerra y sitio, pero no al padre Ramón, que, con las facilidades que le brindaron el mismo Presidente Suárez, y muchas personas privadas, inició sin tropiezos las reparaciones y la edificación.

Al coronar tal empresa, los jesuitas –relata mons. Marini- se trasladaron a esta nueva habitación, y los masones, que en Montevideo son muy numerosos y potentes, entraron en sospecha de que, aceptando los Padres aquella casa, tuviesen el firme propósito de establecerse en Montevideo; les promovieron, por consiguiente, una guerra implacable.

Habiéndose erigido en aquel entonces la universidad indujeron al Gobierno con manejos turbios para que asignara a la misma la codiciada casa de Ejercicios[19].

A este punto se transcribe literalmente el relato del padre Rafael Pérez, que sirvió, hasta el momento, de fuente principal. "Tres días solamente habían pasado los Padres en su nueva habitación. La mañana del 29 de enero los dueños de la casa, o sabedores o recelosos de las maquinaciones del ministro Herrera, se presentaron y tomaron

[18] Ibíd., 481

[19] ASV, ss ae, a 1859, R 251, 16v

las llaves dispuestos a defender sus derechos, y con la finura de quien tiene que dar una noticia desagradable, hablan a los Padres de paciencia y sufrimiento. Efectivamente, en esos momentos aparece un Comisario de policía con gente armada, el cual mostrando una orden dirigida *a quien habitara la casa*, exige que se desocupe inmediatamente y se le entreguen las llaves. Los dueños allí presentes se opusieron a tan inicuo y violento modo de proceder; el Comisario, sin atender a razones, da orden a los soldados de descerrajar las puertas, de sacar a la calle los muebles de los Padres e introducir los del Gimnasio Nacional.

Acuden al Jefe superior de policía, y responde que es orden del Ministro: manda retirarse a los dueños y a los Jesuitas los deja literalmente en la calle.

Tal modo de proceder de un Ministro en un país civilizado no tiene calificativo, porque tampoco tiene explicación, ya no digo respecto de personas que se están sacrificando por el bien público, pero ni del más insignificante ciudadano: aun con un criminal y por sentencia jurídica sería duro.

Pero todavía nos admira más la actitud pasiva del Presidente ante la cruel arbitrariedad y despotismo de su Ministro, siendo así que él aun sin ser preguntado mandó decir a los Padres que se trasladasen... El mismo Sr. Vicario... tomó más bien la defensa del Gobierno"[20].

Para concluir con este asunto veáse cuál era la finalidad perseguida por los masones: "El Ministro envalentonado con la debilidad de Suárez que le dejaba hacer, hasta contra sus propias órdenes, se presentó a su Jefe y con increíble orgullo le intimó que expulsara a los Jesuitas, o si no, él dimitiría la cartera.

Era ya demasiado: Suárez se acordó que era el Supremo Jefe de la República, se negó a expulsar a los Jesuitas, pues no había razón que aconsejara aquella medida; pero Herrera, que no contaba con tal negativa, no tuvo vergüenza de no cumplir su palabra: no quiso dejar la cartera...

Todos estos hechos debía de ignorar el Sr. Vicario, cuando con tanto civismo defendía al Gobierno... Mas entretanto ¿qué hacían los Jesuitas? Volvieron a la casa de donde habían salido no sin grandes sacrificios"[21].

---

[20] PEREZ, o.c., 483-484

[21] Ibiid., 484-485

Sentido y alcance de la oposición

En este momento la Iglesia oficial parece no compartir la línea jesuita. No tiene con todo ni conciencia ni preparación para ser la exponente de un catolicismo liberal en pugna con el ultramontanismo. A las dificultades y divisiones internas se suman las acometidas liberales, que en lo filosófico sustentan el naturalismo y el racionalismo, en lo político-social la democracia y la separación iglesia-estado, en lo religioso el indiferentismo, y en lo económico el abstencionismo.

Desde afuera, en efecto, se hostiliza a la Iglesia "porque existía la convicción de que en esa brega se jugaba la independencia total de América, buscando la destrucción de los baluartes del absolutismo dogmático"[22], representado por ese número insignificante de miembros de la Compañía.

Para calar un poco más hondo en esta actitud, baste recordar lo que escribía José Pedro Varela en 1866 hablando de Bilbao, masón y corifeo del racionalismo americano: "Sus ideas, bebidas en la fuente pura del Evangelio, se extienden, se extienden como la luz cuando el sol empieza a irradiar en el horizonte... y no nos cansaremos de decirlo, **son los restos de la educación católica que quedan entre nosotros, los que hace posible el entronizamiento de injusticias**. Es por eso que combatir el catolicismo es combatir la tiranía. Y es por eso también que Francisco Bilbao es uno de los apóstoles de la democracia y libertad"[23].

Métodos y programas de lucha

En todo enfrentamiento la lucha debía ser desigual, siendo desiguales las armas: los dos "combatían", pero, por un lado, militaba únicamente la palabra predicada oportuna e inoportunamente, mientras que por el otro, con un despliegue de medios, asestaba sus golpes el Gobierno, golpes no menos graves de los que provenían de la opinión culta oficial y extraoficial. No obstante mediar una diferencia notable entre uno y otro frente, el nudo verbo jesuita era temible, sintiéndose cada vez más incómoda la secta masónica, por los estragos que producía en sus adeptos[24].

En los años siguientes continuaron las hostilidades del ministro Herrera y de los principales miembros del Instituto Nacional contra el pequeño colegio que lograban mantener a flote los jesuitas.

---

[22] PARIS DE ODDONE, o.c., 111

[23] Ibíd.

[24] PEREZ, o.c., 653

Todo respondía a un plan trazado para deshacerse de los Padres "hostigándolos para ver si ellos de por sí se retiraban"[25].

No lográndose resultado satisfactorio con ese método, y aproximándose rápidamente un aniversario doblemente memorable (1759-1859: centenario de la primera expulsión de los jesuitas decretada por el gobierno de Portugal; enero de 1849 –enero de 1859: décimo aniversario del desalojo de la casa de Ejercicios en Montevideo), se imponía un cambio radical en lo programado. Se vio entonces emprender por ambos lados una carrera precipitada hacia una hegemonía que los jesuitas disputaban con los masones desde que pisaran suelo uruguayo a fines de 1841 y principios de 1842.

Después de alternas vicisitudes con éxito incierto, les sonrió la victoria a los masones, celebrando con una exactitud de días, el doble mencionado aniversario, siendo, en efecto, expulsados por segunda vez del Uruguay los Padres de la Compañía el 26 de enero de 1859.

Pedido del Presidente Pereira al Papa Pío IX

Las fases de esta carrera tuvieron su inicio oficial con la petición del Presidente Pereira a Su Santidad Pío IX con fecha 31 de mayo de 1858, en la que el primer magistrado de la República, estimulado sin duda por Joaquín Requena y numerosos padres de familia, pidió al Pontífice se dignara enviar otros jesuitas.

La finalidad era clara: poner un pronto remedio a los males que aquejaban a la República después de una guerra tan prolongada, devolviendo a la religión, al culto y a la educación religiosa "fuentes de todos los bienes y únicos remedios de todos los males políticos, sociales y domésticos"[26] su primitivo esplendor.

Pereira, además, le comunicaba al Papa, que para conseguir tan altos objetivos, se habían adoptado ya diversas medidas saludables, y, entre ellas, una que merecía particular consideración: se había formulado un decreto en que se concedía plena libertad a los padres jesuitas para que enseñasen de acuerdo a sus normas, y este decreto se esperaba fuera convertido en ley por las cámaras legislativas.

El Papa, con fecha 19 de julio del mismo año, accedía benignamente, disponiéndolo todo para que a la brevedad posible fueran enviados los operarios solicitados.

---

[25] Ibíd., 502

[26] Ibíd., 648-649

Colegio en la villa de San Juan Bautista (Santa Lucía) y libertad de la enseñanza

Entre los pedidos dirigidos al Presidente, se conserva uno de junio de 1858 con unas treinta firmas que dice textualmente: "Varios Padres de familia de la Capital por sí y a nombre de otros de los Departamentos de Canelones, San José y Florida piden el restablecimiento del Colegio en la Villa de San Juan Bautista sobre Santa Lucía, y la libertad de enseñanza para los PP. de la Compañía de Jesús fundándose en las razones de conveniencia que aconsejan la medida"[27].

El referido colegio de San Juan Bautista, financiado en 1854 por algunas personas religiosas con una suma de dinero recogida ocultamente, edificado a unas doce leguas de Montevideo, debía, en la intención de los Padres Jesuitas, preservar a los jóvenes de los **principios de falsa libertad** reinantes en la gran mayoría de la sociedad.

Por algunas circunstancias que sobrevinieron al poco tiempo no pudo funcionar como tal; mientras tanto se aguardaba pacientemente la ocasión propicia para el logro de semejante finalidad.

En el decreto de 28 de junio de 1858 culminaban las múltiples gestiones de hombres públicos y privados que con anterioridad habían sido víctimas de los manejos de los masones.

Sensible a las razones expuestas por varios padres de familia el presidente decretaba el restablecimiento del colegio jesuita y derogaba las sucesivas restricciones, impuestas a la enseñanza privada (que se reducía casi únicamente a la jesuita) por el ministro Herrera y Obes, emprendiéndose cuerdamente el camino del verdadero liberalismo en la docencia[28].

---

[27] AGN, mg, c 1087

[28] "1°Restablécese el colegio de educación fundado en la Villa de San Juan Bautista por los PP. de la Compañía de Jesús, quedando autorizados para establecerlos también en todas aquellas localidades que sean de su elección.

2° Concédese a los profesores de la Compañía la más absoluta libertad de enseñanza, y la completa independencia de todo cuerpo literario, pudiendo hacer uso de textos propios para la enseñanza, en todas las materias reglamentándola como lo tengan por conveniente.

3° Sin perjuicio de las disposiciones anteriores, los alumnos que aspiran a grados universitarios, darán todas las pruebas que exigen los Estatutos de la Universidad Mayor de la República" (ASV, Ibíd., 20)

Alarma entre los masones

Semejante decreto y la súplica dirigida al Sumo Pontífice, volvieron a esparcir la alarma entre los masones, que, juntamente con los miembros del Instituto Literario juraron trastornar con cualquier medio la ejecución del decreto: aquéllos, porque educándose la juventud por los jesuitas preveían la obstaculización de sus designios; y éstos, porque no les agradaba que las escuelas de los hijos de S. Ignacio quedaran sustraídas a su dependencia.

Insistieron repetidas veces ante el Presidente de la República, pero, *aunque débil,* éste supo resistir a sus ataques. No por esto perdieron la esperanza de realizar su proyecto[29].

Entretanto el periódico titulado *Comercio del Plata* desataba una polémica provocativa, preparando al público con mucha habilidad para el desenlace de lo que debía ser un acto más en el drama de la Compañía.

"Acechaban una ocasión oportuna para deshacerse de sus enemigos más capitales: desesperábanse porque ésta no se presentaba...

Estamos por creer que la ocasión de que echaron mano para lanzarse contra los Jesuitas, ni los mismos Masones la reputaban siquiera aparentemente oportuna, pero los cegaba su misma cólera, y sobre todo, confiaban en el influjo ilimitado que habían conseguido ejercer sobre el Presidente y sus ministros"[30].

Discurso del p. Félix del Val

Y se presentó, por fin, la ocasión. El padre Félix del Val, venido expresamente de Santa Lucía, pronunció un discurso, con ocasión de vestir hábito de hermanas de la Caridad cinco jóvenes, en el que se permitió decir, haciendo una comparación entre la caridad y la filantropía, que ésta era la moneda falsa de aquélla, como lo consignan el *Comercio del Plata,* y el delegado apostólico de Paraná, dependiendo muy probablemente el segundo del primero.

El Padre Sató en carta (6 de febrero de 1859) al Padre General, si bien con otras palabras, afirma sustancialmente lo mismo, al escribir que el sermón había versado "sobre los caracteres de la caridad cristiana y los efectos que en todas partes produce, y añadió que la filantropía, destituida de la verdadera fe y de la firme esperanza, no es más que una vana ficción de la caridad cristiana"[31].

---

[29] ASV, Ibíd., 17v-18

[30] PEREZ, o.c., 653-654

[31] Ibíd., 654

Los que más tarde llenarán las páginas de la prensa gritando: "¡Está en pie la Inquisición!"[32], se vuelven de repente inquisidores laicos, y califican, por la pluma del articulista Pintos, "masón graduado y perteneciente a la logia titulada Sociedad Filantrópica", dicha proposición de extraña, falsa, impía, insensata y audaz[33].

El mismo ministro de gobierno Antonio Díaz, que, con el presidente Pereira, había firmado el decreto de junio, encauzando, de una manera aparentemente legal, la indignación masónica a raíz del sermón y sobre todo de toda la acción jesuita, le escribía en estos términos al superior padre Sató:

"Por diversos conductos, y principalmente por la prensa periódica, ha llegado a noticia del Gobierno que el sacerdote que ocupó la Cátedra del Espíritu Santo en la ceremonia de la recepción de las nuevas Hermanas de la Caridad, que tuvo lugar el 6 del corriente, ha emitido en esa ocasión doctrinas tan extrañas, y permitídose alusiones tan inconvenientes, que han causado no pequeña alarma en el espíritu de una gran parte de la población, considerándolas como el germen de perturbaciones futuras que podrían aparecer más tarde a la sombra de principios y de teorías religiosas, falsamente explicadas"[34]. Continuaba diciendo que lo denunciado había causado un profundo desagrado en el ánimo del Presidente, por ser esa actitud jesuita subversiva, decididamente contraria a las esperanzas puestas últimamente en ellos.

Terminaba manifestando su deseo y esperanza de que en adelante se evitaría, con medidas oportunas, la repetición del hecho y que el superior desaprobaría y corregiría con la severidad que el caso requería, al sacerdote que había abusado de su misión[35].

La corrección del predicador culpable, exigida por los masones, quizás, hubiera podido ser una excelente maniobra diplomática para evitar la catástrofe final, pero fue desestimada por el superior Sató, que, aunque conocedor del ambiente hostil, prefirió enfrentarse con esos avances de la autoridad civil, contestando "de que las verdades que enseña la Religión Católica, expuestas según el sentido de la Santa Iglesia, sin exageración ni fanatismo, que es imposible haya, siguiendo el dicho sentido, de la que es Madre infalible, está muy distante de causar perturbación de ningún género.

---

[32] Pr. O., abr. 22-23 de 1861

[33] PEREZ, o.c., 655

[34] ASV, ss ae, a 1858, R 251, 20

[35] Ibíd., 20v

Ninguna otra intención tuvo, ni podía tener, el sacerdote en la explicación del día 6, aunque tal vez se explicase de manera que pudo haber dado ocasión a algún equívoco"[36].

Así planteada, la cuestión no llegaría a una solución honorable, previéndose en consecuencia un choque inevitable.

Carta a la joven Anita

No satisfechos los masones con esta imputación, buscaron otra, y la hallaron en una carta que poco antes el mismo padre del Val había escrito a una joven llamada Anita, respondiendo a una consulta que ésta le había hecho sobre la manera de seguir el llamado de Dios a una vida más perfecta en la congregación de las Hermanas de la Caridad.

"Creo también que debe estar persuadida –le explicaba el Padre- de dos cosas. La primera es que: cuanto más le cueste el seguir su vocación, tanto mayor será su mérito por una parte, y mayor corona en el cielo, y mayor seguridad de perseverar hasta la muerte.

La segunda, que su mamita no puede, ni en conciencia, ni según las leyes, impedirle de tomar el estado que más conforme le parezca a la voluntad de Dios, ni negarle lo que le pertenece por parte de su difunto padre, y que por lo tanto, aun contra la voluntad de ella, puede seguir su vocación, y debe obedecer antes a Dios que a ella, mucho más cuando la expusiese a peligro de pecar"[37].

Los enemigos de la Compañía, cuando tuvieron noticia de semejante carta, dieron mano a todos los medios para conseguirla, y una vez en posesión de la misma, se apresuraron por medio del general Antonio Díaz, ministro de Gobierno, a presentarla al superior jesuita, comunicándole que los individuos que integraban la Compañía de Jesús en lugar de contraerse únicamente a los objetivos que dieron origen al decreto de 28 de junio, desviaban "su atención a otros objetos ajenos a aquellos propósitos, y lo que es aún más alarmante, a objetos para cuya consecución se hace uso de teorías disolventes y desorganizadoras, que llegarían hasta romper los vínculos de la familia, arrebatando la espontaneidad a vocaciones que sólo deberían ser hijas de las convicciones íntimas e individuales, y no el resultado de una propaganda desquiciadora, disfrazada con el ropaje de doctrinas que llevan en el fondo el sello de la seducción y que llegan hasta aconsejar la desobediencia a la potestad paterna"[38].

---

[36] Ibíd.

[37] ASV, ss ae, a 1859, R 251, 21

[38] Ibíd., 20v-21

Evidentes eran los cargos por los que los Padres se consideraban indignos de la tierra que los había hospedado: enseñaban doctrinas perniciosas, fomentaban discusiones en las familias rompiendo su vínculo y aconsejaban la desobediencia.

Dichos cargos, en los años siguientes, serán repetidos con pertinacia: ahora servirán para expulsarlos y después para mantenerlos alejados.

Actitud del P. Sató

Sató, consecuente con su posición inicial, le respondió aclarando con el Evangelio en la mano la posición del padre Félix y negándole al gobierno cualquier competencia en tales materias.

"Las palabras contenidas en la carta –se decía-, que ocasionaron la nota de V. E. fueron sin duda aquellas en que se dice a la persona a quien se dirige: ... que aun contra la voluntad de ella [la madre], puede seguir su vacación, y debe obedecer antes a Dios que a los hombres. Palabras que entendidas con arreglo al tiempo, en que las leyes establecen la mayor edad de una persona, no presentan dificultad, pudiendo todo individuo usar de la libertad que la ley le concede, cumplidas ciertas formalidades.

Entendidas del tiempo en que por la ley no puede todavía la persona considerarse mayor, me hizo presente el dicho Padre que en la citada carta siempre se inculca que se obtenga el consentimiento de los padres: y que en este mismo sentido se habla en el principio y en el fin expresamente; y que aprueba mucho el que solicite continuamente por sí y por otras personas, que pueden influir en su madre, el permiso deseado y lo que le pertenece de su dote: volviendo a insistir en que obtenga tal consentimiento para la realización de los deseos de la persona, a quien se dirige.

En cuanto a lo que se dice en la carta que aun contra la voluntad de la madre puede seguir su vocación, y debe obedecer antes a Dios que a ella; es claro que se entiende únicamente en el caso en que la voluntad de Dios sobre la persona sea conocida por la misma de un modo indudable"[39].

Seguía el Padre fundamentando su afirmación en la doctrina evangélica, y sin innovar nada, reafirmaba una posición tradicional.

Después de tales consideraciones era imposible cualquier arreglo, sin dejar de comprometer la fama de la Compañía, y lo que hubiera podido ser solucionado antes con alguna humillación, no podía serlo en estos instantes.

[39] Ibíd., 21v-22

Expulsión de los jesuitas

Irritado el ministro, dio una orden perentoria para que ambos Padres saliesen sin demora del territorio de la República, y estos religiosos con la sola ropa que llevaban puesta tuvieron que embarcarse en un vapor brasileño, siendo trasladados a Santa Catalina en el Brasil.

Para completar la obra se publicó el decreto de expulsión de todos los padres jesuitas[40].

Uno de los últimos en salir de Montevideo fue el anciano y muy enfermo Francisco Ramón Cabré, concluyéndose así la segunda época de los jesuitas en el Uruguay.

Dos años más tarde, el representante de Francia en nuestro país, podía todavía recordarle a su Gobierno la impresión de esta medida con la frase: "la persecución caprichosa y brutal dirigida por el Sr. Pereira contra la Compañía de Jesús"[41].

Por su parte la publicación de Buenos Aires titulada "La Religión", saludaba sarcásticamente el acontecimiento con las palabras: "¡Viva la libertad!", y comentado el segundo considerando del decreto en que se asienta "el deber del gobierno en prevenir las

---

[40] "Ministerio de Gobierno. –Montevideo, enero 26 de 1859.

Considerando que los PP. de la Compañía de Jesús no responden debidamente a los únicos fines que se tuvieron en vista al expedir el Decreto de fecha 28 de junio del año anterior, concediéndoseles la libertad de enseñanza y la independencia de todo cuerpo literario.

Considerando que es un deber del Gobierno prevenir las consecuencias que podrían resultar de la propagación de doctrinas perniciosas, que ya en el púlpito, ya en el privado, llevarían la perturbación a los espíritus y despojarían de su verdadero carácter de espontaneidad a vocaciones que sólo deben ser el resultado de convicciones íntimas e individuales; y por último, que no puede consentirse que a favor de aquella gran prerrogativa, concedida sólo en beneficio de la enseñanza primaria y elemental, abusen de su sagrado ministerio en perjuicio de las verdaderas conveniencias nacionales.

El Presidente de la República acuerda y decreta:

1° Queda derogado el decreto expedido con fecha 28 de junio de 1858.

2° Los PP. de la Compañía de Jesús dejarán el territorio de la República dentro del más breve plazo, no pudiendo regresar a él sin permiso especial del Gobierno (Ibíd., 22-22v).

[41] In.d., 317

consecuencias (¡ah gobierno previsor!) que podrían resultar de la propagación de doctrinas perniciosas", escribe: "Deben ser muy sanas las doctrinas que se propagan en Montevideo, porque son pocos los desterrados hijos de Eva que de allí sale, y si no, hay una ley para los Jesuitas y otra para el resto del pueblo"[42].

Actitud del provicario Fernández

Al cundir la nueva de la expulsión en la población capitalina, el asombro se apoderó de la mayoría, convirtiéndose prontamente en decepción frente a la actitud del Provicario Apostólico don Juan Domingo Fernández. Este habiendo sabido extraoficialmente por el diario *La Nación*, la repentina separación del país de los padres jesuitas, rogaba al Gobierno que lo instruyera sobre la medida y las causas que la habían motivado. Pero temeroso de caer él también en las manos del ministro de turno, justificaba su demanda con un párrafo que lo pinta de cuerpo entero.

"El Pro-Vicario que suscribe –terminaba diciendo-, nada menos piensa, al molestar la atención de V. E. que atenuar en un ápice los respetos que le son debidos; sino únicamente cumplir los que le impone la Autoridad Eclesiástica, con que ha sido honrado"[43].

Este gesto constituía un peso inoportuno que le imponía la autoridad eclesiástica y no su conciencia, del que no era posible liberarse sin dejar de ser lo que era.

Mientras de todas partes, menos de la prensa liberal montevideana, se elevaba al cielo un grito de protesta, el Provicario acallaba su conciencia y la de sus fieles con una nota que indicaba su supervivencia como autoridad con derecho a información.

Es muy arduo comprender la angustia de un pueblo desprovisto de una mirada lúcida que le haga descubrir en los ideales tradicionales, renovados a la luz de las nuevas exigencias y proyectados hacia el futuro, valores por los que deba seguir luchando y en las autoridades constituidas, criterios ciertos de orientación.

Valentía de Vera

Tal será por mucho tiempo la inquietud de los católicos uruguayos, y ésta se hubiera vuelto cada vez más aflictiva, si no se hubiese levantado una voz, la del presbítero Jacinto Vera, cura párroco de Canelones, clamando contra la propaganda dirigida por los masones, y previniendo a sus fieles que no debían leer ni suscribirse al

---

[42] Rel., febr. 5 de 1859

[43] AGN, mg, c 1094

Comercio del Plata, mientras persistiese en la publicación de sus escritos, en materia de religión y moral[44].

Estimulados por este sacerdote, y al mismo tiempo desconcertados por la indiferencia del anciano Provicario, varios curas párrocos[45] elevaron una representación para que el jefe interino de la Iglesia, sacudiéndose de encima esa apatía, o mejor dicho, esa cobardía, condenara lo que ellos consideraban reprobable y condenable.

"Del resorte de V. S. Rma. –rezaba dicha representación-, es el juzgar y decidir, si los escritos del *Comercio del Plata* que a nuestro juicio envuelven doctrinas erróneas, contrarias a la moral, al respeto debido al Sacerdocio, a la veneración que debe ser inspirada a los fieles hacia los institutos religiosos: si estos escritos merecen la calificación de tales, y por consiguiente, si ellos son o no reprobables, y deben en este concepto ser reprobados por V. S. Rma., que es el Jefe Supremo de Nuestra Iglesia.

Nosotros, pues, los consideramos reprobables y dignos de censura por la interpretación siniestra, que se hace en ellos de los Libros Santos, cuyo genuino y ortodoxo sentido analiza y explica su autor, torciéndolo a su antojo, para hacer deducciones falsas, y estigmatizar, con profana pluma, como doctrina irreligiosa e impía, un pensamiento sencillo de un orador sagrado"[46].

Presentada esta exposición, el Provicario, al contestarla el 5 de marzo de 1859, se dignaba aplaudir el celo religioso y eclesiástico que había guiado la pluma de aquellos párrocos, y, considerada la gravedad de los varios asuntos que contenía, y la feliz inmediación del delegado apostólico de Paraná, la elevaba al referido delegado; mientras tanto no había inconveniente para que los pastores de almas, siguiesen predicando con toda libertad las sanas doctrinas del Evangelio, y todas las que de él emanan, sancionadas por nuestra Madre la Santa Iglesia Católica[47].

Con esta respuesta creía tranquilizar la conciencia de sus párrocos, mientras que, por su puesto, la suya quedaba satisfecha con el cumplimiento de sus deberes.

---

[44] Rep., febr. 27 de 1859

[45] Los curas párrocos firmatarios eran: don Santiago Estrázulas y Lamas (cura rector de la iglesia Matriz), don Martín Pérez (de san Francisco), don José M. Ojeda (del Cordón) , don Victoriano A. Conde (de la Unión), don Joaquín H. Moreno (de Las Piedras), don Jacinto Vera (de Canelones), don Francisco Castelló (de San José) y don Antonio Guerrero (de Durazno) (Rep., mar., 4 de 1859)

[46] Rep., mar., 4 de 1859

[47] Ibíd., 10 de 1859

La disyuntiva puesta "si ellos [los escritos en cuestión] son o no reprobables" era consciente y deliberadamente ignorada, quedando el problema fundamental sin solución.

Los párrocos parece que no quedaron tranquilos en conciencia, porque habían planeado protestar ante el Gobierno, con respeto, pero también con dignidad y energía, mas se lo prohibió el Provicario, amedrentado por los masones, que se esforzaban por conservar las posiciones conquistadas.

Fernández había mantenido, así, la armonía y buena inteligencia entre la Iglesia y el Estado. Para el logro de esta misión no se necesitaban cualidades sobrehumanas, que el Provicario no poseía, bastaba únicamente el temor de perder el puesto y el sueldo correspondiente, único norte de su gobierno eclesiástico.

Proceder del Presidente Pereira

Si éste era el proceder del jefe de la Iglesia, ¿Cuál podía ser el del presidente de la Republica?

"Dicen –escribe mons. Marini- que también el Sr. Presidente sea masón, y que, no obstante esto, nunca quiso consentir en la expulsión de los jesuitas, y que los ministros aprovechando el momento en que se encontraba vencido por el vino, le hicieron firmar el decreto; se sabe, en efecto, que es muy aficionado a las bebidas alcohólicas, de las que a menudo abusa; y ésta no sería la primera vez que suscribió un decreto sin conocerlo.

Después de firmado el injusto decreto, fue custodiado estrictamente por algunos días, y rodeado por los autores del mismo, para que nadie le hablase de ese asunto y diera marcha atrás"[48].

Frente a hechos tan lamentables, el delegado apostólico se había propuesto dirigir una nota al Gobierno y protestar contra la violencia usada con los padres jesuitas, pero considerando que con su protesta no hubiera obtenido nada y, más aún, que hubiera obstaculizado el nombramiento de Vicario Apostólico en la persona del sacerdote don Jacinto Vera, amigo de los jesuitas, creyó más conforme a las circunstancias, escribir una carta confidencial a Pereira, concebida en términos que revelan las cualidades diplomáticas del representante de la Santa Sede.

---

[48] ASV, ss ae, a 1859, R 251, 19. Estas noticias de Marini sobre el presidente Pereira (como muchas otras que aparecerán en sus informes) tienen su origen en las periódicas comunicaciones de Joaquín Requena con la delegación paranaense. Es indiscutible el equilibrio y la imparcialidad de dicho informante, prescindiendo de su conocimiento de la realidad y de los personajes montevideanos.

Al anunciar el motivo de su confidencial de febrero (9 de 1859), expresa su asombro e incredulidad, considerando el decreto de expulsión como un producto de los enemigos que quieren desprestigiar al Gobierno. Esta suposición tenía su fundamento en el particular aprecio del Presidente hacia los jesuitas, en el honroso decreto de 28 de junio de 1858 y en la bondad con que el mismo Pereira se había dirigido a Su Santidad pidiendo enviase otros Padres para el mejor desempeño de su misión.

"Estas razones –escribe Marini- son las que hicieron surgir en mí la duda de si sería auténtico o no dicho decreto, pero al fin y muy a pesar mío he tenido que convencerme de la verdad del mismo"[49].

Con delicadeza y profunda psicología le manifiesta a continuación el sentimiento y el disgusto que le había causado el tal decreto, y lo mucho que apenaría al Santo Padre en el preciso momento en que estaba llenando los deseos del Gobierno.

Afirma desconocer los motivos de esa medida, pero que si se trataba de un personal que no fuese del agrado del Gobierno se pondría pronto remedio.

Le ruega al final, haciendo un llamado a su bondad, que procure algún medio para evitar ese sinsabor al Santo Padre y le sugiere, con una diplomacia inteligente e discreta, la manera de reparar con facilidad la injusticia por cuanto el mismo decreto disponiendo, que los Padres *no pueden regresar sin permiso especial del Gobierno*, le ofrece una ocasión favorable[50] para solucionar legalmente el espinoso conflicto.

Tal como preveía la delegación apostólica de Paraná, aquella amable solicitud no produjo ningún viraje sorprendente; pero, no por esto, se desistió, en los reiterados conatos, del arreglo definitivo del gobierno eclesiástico de Montevideo, en donde los masones, al desaparecer la Compañía de Jesús, forjaban de acuerdo a sus ideales el provenir de la sociedad uruguaya.

La masonería y sus archivos

Aunque de los hechos narrados se desprendan elementos valiosos capaces de caracterizar, con relativa precisión, el movimiento masón, se agregará, para una más clara intelección de esta secta, su itinerario histórico-ideológico en la lenta autorrevelación *ad extra* de los años de fuego 1859-1863 sin tener la certeza de que ello corresponda a una paralela evolución interna, por falta de documentación oficial.

---

[49] ASV, Ibíd., 24v

[50] Ibíd., 24v-25

La Sede Central de la Masonería Uruguaya (calle Duvimioso Terra 1481, Montevideo) se negó, en efecto, comedida pero resueltamente, a proporcionar datos de su archivo, y hasta a la utilización de su biblioteca[51].

---

[51] Se proporcionan aquí algunos datos generales y particulares sobre la masonería. Parece que la organización oficial de la Masonería del Uruguay empezó el 17 de julio de 1856. (Estatutos Civiles..., 3).
Definición. Artículo 1º. La masonería es una Asociación Universal, científica, filosófica y progresista de todos los seres humanos que pueblan la tierra; unidos por el Vinculo de Solidaridad, encarnado en los principios de amor a la humanidad y a la verdad; al estudio de la Moral, de la Ciencia, de las Artes, para mejorar la condición social del hombre y de la mujer por todos los medios lícitos y especialmente por la instrucción, el trabajo y la abnegación; la Tolerancia, ejercida por extinguir odios de raza, los antagonismos de nacionalidad, de opinión, de creencias, de intereses y hacer más sólidos los lazos de unión entre los semejantes; la práctica del Libre Pensamiento, sin menoscabo de ninguna idea, para evidenciar que es el raciocinio humano el que rige los destinos del mundo (Constitución de la Gran Logia..., 3).

Las logias en Montevideo alrededor del año 1860 podían ser unas 15; igual número, quizás en el interior del país.

Juan José Brid, párroco de la Matriz, era masón.

En la década del sesenta un veinte por ciento de los afiliados a la masonería abandonó la institución. Una de las causas principales de esta deserción, quizás sea el enfrentamiento violento de los masones con la iglesia. Fueron masones el Presbítero José Luis de la Peña y Florentino Castellanos; este último fue Gran Maestre de la Masonería.

Bibliografía especial para este capítulo: CLAPS, MANUEL, Masones y Liberales en la Enciclopedia Uruguaya n. 27, Montevideo, 1869. MARTINA, GIACOMO, La Chiesa nell'eta' dell'assolutismo, del liberalismo, del totalitarismo, Brescia, 1970. CONSTITUCION de la Gran Logia de la Masonería del Uruguay del R.E.A.A., Montevideo, 1970. ESTATUTOS CIVILES de la Masonería del Uruguay, Montevideo, 1841. MASONERIA DEL URUGUAY, del rito escocés antiguo y aceptado, Cámara de Maestros, Reglamento interno, Montevideo, 1944. RITUAL DE CEREMONIA al Grado de Aprendiz del R.E.A. y A., Libro II, Montevideo 1951. ¿QUE ES LA MASONERIA? Su ideario, Finalidades, Modalidades, Requisitos para ser Masón.

Informe de Marini y Vera sobre la masonería

Antes de recorrer el anunciado itinerario histórico-ideológico, dos fotografías dejadas por observadores dignos de fe constituirán la premisa ideal del mismo.

Mons. Marini al hablar en su informe a Roma (abril de 1860) del nombramiento de Presidente recaído en la persona de don Bernardo Prudencio Berro, hace notar que es masón, si bien de principios moderados.

"No debe causar maravilla –agrega- que haya sido elegido Presidente un masón, porque en Montevideo pocos no lo son, de manera que el masonismo se mezcla en todo y lo domina todo.

Me aseguraron, además, que en aquella ciudad existen trece o catorce logias masónicas, y que varias fueron erigidas también en pequeños poblados.

Muchísimos, sin embargo, entran y se afilian atraídos engañosamente; se les dice, pues, que la masonería no es nada más que una sociedad de beneficencia y que respeta todas las religiones. Pero a medida que se propague no podrá ocultar por mucho tiempo la verdadera finalidad de su institución, y así se volverá fácilmente objeto de desprecio y de burla, como aconteció de alguna manera en Buenos Aires. Permanecen, sin embargo, sus efectos funestos, entre los que el más deplorable, sin duda, es la **indiferencia religiosa**, que se está introduciendo aun en las clases más humildes"[52].

Con bastante precisión, si se prescinde de la afirmación sobre Berro, Marini informa sobre la expansión del movimiento, su propaganda, su finalidad y por fin sus efectos.

Fotografía preciosa ésta que, con una sola visión sintética, ilumina un vasto panorama socio-político-religioso.

Al concluir su segunda misión, Vera le asegura al card. Antonelli que su actividad apostólica, particularmente las misiones y los ejercicios espirituales "han hecho cambiar de aspecto a una parte crecida del país... y esto a pesar de la Masonería que germina por todas partes y despliega fuerte empeño en ganar prosélitos y seducir incautos"[53].

En la misma carta Vera transcribe una afirmación que Berro le había hecho en los coloquios previos al arreglo del conflicto originado por el entierro del impenitente Jakobsen. "Los masones –le aseguraba el primer magistrado- están apoderados de todas las

[52] ASV, ss ae, a 1860, R 251, 53v-54
[53] Ibíd., a 1861, R 283, 177

posiciones oficiales, y sería doloroso hacer uso de las armas para reprimirlos"[54].

Avance, por tanto, según las diversas fuentes, de la Gran Hermandad en todos los sectores que, aun con inevitables problemas y deficiencias internas, llegará muy en breve a su apogeo.

Fecha trascendental en la historia de la masonería uruguaya

El 16 de abril de 1861 constituye una fecha diacrítica de trascendental importancia para el historiador Isidoro De María.

El período que precede se reduciría, según el mismo, a una fase de incubación de ideas y proyectos con una actuación masónica relevante en diversos campos, menos en el religioso, y el período que sigue el 16 de abril de 1861 constituiría una explosión, en forma revolucionaria, de los mismos sobre todo en el campo religioso.

"Hasta ahora –escribe De María- se puede decir que los Estados de la Plata sólo conocieron la *vida política*, o a lo menos sólo se ocuparon de lo que tiene relación con ella. Pero después de algún descanso, y cuando aparece el horizonte político sereno y más determinado, el pueblo que nunca queda ocioso echa la vista a todo lo que lo rodea, y se hace más observador, más estudioso. Este es el período del pensamiento y de la filosofía.

Los sucesos que conmueven a los demás pueblos del mundo lo interesan también; las cuestiones que en otro continente dividen los espíritus llaman su atención; y en el alma de ese pueblo aparentemente indiferente brotan ideas que antes de ahora nadie hubiera podido sospechar. Poco a poco esas ideas se formulan, toman cuerpo, y basta una chispa más insignificante para hacerlas estallar.

Esto es la historia de lo que ha sucedido entre nosotros en estos últimos años, hasta el día 16 de este mes"[55].

Si esta partición isidoriana puede tener importancia, es por su significación en el proceso del racionalismo y liberalismo religioso.

La primera fase, cuyos orígenes remotos se pierden en el período del coloniaje[56], se divide a su vez en etapas con características propias, culminando en la década del cincuenta con una institucionalización más oficial de la masonería en el Uruguay, según el mismo De María.

En la mencionada década comienza la automanifestación de la secta, propagando abiertamente sus objetivos filantrópicos: hacer el

---

[54] Ibíd., 177v

[55] Pr. O., abr. 24 de 1861

[56] Para esta primera fase, veáse: ARDAO, Racionalismo..., 117-126; CLAPS, Masones..., 123-139

bien a la humanidad, reuniendo a los hombres de todos los colores, de todas las religiones y volviéndolos hermanos, prontos en todo tiempo a auxiliarse para el bien del género humano.

En lo religioso –siguiendo siempre como fuente *La Prensa Oriental*-, tiene por dogma fundamental la creencia en Dios y en la inmortalidad del alma; ama y acata la religión como los mejores católicos sin fanatismo ni vanas preocupaciones.

En sus reuniones los masones jamás se ocupan de religión ni de política[57].

Varias son las paradojas del movimiento: gentes que no quieren ya Iglesia frecuentan una capilla oscura. Gentes que no quieren más ritos ni símbolos recurren a los ritos y a los símbolos. Gentes que no quieren más misterio se comprometen en secreto absoluto. Racionalistas, van a buscar al fondo de las edades un misticismo que sustituya a la razón. Antisectarios, fundan una secta (cfr. CLAPS, o.c. 123).

Dejando de lado las contradicciones de este programa y las incongruencias dogmáticas, partiendo de un punto de vista católico, en el que ellos mismos se sitúan al definirse *católicos, apostólicos, romanos*, sorprende enormemente sobre todo la última afirmación, totalmente gratuita, desmentida a diario por los hechos.

José Benito Lamas y la masonería

No se dejaron arrastrar, parece, por el suave soplo de esta primavera filantrópica los jesuitas, que, como ya se dijo, apenas pisaron suelo oriental, emprendieron decididamente el combate, intensificándolo con el correr de los años. Asimismo no se dejó arrastrar el Vicario Apostólico don José Benito Lamas, que en julio de 1855, después de un año de gobernar la Iglesia, al ver que ya se asomaban de un modo público las logias masónicas, no sólo encomiándose a sí mismas en los diarios, sino llamando prosélitos a todo trance, y *esto por primera vez en el Uruguay*[58], por un estricto deber de conciencia, levantó humildemente su voz, previniendo a sus fieles “acerca de las maquinaciones de las Sociedades Secretas, conocidas con el nombre de Logias Masónicas”[59]. En consecuencia se vio en la dura precisión de hacer conocer ya las letras apostólicas del

---

[57] Pr. O., abr. 18 de 1861

[58] ANRJ, c 55

[59] Ibíd., c 57

caso[60], a fin de que todo verdadero católico estuviese advertido, y temiese caer en los lazos perniciosos de tales asociaciones[61].

Al comentar este acontecimiento, *La Prensa Oriental* escribe: "El Sr. Vicario Apostólico Don José Benito Lamas, en el principio de su Vicariato amenazó a los Masones con penas espirituales, pero después de una contestación que le fue dirigida en *El Comercio del Plata*, no hubo más debates ni cuestiones, y el asunto quedó sepultado en el silencio"[62].

Probablemente Lamas, hijo de un liberalismo mitigado, en lo religioso, cuyas raíces se encontraban en su antigua orden franciscana, plasmadora y educadora de la Iglesia colonial montevideana, no creyó provechoso ni para la Iglesia, ni para la nación ensanchar el círculo de la oposición ya bastante intrigante y levantisco por unas medidas tomadas sin mucha ponderación.

La masonería, por su parte, no insistió en su procedimiento, volviendo a un método de penetración y proselitismo más cauto y menos provocativo.

Se instauraba así, por ambos bandos, un *modus vivendi*, exigido más por factores circunstanciales que por convicciones personales, que acabará muy en breve por la acción de los jesuitas, contrarios a toda política de compromiso.

Desde el púlpito, pues, señalaban éstos a la masonería como una institución condenada por los papas, y no perdían ocasión de amonestar seriamente a los fieles que se dejaban seducir con ingenuidad. Los masones, a quienes esos ataques incomodaban, creándoles disgustos en el mismo seno de sus familias, lograron deshacerse de sus adversarios expulsándolos, como ya se vio.

Represalias contra los masones

Parece que a raíz de esto hubo represalias contra los masones. *La Prensa Oriental* del 25 de abril 1861 relata los padecimientos sufridos.

El primer golpe, al parecer, contra la masonería tuvo lugar en San José, donde la casa que servía de reunión a los masones, fue

---

[60] La Iglesia condenó en varias ocasiones la masonería, prohibiendo su afiliación. Clemente XII por la bula "In eminenti" (1738), Benedicto XIV (1751), Pío VII (1821), León XII (1825), Gregorio XVI (1835), Pío IX (1865), León XIII (1884), Pío X en la alocución consistorial del 20 de nov. de 1911, etc. Lamas publicaba las letras apostólicas de León XII.

[61] ANRJ, c 57

[62] Pr. O., abr. 25 de 1861

saqueada e incendiada, por algunos fanáticos el día 28 de junio de 1859.

En la misma época, un libelo anónimo fue publicado clandestinamente contra la masonería y distribuido gratis en la capital y departamentos. En ese panfleto los masones eran calificados de demagogos, revolucionarios, incendiarios, enemigos de Dios y de la religión.

En varios puntos de la República tuvieron lugar algunos desórdenes, como en Canelones y Las Piedras.

El día 16 de abril era un aniversario. "En el mismo día del año pasado expiró Don José Massera, a quien los auxilios de la religión habían sido negados, y que la tolerancia de un buen sacerdote salvó del disgusto experimentado por el impenitente Jakobsen"[63].

Suponiendo que la realidad no haya sido alterada por el órgano masón, estos actos, lamentables desde luego y contraproducentes, son una imagen de las venganzas tomadas contra los masones.

Camino recorrido por los masones

Una vez derribado el primer baluarte del oscurantismo, la Compañía de Jesús, la ciudad terrenal de Dios, quedará progresivamente desmantelada, viendo caer unos tras otros sus principales pilares: la autoridad eclesiástica, en la persona del Vicario Apostólico Vera, el clero y los sacramentos, los dogmas fundamentales y entre los primeros la autoridad e infalibilidad pontificia, y el cristianismo en general.

"Al lado del pueblo que sigue por instinto la vía del progreso, se encuentran las instituciones humanamente organizadas que se han formado un programa y una ley que las hace **estacionarias y repulsivas** a todo movimiento que pueda tener por objeto de llevarlas en otro camino.

Estas instituciones son particularmente los gobiernos despóticos y las religiones"[64].

La religión católica y sus jefes "de liberales que estaban antes de Constantino, **se hicieron absolutistas y déspotas**"[65], por tanto hay que aniquilarlos.

Los que en un primer momento salían al público con un lujoso y seductor disfraz de *católicos, apostólicos, romanos,*

[63] Pr. O., abr. 25 de 1861
[64] Pr. O., abr. 24 de 1861
[65] Ibíd.

terminaban sacándose atrevidamente la máscara y proclamándose sus más acérrimos enemigos.

Este camino fue trillado por los masones en un tiempo récord, teniéndose ya a fines de 1862 una impresionante autorrevelación de los mismos: "El catolicismo no es la religión verdadera..., y los que lo sostienen son unos bribonazos, enemigos de la civilización, que quieren tornar a los tiempos de la tía Calasparra... **Los libres no tenemos más Iglesia, ni más Dios, ni más Santa María, que nuestra Santísima Voluntad**"[66].

Aun sin esta confesión, se pueden lograr idénticas conclusiones con el puro examen de los hechos.

Campaña contra los jesuitas

Desaparecidos los jesuitas, se organizó una masiva compaña calumniosa, como si los fantasmas de los desterrados siguiesen trabajando en el suelo uruguayo.

Con una falta notable de objetividad histórica una serie de artículos en *La Prensa Oriental* se encargaba de ofrecer diariamente a la fantasiosa imaginación popular abundante pábulo en la frondosa *leyenda negra jesuítica*, que en pocas palabras puede resumirse así: la Compañía de Jesús ha adoptado siempre como medios contra sus enemigos la calumnia, el puñal y el veneno, y ha permitido a sus adeptos toda clase de inmoralidad, valiéndose, para establecer o consolidar su poder, de mujeres prostituidas y de hombres corrompidos[67].

Mientras, por un lado, el órgano oficial de la masonería hablaba de las funciones religiosas de Montevideo que "no desmiente el espíritu religioso de los antepasados"[68] y de temas religiosos, por el otro, siguiendo una técnica de contraposición de realidades religiosas, no dejaba de enlodar a los hijos de San Ignacio, haciendo propaganda de espectáculos teatrales como La Esmeralda, bautizada por *La Revista Católica* de escandalosa, herética, etc., por figurar en ella un jesuita enamorado.

"Como si esto fuera cosa del otro mundo –argüían los masones- ver un jesuita enamorado, cuando lo estamos viendo todos los días entre nosotros"[69].

Para apreciar lo atrevido de la afirmación, baste recordar que ya no había jesuitas en el Uruguay y que los que habían estado, habían

---

[66] Rev. C., agos. 21 de 1862

[67] Ibíd., nov. 4 de 1860

[68] Pr.O., febr. 6 de 1861

[69] Ibíd., mar. 5 de 1861

sido irreprochables en este punto, a diferencia de integrantes de otras congregaciones y órdenes; sin embargo, el pueblo podía tener el privilegio de ver todos los días jesuitas enamorados, por lo menos en las publicaciones masónicas.

Los cruzados del progreso y de las luces temían que volviendo los jesuitas a encargarse de la educación de la juventud y de la dirección espiritual de las madres de familia, se llegaría a tener anualmente un buen número de divorcios, de hogares empobrecidos por testamentos a favor de la Compañía, etc., y por esto justificaban su lucha contra esos apóstoles del oscurantismo medieval. "La masonería prepara y fomenta movimientos de renovación por medio de la actividad de sus adeptos como individuos o ciudadanos. En los momentos de crisis, o cuando los acontecimientos desbordan su organización y le hacen perder el control de los sucesos, se coloca en una posición de apoyo al orden constituido, o pierde fuerza... Por su actitud, es fundamentalmente reformista y progresista, no revolucionaria, excepto en los momentos en que la organización social es impedimento para sus fines" (cfr. CLAPS, o. c., 124), como en el caso de los jesuitas.

Lucha en la prensa

La prensa se estaba volviendo cada vez más envenenada. "Al leer hoy la mayor parte de los diarios y periódicos de nuestra Capital –escribía *La Revista Católica*- nadie, que no nos conozca, creerá que el Estado Oriental es un país eminentemente católico.

De tres años a esta parte, han invadido la prensa cierta clase de escritores que no parece sino que han hecho juramento de atacar a la Iglesia, al sacerdocio más respetable, y a todo lo que tiene viso de religión"[70].

El citado periódico católico, por lo general con más altura y objetividad, aunque con una débil fundamentación teológica, se encargaba de abrir los ojos a los que tomaban la prensa sectaria como el oráculo de Delfos, revelando su posición contradictoria.

"¡El Bazar! [de beneficencia organizado por la conferencia de San Vicente de Paúl, y hostilizado por los masones] –escribía la referida publicación- ¡qué mezquindad!, ¡qué egoísmo! ¡qué antiliberalismo! ¡qué bajeza! Vaya con los hombres *que elevan la tolerancia al grado más eminente* y tan eminente que la pierden de vista para el pobre prójimo.

Nada dejáis ya para nosotros los intolerantes... Fanatismo, Jesuitismo, repetido hasta el fastidio y que ya causa náusea el oírlo,

---

[70] Rev. C., oct. 21 de 1860

son las palabras mejores que aplicáis de todas estas cosas [probablemente: religión, papa, fervor, devoción, vicario apostólico, conferencias, congregaciones...] con el mayor desprecio y como por burla"[71].

La asimilación de estas lecciones, para la mayoría de los católicos afiliados, presentaba una dificultad insuperable, procedente de una inveterada tradición de catolicismo y masonería en íntima simbiosis.

Una incompatible convivencia de ambos parecía todavía ridícula y absurda al iniciarse la segunda grande época, la de la lucha frontal, para el ya citado Isidoro De María.

"¿Pero –se preguntaba- por dónde ha podido figurarse el Sr. Vicario facultado para negar sepultura eclesiástica a los cadáveres de los francmasones que pertenecen a nuestra comunidad cristiana, católica, romana...? ¿Cuándo se ha visto en Montevideo un hecho de semejante naturaleza? ¿Ignora el Sr. Vicario que toda la vida desde los tiempos primitivos de la fundación de esta ciudad, ha habido en ella francmasones, de los más respetables de esta sociedad y que medio pueblo es francmasón en el día, tan cristiano y tan católico como puede serlo el mismo Sr. Vicario?"[72].

Presentando este panorama un paralelismo con el descripto por Marini, el desengaño preanunciado por el mismo, de muchos católicos en buena fe, se produciría a precio de sangre; la previsión "de que la Masonería, conocida su finalidad, se volvería fácilmente objeto de desprecio y burla" no vería, quizás, despuntar jamás la aurora de su día.

Corrientes surgidas de la masonería

Seguirán subsistiendo masones como los de Canelones, de esos que antes que masones eran católicos, de esos hombres que no pretextaban la masonería, a que pertenecían, para dividir, para anarquizar calumniando[73]; pero éstos constituirán una excepción, un recuerdo de un pasado que ya no volverá; los demás darán origen a dos tendencias netamente opuestas y en pugna entre sí. Es lo que Ardao denomina "verdadera crisis masónica del catolicismo, que prepara el inmediato advenimiento de la crisis de la Fe"[74].

La línea católica –así puede ser denominada la primera tendencia- estaba integrada por el Vicario Vera y la mayoría del clero,

[71] Ibíd., oct. 7 de 1860
[72] Pr. O., abr. 18 de 1861
[73] Rev. C. may. 16 de 1861
[74] ARDAO, Racionalismo..., 158

con un grupo de laicos, que enarbolaban el estandarte de un **catolicismo no tradicional en el Uruguay**, y que fuera ajeno a todo liberalismo, sobre todo en dogma y moral, a ejemplo de los jesuitas. A éstos se iban uniendo ex afiliados masones, decepcionados al conocer la finalidad de la institución, como el redactor de *La República*, Francisco Javier de Acha, que hacia fines de 1862 fundaba el diario *El País*, reemplazando a *La Revista Católica* y consagrando así oficialmente su deserción de la "falange rabuda", y de este modo, muchos otros, cuyos nombres se desconocen.

La conversión de estos desengañados, con su nuevo rumbo de acción, se predicaba claramente en el primer editorial de *El País*. "Entre otros intereses –decía-, viene a representar el elemento católico de la República; pero viene a representarlo, no solamente con relación a las creencias y al dogma católico, sino también en sus derechos civiles y políticos"[75].

El católico, con ese nuevo rótulo de defensor de lo *eterno e inmutable* en la doctrina de Cristo, que debe vivificar todos los aspectos de la vida pública y privada, desde el seno de la familia hasta las aulas del parlamento, originaba necesariamente un frente opuesto, que sería la *segunda línea denominada masónica*.

Su composición, a pesar de su aparente heterogeneidad – hombres de gobierno, eclesiásticos, religiosos, personajes de la cultura, etc.-, será uniforme, con principios definidos y programas concretos. **Como consecuencia, dejará de ser un sector avanzado del catolicismo para convertirse cada vez más en una fuerza distinta y adversaria suya**[76].

---

[75] País, nov. 1 de 1862.

[76] ARDAO, Racionalismo..., 189

"¿No habría una tercera posición, un tercer partido?", se podría preguntar. Los documentos nada dejan entrever sobre una semejante posibilidad.

Un tercer partido hubiera podido ser encabezado magníficamente por el delegado apostólico Marini, pero como no tuvo seguidores, entre el clero y los laicos (si se exceptúa en parte a Requena), queda una línea diplomática personal. Falta indudablemente en el Uruguay una verdadera corriente del catolicismo liberal, representada en Europa por Lacordaire, Montalembert y Lamennais. El mérito esencial de todos los liberales católicos fue el haber machacado en todas las formas posibles la absoluta necesidad de alcanzar un acuerdo entre la iglesia y el mundo moderno, acuerdo que pareció irremediablemente perdido con la publicación de la encíclica ***Quanta cura*** y del ***Syllabus errorum*** de Pío IX en 1864.

Los pocos eclesiásticos que militarán en ella, lo harán sobre todo por intereses personales, más que por coherencia ideológica, sin excluir su clásica formación liberalizante; los demás, imbuidos con las ideas de Francisco Balboa, expuestas en la obra *La América en Peligro* y que llevan el sello de un simplismo aterrador en la concepción filosófica de la historia americana, se convencerán de la incompatibilidad radical del *Catolicismo* y de la *República*, **del dogma** y **de la libertad**, y lucharán para destruir el primero y vitalizar la segunda.

"**De todos los cambios de la conciencia religiosa uruguaya, ninguno más radical** [que éste]. Hasta la víspera, la evolución racionalista en el sentido amplio del vocablo, se cumple dentro de la común fe católica, profesada con mayor o menor libertad. En lo sucesivo se cumplirá insensiblemente dentro de coordenadas filosóficas, al margen de la religiosidad positiva"[77].

Al asistir a este doble parto doloroso, la sociedad uruguaya, que ya había experimentado el choque de ambos en su seno, no imaginaba la esencial diversidad de su naturaleza.

Los hechos y la prensa como intérprete de los mismos, haciéndole tomar conciencia de la distinción existente, le descubrirán paulatinamente los rasgos fundamentales de cada uno, eliminando toda posible duda o confusión.

Doble rostro de la masonería

Al presentarse la masonería como sociedad de beneficencia, desprovista de todo misterio y semejante a cualquier otra, *La Revista Católica*, por boca probablemente de un antiguo adepto, le responde que los secretos no son públicos, ni las reuniones dejan de ser clandestinas.

Con respecto a los secretos "bien estamos informados nosotros los que escribimos este artículo; pero no la generalidad de nuestra sociedad, ni aun muchos de los mismos miembros de las logias; porque es uno de los juramentos más fuertes el que no se revele lo que a cada uno está confiado según su grado"[78].

Con respecto a las reuniones, hay que afirmar que siguen siendo clandestinas y prohibidas a todo extraño a la masonería.

---

[77] Ibíd., 193

[78] Rev. C., oct. 25 de 1860

Luego, la sociedad masónica queda la de siempre: observancia absoluta en la ocultación de sus decisiones y ritos, y reuniones secretas[79].

El cronista masón Juan Manuel de la Sierra pide que se les haga justicia a los "nuevos católicos", que no se los juzgue tan mal y que se los tenga como buenos y verdaderos cristianos y muy amantes del culto divino; pero no fanáticos[80]. El órgano católico, en efecto, los había caracterizado duramente con mucha anterioridad al escribir: "no sólo proclaman el indiferentismo religioso, la libertad de cultos como legítimos, el paganismo; sino que proclaman la corrupción, el escándalo, la profanación"[81].

No menos virulentos habían sido otros editoriales, estigmatizando a "unos católicos degenerados" que bajo la forma de libertad aspiraban a la irreligión y licencia siendo su ignorancia y perfidia confundidas por el buen sentido y la lealtad de los más sinceros entre los protestantes y también racionalistas[82], y "a esos que por antítesis se llaman católicos" y que se esfuerzan para presentar la religión católica, como perniciosa y llena de inmoralidades[83].

Resulta difícil imaginar hoy el ambiente de tensión y de exultación religiosa creado por estas discusiones periodísticas tan acaloradas, que determinaron en varias ocasiones la intervención del gobierno y provocaron decisiones eclesiásticas.

Sin cejar en la intensidad de los ataques, la pugna verbal se hacía cada día más áspera; viéndose tan duramente caracterizados, los masones atacaron argumentando.

A la objeción que se les dirigía, relativa a las bulas pontificias que reprueban las sociedades secretas, incluida la masonería, respondían preguntando si el efecto de las bulas era eterno, puesto que los motivos que pudo haber cuando se condenó la masonería, que no se conocía, pueden haber desaparecido.

Además, no es comprensible que estos solemnes documentos pontificios tengan vigencia en un país de la cristiandad y en otros no. Se demuestra, por tanto, la iniquidad de esta medida al comprobar que sus prescripciones no se cumplen ni en Francia, ni en Inglaterra, ni en Italia, ni en la mayor parte de Alemania, ni en Portugal, etc.

---

[79] La Masonería "secreta por una parte, semi-pública, por otra, legal o ilegal, dando la cara o escudándose detrás de otras instituciones, quiere controlar los órganos de poder para realizar sus fines. En realidad es una contra-iglesia, adaptada a los tiempos" (cfr. CLAPS, Masones..., 124)

[80] Pr. O., mar. 8 de 1861

[81] Rev. C., oct. 28 de 1860

[82] Ibíd., set 30 de 1860

[83] Ibíd., oct. 4 de 1860

Depende del espíritu de tolerancia y moderación del clero nativo el darles aplicación en sus iglesias[84].

La argumentación partiendo de presupuestos discutibles: de que la Iglesia había condenado a la masonería sin conocerla y de que en la mayoría de los países europeos no se aplicaban las medidas pontificias, con un relativismo sutil, procuraba anular la autoridad papal.

En pleno conflicto, el clero pedirá al Gobierno que se repriman los escandalosos avances de un escritor anónimo, que, con el título de colaborador, estaba vomitando, hacía días, en las columnas del periódico *La Discusión*, el veneno mortífero del error, de la calumnia, de la blasfemia e impiedad contra las verdades sacrosantas que todo verdadero católico venera y profesa, atacando de un modo intolerable la autoridad del Jefe Supremo de la Iglesia, insultando su venerable persona, predicando la rebelión y la anarquía religiosa[85].

Los liberales del siglo, en efecto, gritaban a voz en cuello: "¡El Papa que mande en Roma que aquí mandamos nosotros!"[86].

Después del Papa, el obstáculo mayor que impedía el advenimiento de una religión pura, era el clero; "todo el que defienda al clero, ahoga los intereses de la religión, porque el pueblo que conoce los santos dogmas de la fe cristiana ve que nadie más que el mismo clero los calca a los pies", así escribía el varias veces citado redactor de *La Prensa Oriental*[87].

Los "nuevos reformadores", "ilustrados, humanitarios, progresistas y con todo discurso Masones" de una religión dogmática, pero sin clero, pasaban luego a una religión sin dogmas.

Se rechaza la confesión oral *ad dimittenda peccata*[88], se niega la espiritualidad e inmortalidad del alma, se desprecian la sanción y las penas ulteriores[89]; por un lado se predica la evolución sustancial del cristianismo y por el otro se critica su inmovilidad y estancamiento oscurantista[90]; en fin, "estos nuevos refractarios" no sienten escrúpulos en suprimir templos y religión positiva[91] para

---

[84] Pr. O., abr. 26 de 1861
[85] Rev. C., may. 4 de 1862
[86] Ibíd., abr. 24 de 1862
[87] Pr. O., set. 6 de 1862
[88] Rev. C., nov. 15 de 1860
[89] Ibíd., abr. 28 de 1861
[90] Pr. O., abr. 24 de 1861
[91] Rev. C., abr. 24 de 1862

concluir instaurando no ya el culto de la diosa Razón, sino el culto de la diosa Sinrazón, como es la "Santísima Voluntad" personal[92].

Quizás desconcierte un poco esta concatenación de autorrevelaciones y cause la sensación de algo artificioso y sofisticado, discorde con la repetida afirmación "de que ni la Masonería es hostil a la Religión, ni se ocupa de cuestiones religiosas, ni los católicos que se afilian a esas sociedades puramente humanitarias y fraternales, dejan de ser tan cristianos como el primer día que recibieron el agua bendita del bautismo"[93].

Sin pretender decir la última palabra, aquí se reafirma únicamente el método seguido: reestructurar lógica y cronológicamente el abundante material dejado por ambos movimientos, con la sola preocupación de consignar, dentro de la veloz evolución y división de mentalidades, la fisonomía más ajustada a la realidad histórica.

Descripción sintética de la masonería

Si luego de esta búsqueda y análisis, cabe alguna descripción somera más que definición, sea permitido aclarar que la masonería uruguaya de mitad del siglo XIX, se revela como un vasto movimiento que abarca directa o indirectamente todos los aspectos de la vida humana.

Bajo el disfraz, nunca completamente abandonado, de sociedad respetuosa de la Religión Católica y de toda religión, partiendo del seno mismo de la Iglesia y hasta apoyada por algunos eclesiásticos, inaugura, en nombre del progreso y civilización, **una lucha formal, tendiente a derrumbar a los que consideraba baluartes del oscurantismo, representados por los jesuitas, el Vicario Apostólico, los dogmas y la religión**, instaurando así un liberalismo y relativismo que conducirá, a largo o breve plazo, a la separación de Iglesia y Estado con la libertad de cultos, al indiferentismo religioso con la laicización de la escuela y de la educación, a un sectarismo con relación a todo lo católico, y a un relativismo moral.

Masonería y liberalismo

Puesto que el liberalismo y la masonería forman respectivamente el substrato del pensamiento y de la acción en el

---

[92] Ibíd., agos. 21 de 1862

[93] Pr. O., jul. 9 de 1862

desarrollo histórico uruguayo, parece oportuno destacar los puntos en que divergen y los puntos de contacto.

La *masonería* es una sociedad organizada; el *liberalismo*, por su parte, es un movimiento ideológico, un clima y una tendencia sin organización externa.

Los verdaderos masones son liberales; los liberales por su parte no son necesariamente masones.

El principio fundamental de la masonería es la ilustración de la especie human, y el ejercicio pleno de la beneficencia[94].

El liberalismo uruguayo, sustentado por la experiencia positiva de la emancipación política, tiende a la independencia en todos los sectores (religioso, intelectual, social, económico, etc.) de estructuras y autoridades que impliquen una coartación a la autoformación nacional. Foco de irradiación liberal es la Universidad.

A pesar de éstas y otras diferenciaciones en su composición y finalidad, los dos movimientos, en la lucha librada contra los jesuitas, el Vicario Vera y el catolicismo ultramontano en general, se encontraron solidarios, por alimentarse ambos con un mismo racionalismo liberal.

Sin acuerdos previos se complementan mutuamente, ofreciendo la masonería su brazo al liberalismo, y éste su mente a la misma.

La Masonería y el Liberalismo son presentados en una óptica deliberadamente histórica, o sea, en un espacio geográfico determinado (República Oriental del Uruguay) y en un período cronológico delimitado (1859-63). Para una visión más completa, sistemática y de alcance internacional se pueden consultar obras especializadas.

Descripción sintética de los jesuitas

El movimiento jesuita, en completa antítesis con la masonería, merece también algunas observaciones finales.

Integrado siempre por un número exiguo e insuficiente de sujetos, con un radio de acción apostólica limitado, experimentaba la mayor oposición en la enseñanza.

Estimado por el pueblo, sin ocupar posiciones oficiales y en un continuo estado de transitoriedad, era odiado por los masones que le tenían "más miedo a un solo jesuita que a un numeroso ejército de las tres armas, con la artillería del más grueso calibre que se conoce"[95].

---

[94] ARDAO, Racionalismo…, 189

[95] Rev. C., oct. 4 de 1860

Esos pocos jesuitas habían percibido a su manera desde el principio las necesidades espirituales del Uruguay, y con un método y una mentalidad no del todo sintonizados y encarnados en el clima liberal imperante, les costaba roturar ese terreno y "años atrás" –escribía el padre Sató, luego de la expulsión- "todos mis compañeros hubieran ido a cultivar otro" si yo no hubiese abogado en su favor.

"Más de una vez llegué a dudar, no sin fundamento, de que no era ése el campo, que nos entregaba el Padre de familias para el cultivo"[96].

A la **poca adaptación del personal** y a la **ingratitud del suelo** se sumaba, por confesión del mismo superior Sató, la **falta de prudencia**: "Mientras está uno en el mundo, frecuentemente se reciben lecciones, y es útil y tal vez necesario el aprenderlas: de este modo se llega a la experiencia que es la madre de la ciencia o prudencia"[97].

Indudablemente en los dieciocho años de fatigas la experiencia no se había vuelto ciencia, prevaleciendo aun en los instantes definitorios del último conflicto una inflexibilidad justificable quizás en el plan ideológico, pero no táctico, y un enfrentamiento directo con los masones, infaliblemente desastroso para los hijos de San Ignacio.

Los jesuitas fueron, además, a lo largo del conflicto eclesiástico y de la grave tensión de Buenos Aires, los consejeros más solicitados por el Vicario de Montevideo.

Sus consejos, en lugar de disipar incertidumbres y suavizar intemperancias en el impulsivo Vera, recrudecieron tonos y posiciones con consecuencias indeseables.

Esta **metodología**, no por cierto entre las más felices, y más aun la **mentalidad ultramontana**, con sus ideas obscurantistas y dogmáticas (según los masones), fueron heredadas con convicción y devoción por el presbítero Jacinto Vera, escogido por la Santa Sede para regir los destinos de la iglesia oriental como Vicario Apostólico en el **lustro de fuego 1859-1863.**

---

[96] AEM, va 20, c 5-3, 6272-10

[97] Ibíd.

CAPITULO III

Nombramiento de Vera

Sucesor interino de Lamas

El día 9 de mayo de 1857 "al amanecer, o más bien cerca de la una de la madrugada"[98] dejaba de existir el dignísimo Vicario Apostólico don José Benito Lamas. En consecuencia asumía el gobierno de la Iglesia oriental su Provisor y Vicario General.

Lamas, muy luego de tomar posesión de su ministerio, había tenido a bien nombrar para ese cargo al presbítero don Juan Domingo Fernández, de su confianza, con aquiescencia del gobierno civil.

In articulo mortis, por cláusula testamentaria había delegado sus facultades en esta misma persona, a quien por ley y derecho le competía. Para esto había tenido en vista lo preceptuado por el soberano pontífice Pío IX, de que para tales casos fuese observada fiel y perpetuamente en el vicariato de Montevideo la constitución de Benedicto XIV "**Quamvis ex sublimi**" del 5 de agosto de 1775, como constaba en el diploma de nombramiento del referido Vicario Apostólico, expedido por la nunciatura de Río de Janeiro el 27 de mayo de 1854.

A tenor de lo determinado en tan venerables disposiciones, el día 10 de mayo de 1857 el susodicho Fernández entraba a "ejercer la encomienda de gobierno" de la iglesia oriental con especial conocimiento de la autoridad civil y en el carácter de Provicario Apostólico hasta ulterior disposición de la Santa Sede.

Maniobras para el cargo de vicario

Al enviar estas comunicaciones al internuncio del Brasil mons. Vicente Massoni, el secretario del vicariato, presbítero José Antonio Chantre, le hacía observar que varios eclesiásticos ya estaban trabajando para obtener "el régimen y jurisdicción eclesiástica en propiedad".

"Quisiera decir a V. E. Rma. –escribía- cuánto me interesa el bien y quietud de esta Iglesia que *llegaría a sufrir mucho si se efectuase un cambio en otro orden fuera del que hoy tenemos*"[99].

---

[98] ANRJ, C 55

[99] Ibíd.

Añadía a continuación que el flamante provicario era un hombre pacífico y de suma prudencia, de 28 años de servicio en la iglesia uruguaya y de más de 60 años de edad, con toda aquella madurez y peso que requería un destino de esa clase.

Análogamente Fernández en sus cartas a Río de Janeiro y a Roma, al tiempo que confirmaba lo acontecido con la aceptación por parte del gobierno y del clero de su persona en el nuevo puesto, solicitaba las oportunas facultades; le instaba a mons. Massoni para que lo confirmara en ese cargo y se dignara anunciarlo a la Santa Sede, implorando humildemente la única gracia que le interesaba: ser dispensado por el Santo Padre de su debilidad de aptitudes.

El internuncio en el momento mismo en que se aprestaba a extender el documento relativo a la convalidación de la elección con la subdelegación de las facultades, se vio postrado por la enfermedad que debía llevarlo a la tumba, y no pudo efectuar su determinación[100].

Referido todo esto en la audiencia del 31 de julio de 1857, el cardenal Antonelli, Secretario de Estado, dijo que se debía esperar la llegada de mons. Marini para ver si conocía al presbítero Fernández, y si se podía ya desde ese momento confirmarlo como provicario, o si dicha confirmación debía postergarse hasta su llegada a Montevideo.

Escuchado a este propósito, Marini dijo que no lo conocía. Se suspendió la confirmación hasta que el nuevo delegado apostólico no suministrara las noticias necesarias desde Montevideo[101].

No deja de ser significativa la respuesta de Marini que acababa de desempeñar el cargo de internuncio en Brasil, habiendo dirigido por espacio de más de tres años los asuntos eclesiásticos uruguayos por medio de una intensa relación epistolar, a menudo confidencial, con el finado Vicario Lamas, y con varios sacerdotes caracterizados de ésa, como Antonio María Castro, Francisco Mayesté y el secretario Chantre.

Además, el mismo representante diplomático, antes de tomar posesión de la nunciatura de Río de Janeiro, había transcurrido 29 días (desde el 6 de noviembre hasta el 4 de diciembre de 1853) en Montevideo, solucionando el conflicto Reyna-Rivero[102]. Esto no obstante, Fernández seguía siendo un desconocido para Roma.

---

[100] ASV, ss ae, a 1860, R 283, 111

[101] Ibíd., 111-111v

[102] ANRJ, c 55

Personalidad del Provicario Fernández

Elevado por el fallecido Vicario al puesto de Provisor y Vicario General, había brillado por su insignificancia y, con Chantre de secretario, constituía la curia modelo, absorbida por la personalidad del jefe que amaba declinar el adjetivo *solus-a-um*, según la expresión de Mayesté.

Hombres ideales para Lamas, lo serían también para los masones y diversos miembros religiosos y del clero de la República, que se apresurarían, con una sumisión y devoción inusitadas, a reconocer la nueva administración, pidiendo a las autoridades superiores que la confirmaran por el bien de la Iglesia "*que llegaría a sufrir mucho si se efectuase un cambio en otro orden fuera del que*" tenía.

Pospuestos los intereses de la Iglesia a las ventajas personales, ésta tuvo que sufrir mucho por no efectuarse un cambio rápido.

Roma, siguiendo una plurisecular tradición, antes de decidir deseaba comprobar *de visu,* convencida de que los informes que no fueran de sus agentes diplomáticos mistificarían excesivamente la realidad.

En relación a Fernández, ésta había sido dulcificada adrede, pintándolo como hombre de más de 60 años, cuando en realidad debía tener más de 72.

En el año 1853, hallándose en la mayor pobreza por las penurias del pasado sitio, y por la obligación en que se había visto de mantener a una hija desvalida –habida en legitimo matrimonio, y ésta con familia-, y no pudiendo tener esperanza de mejorar su situación, había pedido al nuncio de Río de Janeiro lo dispensara de la obligación de devolver el estipendio recibido de mil veinticinco misas, viéndose en la imposibilidad de satisfacerlas[103].

La suma prudencia, la pacificidad y madurez, decantadas por Chantre, se reducían a ineptitud y compromiso, alimentados por el acuciante problema económico, que lo empujará a obrar de la manera más desatinada, como en el caso de la expulsión de los jesuitas y del destierro de Vera, atendiendo más a las razones del estómago que a las de la conciencia.

Los primeros, por tanto, en trabajar firmemente para conservar el régimen y jurisdicción en propiedad, eran los mismos componentes de la curia.

---

[103] Ibíd., c 54

Candidatura de Vera

Un candidato al firme, sobre el que corría la voz de haber sido propuesto para el vicariato, mientras todavía ningún paso oficial había sido dado, era **don Jacinto Vera**.

El padre Domingo Ereño desde Concepción del Uruguay (4 de julio de 1857) le notificaba su sentimiento de no poder trabajar por su candidatura al vicariato, por encontrarse muy lejos[104].

El padre Félix del Val s.j. desde Buenos Aires, con fecha 13 de agosto del mismo año, le escribía: "¡Cuánto ganaría esa porción del rebaño del Señor si no solamente propuesto, mas elegido fuese!"[105].

Tal expectativa, que canalizaba las aspiraciones de la corriente filo-jesuita, no era compartida por las esferas dirigentes montevideanas y por las logias, que soñaban con un sujeto más dúctil y flexible.

En este ambiente de incisivos contrastes debía proceder con pies de plomo la diplomacia pontificia.

Llegada del delegado apostólico Marini

El 10 de setiembre de 1857 se expedía en Roma el breve de nombramiento de mons. Marino Marini[106] como delegado apostólico para todas las Repúblicas del cono sur de América Latina, con sede en Paraná (Argentina)[107], separando así de la nunciatura del Imperio del Brasil a las Repúblicas de Argentina, Bolivia, Chile, Paraguay y

---

[104] AEM, va 20, c 5-2, 6273-10

[105] Ibíd., c 5-1, 6273-11

[106] ***Mons. Marino Marini*** (1804-1885). De familia muy distinguida, tenía una preparación esmerada en ambos derechos: canónico y civil.

Su misión diplomática americana se inició en México; pasó luego como representante pontificio a Río de Janeiro (1853-57). Hacia fines de 1857 fue designado primer delegado apostólico de las Repúblicas del Río de la Plata con sede en Paraná (Argentina). En 1862 se trasladó a Buenos Aires, concluyéndose su misión americana a principios de 1865. Nombrado obispo de Orvieto (1865-71), fue posteriormente integrante de la congregación para los negocios eclesiásticos extraordinarios y de la cámara apostólica.

Es difícil saber si estos últimos nombramientos constituyeron una rehabilitación como diplomático, o si fueron simplemente una normal conclusión de su carrera.

[107] AMRE, in, c 9

Uruguay[108], que formarían, de este modo, la primera delegación apostólica en esta parte del hemisferio.

A los pocos meses de este nombramiento, y precisamente el 14 de enero de 1858, mons. Marini, llegado ya a Montevideo por segunda vez, tenía la honra de remitir al exmo. Señor don Gabriel Antonio Pereira, la carta autógrafa del soberano pontífice Pío IX, por la que lo acreditaba delegado apostólico en la República Oriental del Uruguay.

Tras unas frases protocolares elogiosas, se expresa, en el citado documento, la firme esperanza de que el supremo gobierno se empeñará con toda atención para la consecución de la felicidad y bien espiritual de todos sus habitantes y la confianza de que el presidente dispensará todo favor y protección a la nueva delegación apostólica de Paraná.

Al día siguiente, el ministro de relaciones exteriores Antonio de las Carreras, en nombre del presidente expedía el decreto, por el que se reconocía al "Ilustrísimo y Excelentísimo Señor Marino Marini, Arzobispo de Palmira, en el carácter de Delegado Apostólico de la Santa Sede, en la República, en virtud del Breve de su Santidad" que había presentado[109].

Presentación de Estrázulas para el vicariato

Estos hechos, con el activísimo y prudente sondeo posterior, pasaron casi desapercibidos para la prensa diaria.

A este mar calmo en superficie correspondía una hábil maniobra del joven ministro masón Antonio de las Carreras, que, en un clima político muy tenso por la expedición revolucionaria del general César Díaz[110], que desembarcara en el Cerro el 6 de enero, aprovechaba la oportunidad para dirigir al delegado apostólico, en nombre del presidente, una nota con fecha 19 de enero. En ella, a la vez que lamentaba la pérdida del Vicario Lamas y la situación de acefalía, cuyo cese era reclamado imperiosamente por las necesidades vitales de la Iglesia, presentaba para la provisión del vicariato apostólico, *en virtud del derecho de patronato* que el presidente ejercía, al cura rector de la iglesia Matriz, presbítero don Santiago Estrázulas y Lamas, que, a juicio del gobierno, tenía "el mayor número de aptitudes y circunstancias a propósito para el desempeño de tan importante, como delicado cargo"[111].

---

[108] AGN, mg, c 1105
[109] AMRE, in, c 9
[110] PIVEL DEVOTO-RANIERI, Historia de la República..., 258
[111] ASV, ss ae, a 1860, R 283, 113

Mayúscula fue la sorpresa de Marini, como él mismo revela en su tercer informe a Roma, al recibir esa nota, no tanto por el pretendido derecho de patronato, que es constante e intencionalmente subrayado, para que no pase desapercibido a la secretaría de estado, cuanto por la persona que se pretendía presentar.

Le contestó luego al ministro que no tenía autorización para nombrar vicarios apostólicos, y que haría conocer al Santo Padre el deseo del señor presidente[112].

Cabe notar aquí la diversidad de lenguaje de ambos diplomáticos: Antonio de las Carreras hablaba de *derecho de patronato,* que el presidente ejercía, y Marini le aseguraba que haría conocer al Santo Padre *el deseo* del mismo, haciéndole comprender que no le reconocía ese derecho, como escribirá en un informe posterior: "Esta respuesta mía era suficiente para hacerle entender, que se excluía el patronato que el presidente se arrogaba, y el derecho de presentación, que dimana del mismo; y que el sujeto por él presentado para vicario apostólico se consideraba indigno"[113].

Recogiendo con habilidad, en su breve estancia, la convicción de un amplio sector de la opinión pública más caracterizada y diversificada, Marini no reconocía en el candidato oficial un sujeto apto para el vicariato, por su *conducta moral no laudable*[114], su *ligereza*[115] y la profesión que públicamente ejercía desde hacía

[112] Ibíd., 109

[113] Ibíd., 119

[114] Sobre su conducta moral escribía un sacerdote francés: "Pour ma part, je connais fort peu M. Estrázulas, mais j´en ai entendu des choses terribles, dites par un grande nombre de personnes, assurées par des personnes vertueuses et qui parainent n´avoir aucun intérêt a le dénigrer, que je me suis cru obligé d´en faire part au Saint-Père, par l´entremise de votre Em.ce. Je n´entrerai pas à une foule de petits détails, inutiles après ceux-ci. Deux prêtres, d´un grand mérite et d´une grande vertu, m´ont assuré que, d´après un bruit très repandu et d´après la croyance général de la population, il aurait vécu en concubinage. Une autre personne d´un grand mérite m´a assuré avoir connu une de ses filles, qui avait été élevée dans le convent de la Visitation de Montevideo, et expulsée dès qu´on connu quel était son père. Au rest M. le cardinal, s´il était necessaire d´avoir de plus amples informations, on purrait le demander a M. Vera, tout en lui imposant d´autorité l´obligation de tout dire" (APF, src, am, vl 12, 774)

[115] Su ligereza se manifestará en el desarrollo de los hechos.

muchos años de *medico homeopático*[116], con admiración universal. En semejantes manos el vicariato acabaría por desacreditarse totalmente.

Su presentación, con seguridad, había sido manejada por uno de sus hermanos (Jaime), amigo íntimo del ministro de relaciones exteriores, y recomendada por la esposa del presidente. *Este*, según Marini, *por su cortedad e ineptitud se dejaba fácilmente guiar, o más bien engañar por los que lo rodeaban*[117].

Personalidad del presidente Pereira

Lo que llama sensiblemente la atención es que dos personalidades, cada una con una función social y un cargo de preeminencia en la República (don Santiago Estrázulas y Lamas, cura párroco de la iglesia Matriz, la más importante, y don Gabriel A Pereira, quinto presidente constitucional de la República), sean presentados tan desfavorablemente en una relación oficial a la curia romana. ¿Qué hay de verdad en lo referente a Pereira?[118]?

Puesto que las relaciones del arzobispo de Palmira servirán de fuente principal para este estudio, convendría comprobar su valor crítico y su validez para la reconstrucción histórica del período en cuestión.

Para no repetir lo que ya se dijo en *"El primer informe diplomático sobre el Vicariato Apostólico del Uruguay, del primer Delegado Apostólico en las Repúblicas de Argentina, Bolivia, Chile, Paraguay y Uruguay, a la luz de relaciones contemporáneas y estudios posteriores"* se transcribirá únicamente la conclusión: "Comparando las relaciones de Marini con las de otros diplomáticos y observadores contemporáneos sobre los mismos asuntos, se puede afirmar, que, en esta comparación, se destaca la técnica esmerada y científica, en el sondeo de las opiniones ajenas, del diplomático pontificio; resaltan sus juicios calibrados y en la mayoría de las veces

---

[116] Sobre la profesión de médico homeopático veáse La Revista Cat., agosto 28 de 1862

[117] ASV, ss ae, a 1860, R 283, 109v

[118] Gabriel A. Pereira († 1861)

Ayudante de Artigas, militó a su lado hasta la ocupación portuguesa. En 1825 fue miembro de la asamblea de la Florida y en 1828 de la constituyente y legislativa. Fue interinamente encargado del poder ejecutivo (1838-1840).

Pertenecía al partido colorado, pero al asumir la presidencia, se desligó de las dos facciones tradicionales.

precisos y, por fin, impresiona su introspección psicológica y su presentación de la realidad muy adherente al contexto histórico.

Estos y otros méritos colocan al diplomático pontificio en un lugar de preeminencia y hacen que sus informes constituyan una fuente de mucho valor –aunque no todo sea oro-, para la reconstrucción de la historia eclesiástica en las Repúblicas dependientes de esta primera delegación apostólica de Paraná, sin descartar naturalmente el posible aporte de los mismos para la historia civil de estas regiones"[119].

Que el presidente Pereira se dejara engañar por los que lo rodeaban, no es de difícil comprobación en lo que atañe a los asuntos religiosos. Tres hechos son altamente reveladores de esta debilidad de carácter: el asunto jesuita, la presentación de Estrázulas y el nombramiento de Vera.

En el asunto jesuita, para el historiador Rafael Pérez, Pereira cuando emanaba decretos favorables a la Compañía bajo el influjo de ministros católicos "e impulsado por las instancias de la mayoría de los padres de familia honrados y cristianos" era "guiado por sus propias convicciones", y "quedaba libre de influencias extrañas" gobernando "según se lo dictaban sus propias luces", mientras que en los seis meses siguientes a estos decretos, ya se había vuelto débil, y estaba a las ordenes de los masones que ya "confiaban en el influjo ilimitado que habían conseguido ejercer sobre él"[120].

La contradicción es patente y el enfoque de la cuestión, parcial. En este asunto de los jesuitas, tanto antes como después, Pereira obró no por convicciones propias sino por influjos ajenos, fueran católicos o masónicos, y si no, podemos preguntarnos" ¿un hombre de carácter podía en tan breve tiempo, sin motivos razonables, deshacer y destruir con violencia, lo que antes había construido con fervor y convicción?

Presuponiendo que al conceder la más absoluta libertad de enseñanza a los jesuitas y al pedir al papa que enviase otros Padres, haya obrado muy sinceramente y guiado por sus propias convicciones, ¿por qué después del decreto de expulsión –firmado, como dice Marini, en momentos en que estaba oprimido por el vino-, al volver sobre sí, al reflexionar en las palabras del mismo decreto que disponía *que los Padres no pudiesen regresar sin permiso especial del gobierno*, como le sugería el delegado apostólico, no aparecieron nuevamente esa sinceridad y convicciones anteriores? ¿Acaso los

---

[119] Conferencia dictada por Dario Lisiero en el Instituto de Cultura Católica de Montevideo, agosto 8 de 1968.

[120] PEREZ, La Compañía..., 653-654

masones se habían vuelto de repente tan rabiosos como para ser imposible volver atrás? ¿No era masón él, y no conocía a los masones?

Su primera actitud para con los jesuitas relacionada con la segunda es inexplicable si no se tiene en cuenta fundamentalmente su personalidad.

¿Cómo es posible –se preguntaría Marini frente a *la presentación de Estrázulas-* que el presidente, conociendo en profundad a los protagonistas de esa historia eclesiástica que se desplegaba bajo sus ojos desde hacía años, aceptara y confirmara la presentación, en virtud del pretendido derecho de patronato, como para eliminar cualquier resistencia u oposición por parte de Roma, de ese candidato para un cargo "tan importante, como delicado", candidato que él sabia que no "tenía el mayor número de aptitudes y circunstancias a propósito?".

Si en realidad quería procurar "la felicidad y bien espiritual de todos los católicos" y el respeto y la dignidad de la Iglesia, la formulación de su deseo –más que de un derecho de presentación-hubiera tenido más matices reales y menos elogios irreales.

Se advertía, por tanto, en esta primera intervención, como lo advirtió el delegado apostólico, intereses y presiones de terceros, para los que el bienestar de la Iglesia no estaba en lo más alto de sus aspiraciones.

Si se presupone que el presidente fuera consciente de los males que padecía la Iglesia y sensible a los mismos, y en primer lugar de la falta de un prelado digno, no hubiera aceptado esa presentación; y si la aceptaba, lo hacía únicamente presionado.

Si se presupone que no estuviera sensibilizado en este sector, no era necesaria, por supuesto, ninguna presión, y cualquier candidato hubiera sido aceptable.

En el primer caso hubiera sido un débil y en el segundo un inepto, por no saber valorar debidamente las necesidades religiosas del país.

Estas parecen las únicas posibilidades admitidas por Marini, haciendo hincapié sobre la segunda, que aclara la primera cuando dice "que por su cortedad e ineptitud se deja fácilmente guiar o más bien engañar por los que lo rodean".

Para un mayor rigor crítico cabe notar que Marini en el original italiano emplea el término "*dappocaggine*", vertido al castellano por "*cortedad e ineptitud*" y que literalmente significa "*poquedad*". Esta palabra, en las numerosas relaciones de Marini sobre el Uruguay, se encuentra aplicada sólo a Juan Domingo Fernández, provicario antes y vicario intruso después.

En este segundo caso, queda fuera de toda discusión, que no habría mejor definición para la estatura moral e intelectual del citado eclesiástico.

Y una última observación. Marini rarísimamente hace uso de expresiones fuertes, como ésta, en documentos oficiales. Sólo al hablar del intruso Fernández perderá la característica mesura y equilibrio diplomático, para dar rienda suelta a su indignación.

En el nombramiento de Vera, objeto principal de este capítulo, reaparecerá esta típica debilidad de carácter.

Un año antes de la expulsión de los jesuitas, y dos del nombramiento de Vera, el delegado apostólico de Paraná, frente a la simple presentación del candidato Estrázulas para el cargo de vicario, había podido formular ese juicio tan duro sobre el primer magistrado, que todavía parece conservar su validez sustancial, por lo menos en lo que se refiere a lo eclesiástico[121].

Informe de Marini sobre los probables candidatos

Rechazado por razones de peso el hombre presentado por el gobierno, el representante pontificio constataba con dolor que el clero oriental era tan escaso, que no poseía un sujeto idóneo para ser vicario.

"Hablo de los sacerdotes nativos de esta República –informaba desde Montevideo el 22 de enero, ya próximo a pasar a Paraná- y no ya de los adventicios, que en su mayoría son los desechos de las diócesis de Europa, y que vinieron acá para vivir a su manera".

Para matizar los colores de un panorama tan sombrío, agregaba: "Entre los nativos, sin embargo, hay dos, que gozan opinión de morigerados e instruidos, a saber, el sacerdote Don Victoriano Conde, párroco de la Unión, y el sacerdote don Jacinto Vera, párroco de Canelones. Pero el primero tiene un carácter sumamente débil y, además, tiene un hermano sacerdote, llamado Florentino, que vive en público concubinato, y lo que es peor, es incorregible. El segundo, en fin, habiendo nacido y vivido en el campo, **carece de aquellos**

---

[121] No se desconoce lo escrito por el preciado historiador Pivel Devoto: "Don Gabriel A. Pereira no era un estadista –tampoco lo necesitaba el país entonces- era un hombre de buen sentido práctico, *enérgico e independiente,* ante cuya autoridad se sometiera más de una vez el propio Rivera, y que se hallaba por encima de los partidos" (Historia de los Partidos..., 295).

modales, que aumentan el respeto y procuran simpatías al que se encuentra colocado en un alto puesto"[122].

La única solución, a juicio del observador pontificio, sería que el gobierno, oportunamente encauzado, suplicara a Su Santidad, para que enviase de Europa a un vicario apostólico de su confianza.

Tal propuesta sería desechada por el gobierno, como había desechado, en base a la constitución y a la ley 17 de julio de 1830, el nombramiento del primer prelado en la persona de Pedro Jiménez, natural de España, consiguiendo el título de vicario apostólico para don Dámaso Antonio Larrañaga[123].

También Marini desechará muy pronto esta posibilidad. Mientras tanto, le parecía conveniente, para no entrar en cuestión con el gobierno, dejar en el puesto de provicario a Juan D. Fernández, *que, si no sabría o no podría hacer alguna cosa buena, no haría algo malo, por lo menos directa y deliberadamente.*

Quizás esta última observación sobre Fernández sea la menos acertada de todo el informe, probablemente porque mons. Marini quería justificar la permanencia del mismo en el cargo, consideradas las pretensiones del gobierno, la situación del clero y del país, y la falta de tiempo para tomar una decisión rápida.

Dentro de tamaña incertidumbre y perplejidad, Roma en su respuesta del 1° de mayo de 1858, aceptaba la determinación provisoria de la permanencia en el cargo del provicario, pero parecía inclinarse muy veladamente a favor del párroco de Canelones al decirle que el obispo de Buenos Aires, mons. Mariano Escalada, en seguida del fallecimiento de Lamas, había asegurado que Vera era el único eclesiástico digno de sucederle, y al pedirle, además, con urgencia, noticias más exactas y detalladas sobre dicho presbítero[124].

¿Se olvidaría el arzobispo de Palmira que el 13 de diciembre de 1853, al tratarse de la provisión del mismo vicariato, había informado desde Río de Janeiro: "En la escasez de sacerdotes ciudadanos de la República del Uruguay, que a una suficiente instrucción unan una igual prudencia, y que en las vicisitudes políticas que han desolado y están aún desolando aquel desgraciado país, dieron prueba de una conducta no reprochable, se encuentran dos, a saber, don José Benito Lamas, párroco de la iglesia Matriz de Montevideo, y don Jacinto Vera, párroco de Canelones. Ambos son generalmente estimados; pero el primero no sólo por la edad y el porte grave y digno, sino también por sus conocimientos, experiencia

---

[122] ASV, ss ae, a 1860, R 283, 109v-110
[123] ANRJ, c 53
[124] ASV, ss ae, a 1860, R 283, 114-115

y mayores servicios prestados a la Iglesia, merecería, quizás, ser preferido al segundo"[125]?

Mas ahora, puestos en la balanza del diplomático pontificio, después de escuchar las voces más autorizadas, los dos mejores del clero uruguayo eran hallados defectuosos: Vera por exceso de carácter, Conde por falta del mismo.

Los hechos se encargarán de demostrar lo fundado de esta observación de Marini, que con otra de febrero de 1863[126], quedarán como únicas negativas en los documentos oficiales sobre Vera. Este, en cambio, y con él, los amigos del clero y laicado, verán en el delegado de Paraná a un intrigante político, siempre pronto a desfigurar la realidad en daño de su persona, desconociendo, por su carácter de secretas, las duras batallas libradas y ganadas por la misma delegación a favor suyo.

Así, en un clima de desconfianza, nacerán y se desarrollarán las relaciones entre diplomático y pastor, fomentando una tensión injustificada[127].

"Operación nombramiento"

Las instrucciones de Roma, además de lo expuesto, prescribían que no se perdiera ninguna oportunidad para inducir al Gobierno oriental a desistir de su empeño a favor de Estrázulas. Se esmeraría luego dicho gobierno, en remover toda dificultad para el nombramiento estable de vicario apostólico que la Santa Sede estuviese por efectuar en la persona de otro eclesiástico nativo, digno e idóneo, en el caso de que se hallara, o también en la persona de un enviado desde Europa.

---

[125] ANRJ, c 55

[126] ASV, ss ae, a 1863, R 251, 112-112v

[127] El problema de las relaciones entre los delegados apostólicos y los vicarios apostólicos (nuncios y obispos) es complejo. Para nuestro caso, cabe señalar que Marini conocía muy bien (de acuerdo a las instrucciones recibidas y a su formación) el ámbito de su jurisdicción. Sus intervenciones se redujeron a lo indispensable, aunque otros opinaran diversamente y solicitaran su ayuda a destiempo. Respetuoso de la autonomía del vicario, intervino únicamente cuando se lo sugería Roma y cuando Vera ya no podía hacer nada. En los otros casos se consideraba más bien un orientador que un superior. **Vera no supo aprovechar esa orientación brindada con tanta sobriedad.**

Ya antes de recibir estas instrucciones, Marini iniciaba "la operación nombramiento".

Persuadido de que Estrázulas hubiera hecho uso de todos los medios para lograr su propósito, y con la finalidad de evitar las consecuencias desagradables que se originarían de tal postura, el delegado le escribió a Domingo Ereño, párroco de Concepción del Uruguay.

Sin hacer entrever que se trataba de una insinuación de Paraná, éste le sugeriría a su amigo íntimo don Joaquín Requena –que, a juicio de Marini, gobernaba de hecho la República Oriental, sin aparecer- convenciera al señor presidente para que suplicara personalmente a su santidad Pío IX.

Se dejarían al arbitrio del papa nombrar para vicario apostólico a una persona de su confianza o a uno de la lista de eclesiásticos que al mismo presidente le agradara enviar, incluyendo en ella al sacerdote Vera, y dejando al papa plena libertad de elección[128].

A los dos meses y sin las insinuaciones de la curia romana, el arzobispo de Palmira, saliendo de su pesimismo y superando su perplejidad, le daba visto bueno a la candidatura del párroco de Canelones, candidatura que impondrá felizmente contra toda oposición.

Ereño cumplió con el encargo, pero llegó demasiado tarde. El sacerdote Estrázulas había conseguido con sus manejos que en el mensaje del poder ejecutivo a la octava legislatura de la República –en la apertura de sus sesiones ordinarias el 15 de febrero de 1858- se hablara de la presentación hecha al delegado apostólico, *en virtud del derecho de patronato,* de la persona que habría de desempeñar el cargo de vicario apostólico[129].

Obligaba de este modo al gobierno a sostener su posición, comprometiendo la buena armonía existente entre la Iglesia y el mismo.

No por eso perdió la esperanza la delegación apostólica; le escribió nuevamente al párroco Ereño para que volviese a solicitar los preciosos oficios de Requena; ayudaba a este último con una carta-instrucción, para que en sus esfuerzos salvara los derechos e intereses de la Iglesia.

Mientras tanto, se percibía con mayor precisión lo insostenible del gobierno interino de Fernández, falto de instrucción y capacidad requerida, y engatusado por sus amigos: el secretario don José Antonio Chantre y el pretendiente Estrázulas.

---

[128] ASV, ss ae, a 1860, R 283, 119v
[129] Ibíd., 121

Esfuerzos para la organización de la Iglesia oriental

Se imponía una visita de Marini a Montevideo. Esta estaba en lo más íntimo de sus deseos, tanto más que a principios de abril había recibido una invitación formal del ministro de las Carreras. En ella el presidente se excusaba por no haber podido, debido a las graves circunstancias en que se hallaba la República (la revolución de César Díaz y el suceso de Quinteros), ocuparse con toda la amplitud que hubiera deseado, en la mejora y organización de la Iglesia, en los días en que había permanecido en la capital.

Desembarazado ahora el ánimo del presidente de aquellas preocupaciones, y ansioso de la buena marcha y engrandecimiento del culto, le hubiera sido sumamente grato ocuparse detalladamente en ese asunto, en unas conferencias personales[130].

Marini, al felicitarlo por su decidido empeño en promover el bien de la Iglesia, tenía el placer de asegurarle, que el suyo no era menor.

Tan luego se lo permitiesen los gravísimos asuntos que estaba tratando con el gobierno de Paraná y de las otras Repúblicas, se trasladaría muy gustoso a ésa, para procurar la sólida y duradera prosperidad de la iglesia oriental.

En el ínterin se permitía indicarle lo conveniente para alcanzar el objeto de los vivos deseos de ambos, o sea, la formación de un clero nacional. Para eso era indispensable un seminario conciliar, en donde los jóvenes recibiesen la educación adecuada. El gobierno debía proporcionar los recursos necesarios para la fundación y el mantenimiento de dicho seminario.

Después de este primer paso sería más fácil elevar la iglesia Matriz a la dignidad de catedral y erigir en ella el cabildo eclesiástico[131].

El gobierno por "arreglo y organización de la Iglesia" entendía la erección de la misma en obispado, y Marini le hacía conocer indirectamente los requisitos previos para lograr ese objetivo. El gobierno de Montevideo, en efecto, salido de una nueva guerra civil, se encontraba en la absoluta imposibilidad de proveer a los gastos que exigían la erección y el mantenimiento de un obispado.

Esto no obstante -observaba el delegado- si viese satisfecho su amor propio, se obligaría a dar más de lo necesario, pero después

---

[130] Ibíd., 128

[131] ASV, Ibíd., 129-129v

no cumpliría con sus obligaciones por falta de medios, siendo escasas las rentas y enormes las deudas[132].

En mayo se intensificaban las noticias desalentadoras y las quejas provenientes del Uruguay.

La esperanza alimentada con tanto fundamento de que el presidente suplicaría a la Santidad de Nuestro Señor para que nombrase al nuevo vicario apostólico se había disipado, porque el doctor Requena, que se había ofrecido de intermediario, había perdido toda influencia sobre el presidente.

El sacerdote Estrázulas, candidato del gobierno, por carecer de cualidades necesarias no podía aspirar al cargo. Por fin, no se podía en absoluto dejar por más tiempo en el ejercicio provisorio del vicariato a Fernández, por cuya cortedad e ineptitud empeoraba cada vez más el estado de la iglesia.

Era indispensable tomar una determinación oportuna.

Nuevos pasos para el nombramiento del Vicario

El 19 de mayo Marini le escribía al card. Antonelli: "Me permito hacerle observar a Vuestra Eminencia, que, considerada la propuesta de un sujeto ya hecha por el presidente, nombrándose a otro se correría el riesgo de que fuera rechazado; para esto me parecería conveniente predisponer a favor de la persona que se quisiese nombrar, el ánimo del presidente, y esto, por otra parte, no se podría conseguir fácilmente, a no ser de cerca.

Por tanto, si no temiese ser tildado de atrevido, suplicaría a V. E. obtuviese que la Santidad de Nuestro Señor se dignara autorizarme a nombrar al vicario apostólico; procuraría hacer uso de esta autorización, conservando la buena armonía con aquel gobierno"[133].

Con la sustitución, el 12 de junio de 1858, del ministro de relaciones exteriores Antonio de las Carreras por Federico Nin Reyes, vientos favorables comenzaron a soplar para la Iglesia.

Siendo el nuevo ministro indiferente en lo referente a la candidatura de Estrázulas, el presidente, hombre con dirección circunstancial, no sólo no insistía en ese mismo candidato para vicario apostólico, sino que, reservadamente orientado por personas de su confianza y especialmente por el presidente Urquiza, bajo la insinuación de Marini, estaba dispuesto a suplicar a Su Santidad que enviara desde Europa a un vicario apostólico.

En ese terreno preparado, pero inestable y traicionero, la delegación del Paraná pidió intervenir con soltura y destreza. "Si el

---

[132] Ibíd., 124v

[133] Ibíd., 125-125v

envío desde Europa de un Vicario Apostólico presentara muchas dificultades y si se me concediera la libertad de elección –escribía el 22 de julio de 1858- daría la preferencia al señor don Jacinto Vera, Párroco de Canelones, que, sin duda, es el mejor de los pocos sacerdotes que actualmente se encuentran en la Banda Oriental del Uruguay”[134].

La suerte estaba echada y el candidato sería Vera, contra viento y marea. La diplomacia de Paraná estaba ya en plena actividad antes de recibir la respuesta del competente dicasterio romano, que llegaría en diciembre, concebida en estos términos: “Su Santidad adhiriéndose a las buenas informaciones suministradas por Ud. a favor del sacerdote D. Jacinto Vera, Párroco de Canelones se ha dignado benignamente remitir a su juicio el nombramiento del mismo para el susodicho oficio, toda vez que Ud. en su prudencia y conciencia conozca que el sujeto en cuestión merezca la plena confianza de la Santa Sede”[135].

Personalidad de Vera

¿Cómo se presenta el protagonista principal de esta historia, considerado como el mejor de los pocos eclesiásticos de la Banda Oriental?

Hijo de pobres campesinos de las islas Canarias, había nacido el 3 de julio de 1813 en Santa Catalina (Brasil)[136], durante el viaje que sus padres hicieron para trasladarse a Montevideo. Aquí, a pesar de esto, era considerado como ciudadano, gozando de todos los derechos. Es prueba el haber sido elegido contra su voluntad en las elecciones de representantes[137] en 1857 por los ciudadanos del departamento de Canelones.

Presentó renuncia de dicho cargo, por considerarlo incompatible con su oficio de párroco, y le fue aceptada por la Honorable Cámara de Representantes, el 19 de febrero de 1858[138].

En 1832, cuando tenía diez y nueve años de edad, en una tanda de ejercicios espirituales se decidió por la carrera eclesiástica.

---

[134] Ibíd., 134-134v

[135] Ibíd., 136

[136] AEM, jv 1, 5064-4

Falleció el 6 de mayo de 1881 en el pueblecito de Pan de Azúcar, departamento de Maldonado. Su causa de beatificación está detenida por motivos que no es el caso de detallar.

[137] PONS, Biografía..., 62-63

[138] AGN, mg, c 1083

Los únicos estudios, según parece, realizados bajo la dirección de profesores fueron los diez meses de latinidad con el padre Lázaro Gadea[139] en el Uruguay, y los muy escasos cinco años de humanidades, filosofía y algo de teología en el colegio de los padres jesuitas de Buenos Aires, obteniendo siempre buenas calificaciones, como consta de los diplomas que aún se conservan.

Los demás estudios debió llevarlos a cabo por su cuenta, máxime los que todavía le faltaban de teología.

"A causa del destierro de los Jesuitas de Buenos Aires (1841), hubo de ordenarse de Sacerdote antes de completar todos sus estudios, diciendo su Primera Misa en el mismo día en que dijo la suya ***San Juan Bosco***, el 6 de junio de 1841, día de la Santísima Trinidad.

Su idea era continuar los estudios hasta concluirlos en Montevideo, pero su Prelado, por la escasez del Clero le hubo de destinar a Canelones: y allí procuró aunar el Apostolado con el estudio"[140].

La preparación intelectual no fue, en consecuencia, ni completa ni ideal; sin embargo, las probables carencias en este sector eran subsanadas por un celo fuera del común.

En Canelones, fue primero teniente cura (1841-43), luego cura excusador (1843-1852) y por fin, cura vicario (1852-1859). En todos estos cargos se distinguió por un celo moderado por la prudencia y robustecido por una acendrada moralidad, y los desempeñó con gran aceptación de sus feligreses y superiores eclesiásticos[141].

En lo político no se puede ocultar su inclinación hacia el partido Blanco, pero nunca tomó parte activa, a diferencia de muchos sacerdotes nativos, en las revoluciones que desgraciadamente atormentaron a la República[142]

---

[139] PONS, o.c., 27

[140] ARTICULOS DEL VICE POSTULADOR…, 8

[141] Ibíd.

[142] En octubre de 1904 el Arzobispo de Montevideo, Monseñor Mariano Soler, dirigió al clero y a los feligreses de la República una Pastoral por la cesación de la guerra civil y por los caídos en ella. Acompañó este documento de un "Examen de conciencia político-social", en el que enumeró las luchas armadas originadas por el antagonismo de los partidos políticos entre 1830 y 1904. En "setenta y cuatro años de vida nacional –dice- hemos tenido veintidós movimientos armados", "no solo hemos derramado pródigamente nuestra sangre, agrega, sino que hemos hecho derroche de la

Con todo por encima de su preferencia política, primaba el principio de autoridad: "Han dicho la verdad los que han asegurado ser mi adhesión –le escribía a Requena hacia fines de 1856- y mis convicciones favorables al gobierno. Ellas siempre han pertenecido a los principios, y el de autoridad nunca ha dejado de ser el objeto de mi respeto y decisión"[143].

Algunos juicios revelarán algo más de la personalidad de Vera. En una carta al presbítero Domingo Ereño, él mismo se define así: "No soy querido de esta gente [del gobierno], que tiene muy bien conocido mi carácter, *que sabe que no soy de manteca,* que no soy adaptable a todas las formas del capricho y del despotismo"[144].

Maillefer, representante de Francia en el Uruguay, el 15 de setiembre de 1861, escribirá a su gobierno: Vera es un "prelado estimable, pero **demasiado rígido para la época y el país**"[145].

Sus amigos lo veían como un "hombre verdaderamente apostólico, Prelado celoso e infatigable por el bien de la grey confiada a su cuidado, hombre que no conoce otro interés que el de la gloria de Dios"[146].

"Nuestro Vicario –escribía la superiora religiosa Chiara Podestà, el 17 de octubre de 1861- es un verdadero santo, es un apóstol; no hay otro en toda la República"[147].

Su actitud era para ellos constancia, fortaleza "pecho ambrosiano", mientras que para sus adversarios se convertía en inflexibilidad, obstinación, imprudencia[148], considerando a Vera "una persona ignorante y terca"[149].

"Para ser hoy obispo es preciso ser loco o santo –le escribía el amigo Ildefonso García de Zúñiga-. Yo tengo de Ud. la idea que se merece: un bonísimo hombre, pero eso de santo son palabras mayores"[150].

Interpretando, a un siglo de distancia, estos pareceres y recordando el primer juicio de Marini "***carece de aquellos modales, que aumentan el respeto y procuran simpatías al***

---

riqueza pública" ect. ("Pastoral del Exmo, y Rmo. Sr. Arzobispo por la cesación de la guerra civil y por los caídos en ella". Montevideo, 1904).

[143] AyB pba, ms, d 1421

[144] SALLABERRY, El Siervo…, 6

[145] In. d., 326

[146] ASV, ss ae, a 1863, R 251, 175v

[147] Ibíd., 79v

[148] Ibíd., 150v

[149] AMRE, da, c 12

[150] AEM, va 21, c 5-5, 6270-11

que se encuentra colocado en un alto puesto"[151], se puede, reduciéndolos a un denominador común, concluir afirmando que ***Vera era un hombre sumamente moral, enérgico y sin compromisos; pero la época, además de eso, necesitaba a un hombre táctico y oportunista,*** que supiese jugar con las circunstancias, torciéndolas hacia la dirección más impensada; y ***esta cualidad Vera no la poseía.***

Sólo un prelado que supiera ***conjugar la energía con la diplomacia*** hubiera podido cantar victoria, ahorrándole a la sociedad estridencias y divisiones partidarias.

Todos estaban convencidos de la necesidad de un hombre fuerte, después de un período prolongado de guerra, anarquía y desorden.

El redactor de *La Nación*, en su editorial del 14 de marzo de 1859, escribía: "así también la moral y la religión reclaman para su perfecto arreglo y dignidad, la energía de un Jefe de la Iglesia activo, celoso y prudente, que combata con denuedo todos los obstáculos que se oponen al desarrollo de la moral y de la religión".

El propio Vera, que conocía bien las necesidades de la iglesia y la actuación de los vicarios anteriores, refiriéndose al periódico *La Prensa Oriental*, observaba que este diario en uno de los artículos de su primer número hablaba "de las cualidades que deben hallarse en el Prelado de nuestra Iglesia, que debe elegirse. Advierto –escribía Vera- que omite una de las primeras condiciones de un Jefe de la Iglesia, y es, que tenga el suficiente valor para dar una voz de alto... a todo el que pretenda constituirse juez en materias de jurisdicción eclesiástica, que no le falte la energía del célebre obispo Osio... debe tener el coraje del obispo de Milán... Esta cualidad, Sr. Director, es de suma necesidad en un prelado"[152].

Que se necesitara, además, un experto en relaciones sociales y un diestro político, lo confirmarán los hechos.

Frente al frío y enigmático Berro, que no toleraba superioridad alguna fuera de sí, y frente a Marini, maestro consumado en dirigir negocios pontificios, ***asaz rudimentarios eran los postulados diplomáticos de Vera.***

Ellos pueden ejemplificarse en estos enunciados generales: "**La Iglesia nunca cede**", de típico cuño jesuítico; convicción que lo fundamentaba en lo referente al gobierno, sin distinguir lo sustancial de lo accidental, sin ponderar la fuerza de la tradición de una iglesia encarnada y, por tanto, atada a miles de compromisos y componendas.

---

[151] ASV, ss ae, a 1860, R 283, 110
[152] Nac., mar 3 de 1859

Seguía, en esto, de una manera material, a sus modelos preferidos, como él mismo confiesa: al obispo de Córdoba Osio, acérrimo propugnador de la ortodoxia contra el arrianismo, a Ambrosio, obispo de Milán, inflexible en sostener la independencia de la Iglesia frente al poder estatal y a su contemporáneo Pío IX, irreductible en la "cuestión romana".

El otro postulado: "**Si el papa lo aprobó, ni una palabra más**", lo sostenía en su acción frente al nuncio. No imaginaba que el sumo pontífice pudiese aprobar su conducta general, sin por eso poner su sello de confirmación en cada palabra, actitud y técnica de esa misma conducta general. No pensaba, cosa fundamentalísima, que el instrumento ordinario de la acción pontificia era el delegado o nuncio local, y ninguna otra persona extraoficial, por amiga e importante que fuese, y que, por tanto, no se debía pasar constantemente por encima del delegado y querer tener comprobaciones para ver si obraba de acuerdo a las instrucciones de Roma.

Con estas premisas, necesarias, se conseguirá una mayor intelección del papel desempeñado por cada uno de los actores de esta historia.

Primer nombramiento de Vera

En cumplimiento de lo que se prescribía en el ya citado despacho del 6 de noviembre de 1858, recibido probablemente en la segunda mitad de diciembre, Marini hubiera querido efectuar en seguida el nombramiento de vicario en la persona de Vera, después de haber explorado sutilmente el ánimo del presidente, y haberlo hallado favorable. Pero, cuando estaba a punto de expedir el documento relativo, surgieron algunas dificultades, que paralizaron su realización[153].

El párroco de Canelones, mientras tanto, debía presumir algo, al recibir de Paraná, -enero 21 de 1859- una carta, en que la delegación expresaba el deseo de ponerse en comunicación con él, contando con su condescendencia[154].

La expulsión de los jesuitas de la República, acontecida a los pocos días, dio ocasión a los periodistas de escribir artículos calumniosos contra los mismos, en defensa del violento decreto del gobierno, difundiendo también principios que minaban la doctrina católica. El sacerdote Vera reprobó estos excesos y, como ya se vio, para sacudir del letargo al provicario, promovió una reunión de

---

[153] ASV, ss ae, a 1859, R 251, 65

[154] AEM, va 20, c 5-3, 6272-1

párrocos. Este loable celo de Vera agrió e irritó a los que rodeaban al presidente, y lo indispusieron fuertemente contra él.

Apenas supo esto el delegado, rogó a algunas personas influyentes para que tranquilizaran y serenaran el ánimo del presidente, *fácil en ceder a cualquier impresión.*

Pereira restituyó su benevolencia a Vera deponiendo toda su aversión contra los jesuitas. Pero, *no siendo prudente fiarse de su carácter débil e inconstante*, la delegación del Paraná dejó[155] pasar unos días antes de expedir el nombramiento.

Domingo Ereño, protonotario apostólico, párroco de Concepción del Uruguay y mediador, por amistad con Marini e Vera, entre Montevideo y Paraná, el 17 de febrero de 1859, en pleno bullicio, le manifestaba a Vera que sabía de un modo positivo que Su Santidad había autorizado al nuncio Marino Marini, para hacer el nombramiento de vicario precisamente en su persona[156].

Vera nunca había buscado tal cosa; en el mismo documento, en efecto, se agrega: "me aseguraron que Usted llevado de su modestia no quería asentir ni asentiría si llegara el caso".

En una carta a Sató el propio Vera le exponía que siempre había mirado con desagrado aquella investidura, por estar bien persuadido que ella sólo ocasionaba disgustos y amargos ratos, haciendo del hombre que debía asumirla una verdadera víctima[157]. Mas, desde ese momento, y sobre todo, desde el día en que le llegará el diploma de nombramiento, ***Vera estará plenamente convencido de que el papa había decidido personalmente su nombramiento y que todas las precauciones y rodeos de su delegado para que su persona fuera bien acepta al gobierno y al clero, no eran sino obra de un miedo excesivo frente a los mandones del siglo.***

Habiéndose despejado un poco el horizonte, Paraná había determinado dar un corte para salir de una vez por todas de la duda en que vivía hacía mucho tiempo.

Una carta de Caravia, el oculto pacificador de Pereira, lo había decidido a dar el paso. Mediando, por tanto, la colaboración de Ereño, se remitía a Vera un pliego en el que iba la munición y pertrechos para dar el ataque. El buen resultado dependía de la habilidad del capitán.

El delegado y el protonotario, por insinuación del primero, trazaban a Vera la línea que debía seguir en la presentación de su título, siendo la reserva el alma de todo el negocio. Alguna

---

155 ASV, ss ae, a 1859, R 251, 65-66

156 AEM, va 20, c 5-3, 6272-2

157 ASV, ss ae, a 1860, R 283, 138v

indiscreción hubiera podido comprometerlo todo, porque los aspirantes al vicariato tenían como consigna impedir su nombramiento a todo trance.

Era notorio que Estrázulas esperaba saber de un modo positivo (porque extraoficialmente el diario *La República* juntamente con *La Nación*, el 24 de febrero de 1859 habían hecho correr la noticia de que mons. Marini había comunicado al superior gobierno el nombramiento de vicario en la persona de Vera, cuando en realidad nada se había hecho en tal sentido), la llegada de los despachos, para hacer en el acto una renuncia real o simulada, de modo que entrase en su lugar, como párroco de la Matriz, "el loco Brid"[158].

Marini, no obstante estar persuadido de que el nombramiento sería del agrado del Gobierno, le prescribía al futuro prelado, el 8 de mayo de 1859 (fecha oficial en que se le comunicaba la designación para el cargo de vicario) que era necesario indagar la disposición del presidente a ese respecto, antes de hacer la entrega oficial de los documentos.

Sólo al tener la certeza de ser reconocido oficialmente, haría las comunicaciones, para evitar el desaire de un rechazo, que causaría un profundo sentimiento en Su Santidad. Con este fin incluía una carta confidencial para el presidente, en la que le participaba su determinación de nombrar a Vera, vicario apostólico, en virtud de la autorización recibida de Roma. Le rogaba, pues, que diera la más favorable acogida a ese nombramiento, rodeándolo de todo respeto[159].

Comprobada la firme decisión de sostenerlo y apoyarlo, Vera debería hacer la presentación formal de su título al ministro de relaciones exteriores, con la nota que se le incluía. En seguida remitiría una tercera nota al provicario apostólico.

Después de estas precisas instrucciones, Marini le agregaba de su puño y letra, porque lo demás estaba escrito por un amanuense, que si conociese que su nombramiento sufriría algún rechazo, no debía entregar nada, sino devolverlo todo inmediatamente[160].

Reacción de Vera frente a la técnica de Marini

Para que no trasluciese nada, Ereño remitía a Vera, por medio de una persona de confianza que paraba en su casa, el nombramiento de vicario y demás papeles pertenecientes a esta dignidad. Al recibirlos el 26 de mayo, y al enterarse de las condiciones a que se le

---

[158] AEM, va 20, c 5-3, 6272-5

[159] AMRE, in, c 9

[160] AEM, va 20, c 5-3, 6272-4

sujetaba, sobre todo de las advertencias autógrafas, quedó profundamente disgustado.

Sin dar paso alguno, lo hubiera devuelto al momento, pero lo detuvo, como afirma en una carta a Ereño, la consideración de que aquélla no era una disposición de Paraná, sino de Roma, del Santo Padre, a quien veneraba y acataba[161].

Estaba persuadido de que la causa principal de esa disposición de la Santa Sede, por la que se le nombraba vicario, era mons. Eyzaguirre, prelado chileno, -residente en Roma y encargado por Pío IX del seminario latinoamericano-, y no el delegado, de cuyo juicio y conciencia, como ya se escribió, dependía la provisión de dicho cargo.

Vera jamás sospechó que el competente dicasterio romano siguiese ese camino, con absoluta dependencia del delegado y prescindencia de otros conductos extraoficiales, como Víctor Eyzaguirre, etc.

Al instante mandó copia de la carta de mons. Marini a Roma, y ésta fue por diferentes conductos, para que se supiese allí los enviados que mandaban al Plata "y también, para saber –le seguía diciendo a Ereño- si este hombre, hablo de Monseñor, obra por instrucciones, y si es así, bien está; empero, si es al contrario (como lo creo, porque la Sede Apostólica no sabe temblar ante los poderes gigantes, cuanto menos temblará antes los pigmeos de por acá), le pesará indudablemente a tu amigo. Entonces verá que el Padre Vera, aunque campesino y pobre hombre, no sabe hacerse juguete de los señores de altura"[162].

Se quejaba con su amigo y confidente el padre Sató de que el delegado no tenía mucha confianza en él, sin caer en la cuenta de que el verdadero desconfiado era él, por no haber sabido valorar críticamente los procedimientos del diplomático pontificio, juzgándolo como un viejo que mostraba demasiada timidez y que contemporizaba demasiado con los poderes de la tierra.

Todo esto, por supuesto –siempre según confidencias de Vera a sus amigos Sató, Ereño y Eyzaguirre-[163], para intimidarlo a él.

Partía ya como un vencido al escribir a monseñor y a Ereño, que en vano se empeñaban, porque su nombramiento no sería aceptado por el gobierno Pereira, poco religioso y que había arrojado despóticamente a los jesuitas.

---

[161] Ibíd., va 16, c 4-3, 6894-68

[162] SALLABERRY, El siervo…, 7

[163] AEM, va 16 c 4-3, 6894-68;
ASV, ss ae, a 1860, R 283, 138-138v;
SALLABERRY, o.c., 7

¿Ignoraban ellos que su nombramiento encontraría tropiezos y dificultades desde el momento que iba a manar de un gobierno acostumbrado a entenderse con un prelado débil?

"Tú sabes y lo sabe Monseñor –escribía a los mismos- que fui el móvil principal, que puso en acción al clero de este país, para contener los avances del poder y de la prensa en el escandaloso suceso de los Jesuitas"[164], mereciendo así la calificación de *agente* de los jesuitas.

Era cabalmente por esa indisposición del gobierno y por la decidida aversión de un sector del clero y de algunos franciscanos, bien conocidas en Paraná, que se imponía un cauto proceder.

¿A qué hubiera servido un candidato rechazado por el gobierno y hostilizado por una parte del clero de la capital?

Pero Vera estaba en la firme persuasión, que el Santo Padre, siendo muy firme y recto en sus procedimientos, como siempre lo había sido la Sede Apostólica, de ningún modo habría querido, eligiéndolo, obligarlo a representar un papel ridículo en el Estado Oriental, cual sería dignificarlo con ese nombramiento, pero con orden de retirarlo, si se viese disposición a resistirlo[165].

El párroco de Canelones estaba convencido que había sido elegido directamente por el Santo Padre, con prescindencia, por lo menos en lo fundamental, de Marini; que debía entenderse también directamente con el papa: "Estoy persuadido –le escribía por carta a Ereño, el 3 de julio de 1859- que el Santo Padre, que me ha elegido para esta posición, sabrá sostenerme y con quien también sabré entenderme directamente"[166]; que, sin sondear la disposición del gobierno y del clero, había que imponer su nombramiento; en efecto, en caso de rechazo, el papa sabría sostenerlo; que Marini no debía proceder de ese modo, contemporizando demasiado.

Por un lado: tacto, calma, insinuación y cálculo; por el otro: impulsividad ingenua y sencilla, desconfianza, imposición. Montevideo y Paraná se manejaban con categorías radicalmente diferentes, cuya diversidad se irá acentuando hasta la explosión violenta de Buenos Aires, en diciembre de 1862.

Sin embargo, detrás de una firmeza tan inquebrantable, tanto en los juicios y sentimientos como en la acción, se anidaba una inseguridad muy pronunciada, que acudirá sin más en busca de consejo.

"El Padre Superior –le escribía a Sató el 24 de junio de 1859- tal vez vea estas cosas del modo que deban verse y que yo, por mi poca

---

[164] AEM, va 16, c 4-3, 6894-68
[165] ASV, ss ae, a 1860, R 283, 138
[166] AEM, va 16, c 4-3, 6894-68

práctica y vista corta, no pueda descubrir. Si estoy equivocado espero me desengañe"[167].

Desafortunadamente el desengaño no vino, por estar el consejero jesuita en la misma persuasión del padre Vera; le contestaba, pues, que estaba perfectamente de acuerdo con él y dudaba mucho que quien le había enviado las cartas con los papeles correspondientes, tuviese la libertad de mudar lo que había venido de más arriba[168].

El asunto, quizás, hubiera podido ser mejor conducido únicamente con respecto a Vera, evitando Marini en sus instrucciones esa expresión "devolver inmediatamente el nombramiento si conociese que sufriría algún rechazo", auténtica piedra de escándalo, cuyo sentido de oportunismo táctico nunca entendió Vera, reputándola como una descortesía y desconfianza hacia su persona, mientras que, en realidad, constituía una maniobra para desconcertar la oposición.

La delegación apostólica estaba empeñada en esa candidatura más que ningún otro, y la haría triunfar, casi sorpresivamente, contra toda previsión y todo obstáculo.

Con respecto a los otros personajes, el asunto había sido llevado magistralmente, ni hubiera podido concluirse en un plazo más breve, como conjeturaba el padre Sató[169].

Dificultades en la aceptación del nombramiento de Vera

Volviendo al desarrollo de los hechos, parece que el párroco de Canelones, al presentar su título en forma confidencial, no sufrió ningún rechazo formal; se le objetó simplemente, que en el diploma no se mencionaba el derecho de patronato, en virtud del cual debía efectuarse la provisión de dicho cargo, mientras que por el contrario se le confería *motu proprio* la prelacía de la iglesia oriental.

Procediendo así, la delegación apostólica del Paraná atentaba contra el pretendido patronato, cuyo ejercicio correspondía por el artículo 81 de la constitución del Estado, al Presidente de la República. Marini, además, desatendía, con su acción unilateral, el pedido oficial del gobierno de 19 de enero de 1858, por el que se presentaba como candidato al presbítero Estrázulas, cura rector de la Matriz[170].

---

[167] ASV, Ibíd., 138-138v

[168] AEM, va 20, c 5-3, 6272-9

[169] Ibíd.

[170] Ibíd., va 10, c 97-60, 6281-23; AGN, mg, c 1101

Frente a estas exigencias gubernamentales, el delegado, incansable en su técnica de bombardeo diplomático, le insinuaba al gobierno por personas de confianza e influencia –como Caravia, Andrés Gómez, etc.-, que presentara una terna, en la que se incluyera a Vera; si el conato surtía efecto, se salvarían la pretensión del poder civil y la posición de Roma.

La resolución de presentar una terna no era del agrado del párroco de Canelones, que, con fecha 2 de julio de 1859, le decía a Sató: "Lo más sensible, pero reservado, es que el Sr. Delegado ha abierto la puerta a este paso, no recientemente, sino antes de enviarme el nombramiento, indicando este paso al gobierno por conducto de diferentes personas"[171].

Estrázulas, encabezando la oposición y haciendo supinamente el juego de los adversarios de la Iglesia, luego que supo de la llegada de los papeles que contenían el nombramiento de Vera, con el claro propósito de aumentar la tensión y el desconcierto y no pudiendo soportar aquella humillación, presentaba su renuncia de cura rector de la iglesia Matriz, por segunda vez y en calidad de irrevocable.

Pedía, además, testimoniales para irse a buscar domicilio fuera de la República.

Fernández, al comunicar, con la emoción más sensible de su corazón, esta renuncia al gobierno, le expresaba que el caso era doloroso, tratándose de un sacerdote benemérito, por sus conocidos servicios en 28 años de sacerdote, y, en ellos, 18 de cura, prestados como hijo del país, en que se había distinguido por su celo e inteligencia[172].

Para llenar la vacante, el ministro de gobierno aceptaba el mismo día al presbítero y senador don Juan José Brid, propuesto en terna con don Victoriano A. Conde y don Martín Pérez.

Al día siguiente, el provicario Juan Domingo Fernández, en uso de su autoridad apostólica y teniendo confianza en la probidad y aptitudes del presbítero Brid, lo constituía y nombraba, de acuerdo con el gobierno, cura rector de la iglesia Matriz de la capital[173].

Este, según Vera, era indigno no sólo del sacerdocio, sino también del nombre de cristiano. Brid, en efecto, había sido uno de los que habían celebrado con entusiasmo la expulsión de los padres jesuitas, y que había llamado conciliábulos las reuniones del clero, que hizo frente a la impiedad en aquellos días[174].

---

[171] ASV, ss ae, a 1860, R 283, 138v

[172] AGN, mg, c 1099

[173] Ibíd.

[174] AEM, va 10, c 97-60, 6281-23

Con esto los masones se habían adjudicado un triunfo más, de incalculables consecuencias.

Estos y otros pasos ruidosos de la oposición consiguieron aplazar el asunto de la aceptación del nombramiento y "tal vez este aplazamiento –le escribía Vera a Eyzaguirre- dure hasta febrero del año próximo, en que cesa el actual Gobierno y hay esperanzas muy fundadas de otro del todo diferente"[175].

También Marini estaba perdiendo sus esperanzas puestas en el buen resultado del impugnado nombramiento de Vera. A pesar de estar siempre con recelo por las intrigas que jugaban constantemente en ese asunto, confiaba en la ductilidad del presidente y en los buenos consejos que le daría el señor Caravia, a quien le había recomendado de nuevo el desenlace favorable del asunto, que ya se volvía pesado por su dilatación.

Si en la terna de que le hablaba Martín Pérez, se incluía al párroco de Canelones, el pleito estaba ganado y ¡ojalá llegara pronto aquella terna! Era preciso tener paciencia y no precipitar las cosas[176].

Cuando, en la primera mitad de julio, se habían ya allanado todas las dificultades que se oponían a la candidatura de Vera, y el delegado le había escrito una carta confidencial al presidente para recomendárselo con todas sus fuerzas, he aquí surgir un nuevo obstáculo, que trastornaría todos los planes.

El 24 de julio había vuelto a formar parte del ministerio don Antonio de las Carreras[177], el mismo que en 1858 había presentado a Santiago Estrázulas y Lamas. Empeñado en sostener su candidato, empezó por deshacer todo lo que se había hecho para facilitar el nombramiento de Jacinto Vera, y estaba usando todos los medios para rebajar a éste y ensalzar a aquél.

Lo primero que obtuvo fue plegar la voluntad del presidente, "*en lo que no tuvo que fatigar mucho*", anotaba con ironía Marini.

Mancomunados ahora en sus deseos, ambos magistrados orientales solicitaron presurosamente de Paraná el nombramiento de Estrázulas, decididos, en el caso de encontrar allí resistencia, a recurrir a la Santa Sede para alcanzar su objetivo. Para esto se servirían, según una persona bien informada y de confianza, de la obra de algunos padres franciscanos, llegados de Italia a Montevideo no hacía mucho tiempo y cuyas actitudes no merecían ciertamente alabanza.

El delegado le respondió al ministro con palabras muy generales, sin darle la menor esperanza; había sido, en efecto,

---

[175] Ibíd.

[176] AEM, va 20, c 5-3, 6272-8

[177] ODDONE, Tablas…, 40

autorizado sólo para el nombramiento de Vera, y, como ya había comunicado varias veces, Estrázulas no era digno del honor que querían que se le confiriera.

No se podía, además, pasar por alto que el nombramiento de Vera era fuertemente contrariado por los masones, que en Montevideo eran muy numerosos y potentes, y que, en cambio, era favorecido por los mismos el del presbítero Estrázulas. Por esto sólo, aunque faltaran otros motivos, era conveniente que se rechazara[178].

En vista, pues, del nuevo obstáculo, y para evitar el peligro de una ruptura con el gobierno de Montevideo, Marini suspendía el proceso del nombramiento, esperando la elección del sucesor del presidente Pereira, que se efectuaría el 1° de marzo de 1860.

Roma, con fecha 21 de noviembre de 1859, aceptaba el parecer manifestado por su representante, y, tolerando la permanencia de Fernández en el cargo de provicario, le instaba para que no descuidara tal asunto, y apenas lo permitiesen las combinaciones políticas del Uruguay, diera lugar al nombramiento de vicario en la persona de Vera[179].

Las expresiones, intencionalmente vagas y generales del arzobispo de Palmira, excitaron los ánimos de los magistrados masones, que procuraron obviar esa sutil barrera diplomática, que ya se estaba volviendo infranqueable, con un ardid, que será absorbido, no sin antes desatar el segundo escándalo del año, en la envolvente red de Paraná.

Al paso que cedían a las repetidas insinuaciones de la terna, se esforzaban en obstruir el camino a Vera.

En un acuerdo del ministerio de gobierno, –agosto 13 de 1859-, tras unos considerandos sobre la situación general de la iglesia, que no podía durar por más tiempo sin perjuicio de sus más vitales intereses, y sobre el derecho de patronato que asistía al gobierno en su política eclesiástica, se resolvía que por el ministerio de relaciones exteriores se dirigiese a nombre del presidente de la República, y en virtud del derecho de patronato, una terna compuesta del ya presentado presbítero Santiago Estrázulas y Lamas *in capite*, y de los señores Jacinto Vera y Juan José Brid, en el orden en que iban nombrados[180].

Cuando ya Marini había solicitado facultad para suspender el nombramiento, cuando ya Vera le había escrito a su amigo Ereño que en vano se empeñaban él y monseñor en imponer su candidatura, porque el gobierno de Pereira nunca la aceptaría, y que, por el

---

[178] ASV, ss ae, a1859, R 251, 105-107
[179] Ibíd., 109
[180] AGN, mg, c 1101

contrario, tenía plena confianza y sabía de ciencia cierta que cualquiera de las personas indicadas para la próxima presidencia admitiría su nombramiento[181], cuando ya Sató opinaba que el medio término de la terna sugerido por la autoridad eclesiástica acarrearía alguna nueva dificultad o entorpecimiento[182], cuando ya todo el mundo esperaba un desenlace favorable únicamente del nuevo presidente, he aquí que, hacia fines de setiembre y principios de octubre, se recibe en Paraná, después de un mes y medio, el acuerdo ministerial del 13 de agosto, que ponía término honroso a un incierto tiroteo, triunfando la técnica del esforzado diplomático ascolano que, hasta el último momento, sirviéndose del presidente Urquiza, había estimulado personajes influyentes en la República Oriental.

Segundo nombramiento de Vera

Marini tomó presuroso la pluma y por segunda vez extendió el documento relativo al nombramiento de Vera, fechado el 4 de octubre, en el que se decía textualmente: “Así, pues, cumpliendo con ánimo gozoso las órdenes del Sumo Pontífice, y usando de la autoridad que benignamente NOS confirió, *y secundando al mismo tiempo los deseos del Exmo. Sr. Presidente de la República*, por el vigor de estas nuestras actas te nombramos, deputamos y constituimos Revmo. Sr. Don Jacinto Vera, Vicario Apostólico de Montevideo con todas las facultades, prerrogativas, derechos y deberes que tienen por los Sagrados Cánones los Vicarios Capitulares en el ejercicio de su cargo”[183].

Conjuntamente con el título, como hiciera en la oportunidad anterior, redactaba diversas cartas oficiales, confidenciales y privadas con el evidente fin de facilitar los procedimientos. Al título y a la carta de Vera, adjuntaba una carta oficial y otra confidencial para el presidente, y dos oficios, uno para el ministro de relaciones exteriores y otro para el provicario apostólico.

En otros escritos, pedía los buenos oficios de Ereño[184], por cuyo conducto enviaba los referidos papeles, y los del general Andrés Gómez[185], ex ministro de guerra y marina, que muy encarecidamente le había recomendado la candidatura de Vera, expresando el voto general de todas las personas religiosas de la ciudad; ahora, era Marini que se lo recomendaba a él, para que con todos los amigos de

---

[181] SALLABERRY, El Siervo…, 6-7
[182] AEM, v 20, c 5-3, 6272-9
[183] AGN, mg c 1105
[184] AEM, va 20, c 5-3, 6272-13
[185] Ibíd., jv, 1

ésa, lo apoyasen y lo ayudasen a vencer cualquier obstáculo, haciendo efectivo su nombramiento.

Al prescribirle a Vera detalladamente los pasos que debía dar con la mayor delicadeza y con mucha precaución, le manifestaba que, no obstante la aparente calma no estaba del todo tranquilo, porque los opositores eran tales, que no darían cuartel a nadie[186].

No se equivocaba el delegado en esto, como tampoco se equivocaba en recomendarle al futuro vicario que redoblase sus oraciones a Dios para que con su especial gracia lo ayudase, y lo dirigiese en la difícil posición en que se hallaba, llevando a término ese asunto que tanto le había dado que hacer.

Los primeros disparos, en efecto, de la postrera batalla, ya habían estallado en el cielo montevideano.

Para impedir que se eligiese a Vera, o dificultar su aceptación en el caso de que fuera elegido, la oposición, al mismo tiempo que mandaba la terna a Paraná, se lanzaba a la prensa con una formidable campaña calumniosa, denigrando su conducta moral y pretendiendo hacerle perder su fama intachable ante la opinión pública.

Estrázulas, humillado por haber sido postergado, había renunciado al curato de la iglesia Matriz. Sin alejarse del país, como había planeado, se unió a los opositores de Vera, entre los que se distinguían algunos frailes franciscanos y la falange masónica. Hermanados, así, en una misma lucha, se sirvieron de un hombre vil y desacreditado para incriminar al común adversario en su carrera hacia la silla vicarial.

En los números 156 y 158 del periódico *La Prensa Oriental* aparecieron, entre el asombro general, artículos difamatorios contra el presbítero Vera, cura foráneo de la villa de Guadalupe. Su autor, instrumento asalariado de las logias y de la ciega pasión de Estrázulas, el 21 de setiembre pedía al ministerio de gobierno quisiese librar oficio al provicario. Este, en la averiguación de los hechos, denunciados por la prensa, debía proveer, previa vista fiscal, según lo que dispusiesen los cánones[187].

Acusación calumniosa contra Vera

Fernández, embaucado por los que lo rodeaban, autores de la acusación calumniosa, un poco por estupidez y tontería y mucho por malicia, la recibió[188]. Al contestar a la nota del ministro Antonio de las

---

[186] Ibíd., va 20, c 5-3, 6272-13;
Ibíd., 6272-14

[187] AGN, mg, c 1103

[188] ASV, ss ae, a 1860, R 283, 141

Carreras, le participaba que había elevado a la vista del fiscal eclesiástico del Estado todas las piezas relativas a la demanda entablada por Juan Bautista Castro Veiga, para los efectos correspondientes.

El fiscal, presbítero español secularizado, llamado Joaquín Riba[189], evacuando la vista de todo el material recibido, el 28 de setiembre se expedía oficialmente. Aunque Veiga hubiese usado del derecho que le concedía el artículo 141 de la constitución para dirigirse a la prensa en publicación de sentimientos contra Vera, y a más por el que le concedía el artículo 142 de la referida carta, para manifestar esos sentimientos al Gobierno por vía de queja contra el mencionado presbítero, con todo, lo observaba extraviado de prudencia. En desagravio, pues, del derecho que creía competirle hubiera tenido que adoptar el camino más breve, trazado por las leyes, presentándose directamente el provicario en formal demanda de justicia.

De este modo Vera hubiera tenido por entonces las reconvenciones y amonestaciones, que caritativa y fraternalmente recomendaban las prescripciones eclesiásticas.

Pero ahora, frente a las trascendentes quejas de Castro Veiga contra dicho eclesiástico, se observaba en alarma la vindicta pública y se veían comprometidos los respetos del gobierno y la dignidad de la iglesia.

Por tales motivos, el fiscal se encontraba en el grave pesar de no poder prevenir otro medio, que el de pedir la tramitación de la causa[190].

Sintetizando el material consignado en los números del periódico masónico, Riba formalizaba seis acusaciones:

1° Castro Veiga se hallaba perturbado en su vida doméstica y en un singular pleito de divorcio con su esposa doña Felicia Alonso, siendo consejero de ésta y autor principal de los desgraciados acontecimientos de su familia el presbítero Jacinto Vera.

2° Desde que el padre Vera, valiéndose de la influencia de su suegra, había empezado a inspirarle ideas de desorden y de desconocimiento a su autoridad matrimonial, so pretexto de malversación y enajenación indebida de los bienes hereditarios para constituirlos en una *ermita jesuítica*... todo había sido un caos, un desorden, un verdadero infierno en su familia.

---

[189] El presbítero Joaquín Riba había sido propuesto para el cargo de fiscal eclesiástico el 25 de setiembre de 1858 y aprobado el 20 de octubre del mismo año (AGN, mg, c 1090)

[190] AGN, mg, c 1105

3° A instigaciones de Vera, huía doña Felicia del lado de su esposo y rehusaba volverse a juntar con él.

4° Castro Veiga habiendo buscado al padre Vera como cura vicario, para que propendiese a la unión conyugal de la extraviada esposa, no sólo se había negado, sino que también le había dicho personalmente que, lejos de propender a esa unión, lo hubiera perseguido constantemente arruinándolo, *porque era masón.*

5° Vera había introducido la discordia en ese matrimonio, dando ejemplo de inmoralidad a su cándida esposa y a sus tres tiernos hijos.

6° A todo esto se agregaba que Vera y sus cómplices imbuían ideas de falta de respeto al padre, ocasionando que los tiernos hijos bebiesen desde su primera infancia las perniciosas e inmorales ideas de la *camarilla jesuítica*[191].

Detrás de esta monótona letanía, aflora espontáneo, en cada una de las incriminaciones, el estribillo: "*Jesuitas y Masones*".

Conociendo el ambiente y la personalidad de Vera, la acusación no se presentaba como inverosímil, aunque fuera procaz y grosera.

Mientras tanto, frente a parejos procedimientos de un eclesiástico, Joaquín Riba, muy adicto a su amo, para agradecerle, quizás, la elevación a ese puesto y para no exponerlo al peligro de un *cese* con un nuevo vicario, descubría, en su misión de defensor del vínculo conyugal, además de las referidas, otras acusaciones de especial consideración por la ofensa hecha al sacramento del matrimonio.

Con grave pesar suyo, le manifestaba a su mecenas, sintiendo al unísono con él, que bahía lugar a la formación de causa. Le pedía, por ende, que, en obsequio a los respetos que se merecía el gobierno, por cuyo órgano había recibido los antecedentes del caso, se sirviese acusarle recibo.

Incluiría copia autorizada de su vista y se intimaría al peticionario Juan Bautista Castro Veiga que, en el término de ocho días, formalizara y entablara su querella en la forma conveniente y de derecho.

Fernández, conforme en todo con el parecer de su fiscal, y esta vez, sin el mayor sentimiento de su alma, el 30 de setiembre remitía al ministro de gobierno la vista fiscal sobre la petición de Veiga, de la que resultaba haber lugar a la formación de causa[192].

Daba la impresión de que todo corría sobre rieles, y que se cosecharía muy en breve otra resonante victoria de los masones. Mas

---

[191] Ibíd.

[192] Ibíd., mg, 1103

aquella desfachatez rebasaba ya todos los límites de lo aguantable. So pena de pasar por cómplices inconscientes e incapaces, los vecinos de Canelones no podían dejar circular impunemente aquella ofensa.

A petición de los mismos, el 30 de setiembre, la suegra y la mujer de Castro Veiga desmintieron categóricamente a su yerno y marido, redactando una declaración formal frente a don Bonifacio Velazco, juez de paz de aquella villa[193].

En virtud de todo esto, el primero de octubre se procedió, por unánime aclamación del vecindario –reunido en asamblea para desautorizar las publicaciones, que calificaron de calumniosas de *La Prensa Oriental*-, a nombrar de su centro una comisión de tres vecinos.

Resultaron electos para componerla Rafael Zipitría, Estanislao Villaurreta y José García[194], "con amplios poderes para que se apersonasen al Presidente de la República, al Señor Pro-Vicario y tomasen todas las medidas que juzgasen oportunas, necesarias o convenientes para aniquilar la calumnia y dejar bien sentada, en justicia, la reputación y buen nombre de su Párroco"[195].

El 2 de octubre partió la comisión para Montevideo. El 3 se entrevistó en primer lugar con el ministro de las Carreras.

El presidente les dio larga y cordial audiencia a los comisionados y les "manifestó que participaba de las mismas simpatías por la persona de nuestro respetable Cura Párroco.

---

[193] Dicho documento decía: "Doña Paulina Arias de Alonso y Doña Felicia, hija de ésta y esposa de D. Juan B. Castro Veiga, a solicitud de respetables vecinos de esta villa, declaramos que con sorpresa y pesar hemos leído en el diario *La Prensa Oriental* artículos en que se hace referencia a nuestras personas y al digno cura D. Jacinto Vera; y declaramos muy alto que esas producciones son un tejido de calumnias audaces.

Jamás la esposa de Veiga ha dado una queja, recibido un consejo, ni hablado una palabra con el susodicho Cura, y aseverar lo contrario es *imbecilidad* del que ha firmado y atrevimiento audaz de los que lo inducen a ello.

No hemos ocupado la prensa con este desmentido porque nos ruboriza hacerlo, la consideración de que Veiga es padre de nuestros hijos, y sólo los hombres malos que lo inducen, y el respeto que tributamos a las personas que nos piden esta declaración pudieran decidirnos a darla para que hagan el uso que gusten.

Y para mayor validez, rogamos al Sr. Juez de Paz de esta Villa autorice con testigos esta nuestra declaración" (Nac, oct. 6 de 1859).

[194] Nac., oct. 6 de 1859

[195] SALLABERRY, La personalidad ..., 35

Concluyó por asegurar que las calumnias del Sr. Veiga no influirían lo más mínimo en su ánimo para aceptar por Jefe de la Iglesia a tan recomendable Sacerdote, si, como esperaba, el Señor Nuncio Apostólico ratificaba durante su Presidencia el nombramiento que, en consecuencia de remisión de la terna, se esperaba de un momento a otro por el Superior Gobierno"[196].

Los comisionados no se contentaron con eso. Se entrevistaron con Acha y Barbosa, para que publicasen en sus periódicos *La República* y *La Nación*, los documentos fundamentales y defendiesen la inocencia de su defendido.

En todos estos trabajos secundaron eficazmente a la comisión Atanasio C. Aguirre, Joaquín Requena y Bernabé Caravia[197], constituyéndose estos últimos en los gestores principales de los sucesos posteriores en defensa del calumniado.

Haciendo un llamado a la reflexión, *La Nación* examinaba los hechos, desenmascarando las intenciones: "Todos sabemos que El Sr. Vera ha sido nombrado Vicario Apostólico por el Sumo Pontífice, contra todas las pretensiones y esperanzas de algunos que han puesto en juego todos los medios posibles de neutralizar el reconocimiento de ese nombramiento, como si día más o menos la virtud y la moral no han de presentarse ante la vista de todos más resplandecientes.

De ahí la verdadera causa de la difamación de Vera. La oposición a su nombramiento de Vicario ha querido afearlo, pero como sucede en idénticos casos no ha hecho sino levantar más y más arriba la sana reputación y las nobles cualidades de su víctima"[198].

Al día siguiente el mismo periódico escribía que uno de los legados más desagradables heredado de un pasado funesto y destructor, como el que había tenido la República, era la falta de respeto a todo, tanto en la política como en la religión y moral. El sábado, 8 de octubre, añadía que de acuerdo a los malos hábitos, tan uniformes en todos los sectores de la vida ciudadana, se denigraba en política como en religión a los hombres sanos, por interés personal de rivalidad o de círculo, cundiendo las intrigas y las tramas con menoscabo de la dignidad nacional y de la moral pública.

El arzobispo de Palmira, informado por Requena sobre los dos artículos difamatorios, le aseguraba que ellos ni en un punto le habían hecho rebajar el buen concepto que tenía formado de Vera; antes bien, esos mismos artículos habían hecho que lo apreciara más[199].

---

[196] Ibíd., 35-36
[197] Ibíd., 36
[198] Nac., oct. 6 de 1859
[199] AyB pba, Ibíd.

A Ereño le comunicaba que tenía en su poder dichos artículos y que los había mirado con el mayor desprecio, lo mismo que a su autor. Si el sacerdote Vera no hubiese tenido otros títulos, que lo recomendaran, aquellos escritos hubieran bastado a Marini para apreciarlo suficientemente[200].

Aunque no hiciese mella tan burda incriminación en las personas sensatas, consiguiendo más bien el efecto contrario, colocaba, sin embargo, nuevas trabas a ese contrastado nombramiento.

A raíz de esto, una vez más, la delegación de Paraná en una enésima carta esperaba de Requena –como lo esperaba de Caravia, Gómez, etc.- que, si por desgracia surgiese alguna otra dificultad, ayudara a desvanecerla, y aun le exigía que, dejando de lado la diplomacia (sugerencia sorprendente en el diplomático Marini) hiciera lo imposible; se trataba, en efecto del bien de la iglesia oriental, a la que el jurista católico pertenecía en alma y cuerpo[201]. Y el momento de actuar había llegado, al recibir Vera, el 21 de octubre, el título de fecha 4 de octubre, el segundo en pocos meses.

Presentación del nombramiento

En conformidad con lo que se había prescrito, el designado vicario se presentó en forma privada al presidente, por quien fue bien acogido, teniendo al mismo tiempo la seguridad de ser reconocido en calidad de legítimo prelado[202].

Pereira parecía desligarse del compromiso que lo unía fuertemente a su ministro de gobierno, pero éste, en su ciega lucha, no pensaba entregar tan prontamente las armas.

De las Carreras sufrió, sin duda, una penosa desilusión la hora en que se le entregó el breve expedido por disposición de la Santa Sede y a solicitud de su gobierno, en que se registraba el nombramiento de su incriminado y no de su benjamín.

El lunes 24, tras un fin de semana agitado y tempestuoso, tomaba la resolución de excusarse de conocer como ministro de gobierno en el negocio del nombramiento, por motivos particulares en que estaba interesada su delicadeza personal. Pasaba, en consecuencia, el breve pontificio al ministro de guerra y marina, Antonio Díaz, para que le diera el curso correspondiente[203].

---

[200] AEM, va 20, c 5-3, 6272-16

[201] AyB pba, Ibíd.

[202] AEM, va 20, c 5-3, 6272-16

[203] AGN, mg c 1103

El puritano ministro de relaciones exteriores, con escrúpulos de conciencia frente a un deber exigido por su cargo, perdía toda sensibilidad moral al proseguir el mismo día la farsa criminosa que tenía como protagonista al *imbécil*[204] Veiga. Este, habiendo visto en los diarios que estaba pendiente la aprobación del documento proveniente de Paraná, le pedía al ministerio de gobierno (en realidad era Antonio de las Carreras que se lo pedía a sí mismo) que, en uso de las regalías –tanto la ley 19, tít. 3, libr. 1° del Ordenamiento, como las leyes canónicas-, retuviese y pusiese el veto al nombramiento del cura foráneo de Guadalupe, al que le estaba siguiendo causa criminal ante la curia [205].

Fernández, en el ínterin, se había acobardado por el mal humor general, ocasionado por su reprochable conducta. Por sugestión de los partidarios de Estrázulas y de su padrino, el desentendido ministro, y conculcando las inmunidades eclesiásticas, había pasado al tribunal superior de justicia la causa, que se había introducido ante él, contra el sacerdote Vera.

Con esta maniobra combinada, todos ellos pensaban que jamás el gobierno hubiera reconocido oficialmente el nombramiento de un vicario apostólico, hecho en la persona de un *inquisito*[206], mas sus designios, después de una prolongada agonía, fracasaron rotundamente.

El atrevimiento de la camarilla masónica había sido audaz en demasía, lindando casi con esa imbecilidad, atribuida al instrumento material, Castro Veiga.

"Yo individualmente, en abstracto –diría de las Carreras, años después en el Parlamento [justificando en algo sus intemperancias y excesos juveniles], he sido un ciudadano que he venido al Ministerio de Gobierno cuando no tenía ni la edad, ni las aptitudes, ni los conocimientos necesarios para desempeñarlo; fui llamado al Ministerio por las fuerzas de las cosas, arrancándome un consentimiento, para cerrar los ojos ante la violación de la Constitución en que incurría viniendo a aceptar una cartera cuando no tenía la edad ni las condiciones necesarias".

"He venido al Ministerio –agregaba- antes de tener la edad que la Constitución marca para ser Ministro"[207].

Si bien respaldado por la todopoderosa presencia de las logias, su vehemencia e inexperiencia debieron rendirse al arte

---

[204] Terminología de la esposa y suegra.

[205] AGN, mg, c 1105

[206] ASV, ss ae, a 1860, R 283, 141v

[207] PIVEL DEVOTO, Historia de los Partidos…, 325

diplomático, cauteloso y avisado de los veteranos Marini, Requena, Gómez y Caravia.

Dictamen del fiscal Montero

Recorriendo idéntico camino, los papeles referentes al nombramiento y los otros relativos a la causa criminal, fueron remitidos del ministerio de gobierno al de guerra y marina, desembocando todos, luego de la vista fiscal de Montero, en el tribunal superior de justicia.

El mencionado Montero, fiscal del estado en lo civil, evacuando la vista, a pedido del ministerio de guerra y marina, decía que no encontraba, en el breve que el arzobispo de Palmira había expedido, prescripción, autorización o facultad alguna, con relación a deberes y atribuciones del electo, que se opusiese a los principios establecidos en la constitución política, ni menos infringiese alguna de las leyes civiles vigentes en el territorio del estado.

En tal virtud, el fiscal opinaba que el gobierno podía conceder al nombramiento el *pase* o *exequátur*[208].

El competente ministro Antonio Díaz, al acompañar dicha vista fiscal, con otras solicitudes, al tribunal superior de justicia, anotaba, sin embargo, que en el breve no constaba de un modo expreso cómo había sido nombrado vicario apostólico de la iglesia nacional el presbítero Jacinto Vera.

Debía, pues, poner en su conocimiento, por lo que podía importar aquel antecedente, que dicho nombramiento había sido el resultado de una presentación hecha en terna por el presidente de la República, en uso del derecho de patronato, inherente a la soberanía nacional[209].

El propio Montero el 29 de octubre evacuaba la vista de las peticiones de Atanasio Aguirre y Juan Bautista Castro Veiga.

El primero, como se recordará, en su calidad de encargado por la comisión nombrada por el vecindario de Canelones debía desmentir las calumnias de Veiga contra Vera.

El segundo era actor de la causa criminal, promovida ante la curia. Montero, pues, exponía que aun cuando su ministerio opinaba que, en su calidad de fiscal del crimen, sólo le correspondía actuar y pedir lo que con arreglo a derecho correspondiere ante los jueces competentes, y no ante el superior gobierno; sin embargo, no tenía inconveniente en manifestar lo que pensaba acerca de ambas peticiones.

---

[208] AGN, mg, c 1105

[209] Ibid.

Por lo que respectaba a la petición de Veiga –la de retener y poner el *veto* al nombramiento de Vera-, el fiscal la consideraba una solicitud que desde el primer momento hubiera tenido que ser desechada. Desprovista como estaba de carácter público, no se le podía dar fe alguna, ni tomarla como base de resoluciones.

Por el simple hecho de haber Veiga iniciado y estar siguiendo una causa criminal, por infracción de cánones, contra Jacinto Vera ante la curia, no se seguía que, basado en ese simple aserto, el ministerio debiese dar por justificada esa infracción de cánones. Tampoco se legitimaba la acción entablada por Veiga. Y esto para no hacer pesar sobre Vera alguna clase de consecuencias que afectasen su reputación, su buena fama y los derechos que le garantían las leyes, y de los cuales no podía ser privado, sino en la forma establecida.

Si la curia eclesiástica, finalmente, hubiese estado persuadida de la justicia de la acción entablada, de la verdad y legitimidad de las gestiones de Veiga, hubiera llamado la atención del ministerio con respecto al presbítero Vera.

Si miraba con interés, como debía presumirse, las conveniencias más positivas de la religión que profesaba, hubiera evitado con tiempo el escándalo, que se hubiera originado al ser elevado al primer puesto de la iglesia nacional un sacerdote contra quien se estaba siguiendo causas criminales.

Pero no constaba que por ese conducto se hubiese recibido prevención alguna, ni aun constaba que respecto al sacerdote Vera se hubiese tomado por la curia disposición alguna que pudiese reputarse necesaria de la gestión criminal iniciada por Castro Veiga.

Por todas estas consideraciones el fiscal era de opinión que el escrito de Veiga no merecía en ningún sentido ser tomado en consideración. Lo más acertado era devolvérselo para que ocurriera a hacer uso de sus derechos ante quien y como correspondía.

El escrito de Atanasio C. Aguirre venía a poner en claro que las gestiones de Veiga no solamente carecían de toda justicia, sino que, aún más, revelaban una conducta verdaderamente criminal. Con los documentos que acompañaba impresos en el diario adjunto, se comprobaba que Veiga perseguía calumniosamente a Vera y que su causa contra éste no debía tomarse en otro concepto que como una gestión dolosa dirigida a otros propósitos y fines, que no podían ser los que ostensiblemente invocaba Castro Veiga.

Aunque el escrito de Aguirre debía también considerarse como una exposición de carácter privado, tenía, sin embargo, otra respetabilidad que el de Veiga, por los documentos que lo acompañaban y por el testimonio de lo más caracterizado del vecindario de Canelones.

Admiraba, en fin, que la curia eclesiástica hubiese dado entrada en su juzgado a una gestión como la que motivaba la querella de Veiga contra Vera.

El fiscal concluía opinando que lo más acertado era enviar la solicitud de Aguirre, el diario adjunto y su vista al supremo tribunal de justicia. Este resolvería lo que creyera conveniente, siendo competencia suya determinar si las justicias del país, de cualquier naturaleza fuesen, procedían como las leyes lo exigían, o incurrían en faltas que causaban vejámenes a sus habitantes.

Siguiendo el parecer del fiscal, se pasaba al tribunal superior de justicia el material en cuestión[210].

Mientras tanto, el 8 de noviembre se remitían al mismo todos los antecedentes que tenían conexión con las actuaciones motivadas por las peticiones de Aguirre y Castro Veiga, quedando así exclusivamente en sus manos la solución de lo que era una lucha, más que una causa.[211]

Por la demora sufrida en este tribunal, manifiesta ya desde los primeros días de noviembre, se daba a entender con suficiente claridad que la oposición, si no tenía encadenada a la justicia superior, por lo menos la manejaba con relativa facilidad, a diferencia de lo acontecido con el fiscal del crimen.

Esta perseverancia inexplicable en manejos tan vergonzosos, hacía que los buenos levantasen cada vez más su voz. Barbosa, en una actitud de solidaridad culpable, interpretaba con amargura el hecho: "Hay entre nosotros un vicio que ha engendrado la larga desorganización del país, que en la cuestión del vicariato se deja conocer de un modo manifiesto. Este vicio, es la oposición que hacemos siempre a todo lo que se bueno: nada se contraría más entre nosotros, que un acto bueno, que una disposición buena"[212].

Reproche del delegado al provicario

Marini había determinado guardar el más estricto silencio acerca de las injustas vejaciones que sabía se practicaban contra el digno eclesiástico Vera, porque estaba persuadido que Fernández lo habría amparado y protegido con su autoridad.

Al recibir noticias continuas de que no sólo el provicario no había cumplido con este deber, sino que se había unido a los adversarios de dicho sacerdote, apoyando la escandalosa persecución que le hacían y estrechando aún más sus vinculaciones con aquella

---

210 Ibíd.

211 Ibíd., c 1104

212 Nac., nov. 2 de 1859

nefasta coalición, rompió su silencio, redactando una nota con fecha 12 de diciembre de 1859.

"Me veo en la imprescindible necesidad –decía- de dirigirme a V. S. para llamarlo al orden y recordarle su obligación, que es de defender a los eclesiásticos con todos los medios que estén a su alcance contra los tiros de la calumnia, así como respetar, y hacer respetar al que, recomendado únicamente por sus bellas cualidades, ha sido designado por Su Santidad, Prelado de esa Iglesia.

Sepa Señor, que todos los buenos han mirado con la mayor indignación la parte que V. S. directa, o indirectamente haya tenido en las intrigas tan groseramente combinadas contra el virtuoso eclesiástico Señor Vera, y que V. S. al bajar de esa silla no llevará consigo, sino remordimientos"[213].

Fernández, recibido el 29 de noviembre el oficio del delegado, lo había leído con mucha extrañeza y sentimiento. A fin de obrar con el acierto que deseaba por decoro de su ministerio, había estilado un decreto, expresión no muy infeliz del regalismo criollo.

En él desarrollaba el concepto de que no conocía en el gobierno ordinario de la iglesia de su *diócesis nullius* otro superior eclesiástico, que "el Vicario Apostólico Universal en la Persona del Beatísimo Padre Pío IX", y a la vez al superior gobierno civil de la República como patrono de la propia iglesia.

Fundamentándose en este principio, había pasado el oficio de Paraná al fiscal eclesiástico, para que, en honor de la iglesia, de la sagrada persona del Santo Padre, y *de los derechos y prerrogativas de la jurisdicción civil de la república*, obrara directamente según derecho"[214].

Este incidente, que implicaba una gravedad notable a juicio del provicario, era notificado por el mismo al ministro de gobierno y a la Santa Sede.

Aquella carta de mons. Marini –le comunicaba a Roma- importaba una acusación formal sobre la falta de deberes en que ni *entonces*, ni nunca había incurrido y de la que estaba muy libre. Su ancianidad y el cumplimiento de sus deberes religiosos lo ponían a cubierto de toda clase de incriminaciones semejantes.

A fin de salvar ilesos sus deberes eclesiásticos, le narraba a continuación los desagradables sucesos. Afirmaba, entre otras cosas, que no había tratado de resolver las incriminaciones de Veiga contra Vera sin antes averiguar, para evitar los escándalos y ejemplos de desmoralización en el clero de la República.

---

[213] AGN, mg, c 1098

[214] Ibíd.

Habiéndole resultado imposible, había procedido de acuerdo a las leyes canónicas. Vera, citado para absolver las posiciones formuladas contra él, no sólo había desobedecido completamente, sino "que se había constituido a su casa morada con el único objeto de insultarlo"[215].

El ex provicario Juan Domingo Fernández, el 20 de diciembre desistía de la solicitud presentada a su antiguo fiscal eclesiástico.

El nuevo fiscal dejaba constancia en una vista, que la narración que se había hecho al papa de los procedimientos de la curia, en la gestión de Veiga contra Jacinto Vera, ya vicario apostólico, estaba muy distante de ser la expresión genuina de los hechos y los procedimientos, que los autores de la materia atestiguaban[216].

Finalizaba así la airada protesta del valiente anciano contra las supuestas intrusiones de la delegación apostólica.

Al bajar de la silla no se llevaba remordimientos, sino apremios financieros, que lo inducían repentinamente a ese cambio de convicciones y de política.

Aceptación del nombramiento de Vera

Haciéndose cada día más urgente la necesidad de proveer a la iglesia del Estado, el ministro de guerra y marina el 25 de noviembre, después de un mes exacto, se dirigía, por orden del presidente, al supremo tribunal de justicia. Le recomendaba el más pronto despacho del breve apostólico, expedido a favor de Vera para vicario, breve que había sido elevado a la consideración de dicho tribunal.

En tal concepto, el ministro Antonio Díaz, esperaba que el poder judicial se expidiera a la brevedad posible[217].

En contestación, la cámara de justicia tenía el honor de transmitirle que el tribunal prestaba al asunto de la referencia la preferente atención que merecía. La demora, que estaba sufriendo, se había originado del entorpecimiento causado por las gestiones de Castro Veiga ante la curia eclesiástica y el superior gobierno, las cuales habían sido remitidas simultáneamente en consulta[218].

Detrás de esa justificación oficial se ocultaban los verdaderos motivos del entorpecimiento, que sin quedar consignados en el papel, podían descubrirse en la desesperada tentativa de Antonio de las Carreras y sus correligionarios para evitar lo que ya había tomado rostro de inevitable.

---

[215] Ibíd.

[216] Ibíd., c 1104

[217] Ibíd., c 1105

[218] Ibíd.

Efectivamente el 12 de diciembre Caravia, con los otros dos integrantes del tribunal de justicia, ponía su firma en un documento, fruto indudablemente de sus mejores esfuerzos. Se consagraba en él el triunfo de Vera y, lo que era más significativo, la victoria de la técnica diplomática de Marini. Este, sin mencionar el derecho de patronato y con el arma de doble filo de la terna, había impuesto su candidato, venciendo la feroz resistencia de los masones y la desanimadora inconstancia del presidente Pereira.

El documento, con un fatigado acrobatismo de considerandos, sugerido, quizás, a Caravia por la misma delegación de Paraná, procuraba superar jurídicamente el escollo de la falta de reconocimiento expreso del derecho de patronato[219].

La causa criminal entablada por Castro Veiga, era despachada someramente, pero sin dejar lugar a falsas interpretaciones.

El expediente seguido ante la curia por Veiga, pretendiendo injustificada y calumniosamente atribuir irregularidad y mancillar la vida y costumbres de Vera, sólo había servido para poner de bulto los méritos y virtudes del mencionado presbítero, aunque había retardado la expedición del tribunal en dicho asunto.

El lamentable estado de la iglesia, que por demás era notorio, había venido a revelarse de una manera señalada en ese hecho.

En mérito a todas estas consideraciones, el tribunal era de opinión que el presidente podía dar el *placet* y ***exequátur*** al breve mencionado; y, previa prestación por el sacerdote nombrado del

---

[219] "Aunque este Breve, Ex.mo Señor, no contiene el reconocimiento expreso de orden, del derecho de Patronato –se argüía- que reside en V. E. y que por el contrario se notan algunas cláusulas que pudieran hacer dudar del ánimo de S. S. con respecto a ese derecho:

Considerando el Tribunal que la omisión y cláusulas precitadas, en caso de quererse interpretar en un sentido desfavorable vendrían a ponerse en contradicción y ser subsanadas con la expresión del mismo breve que dice: *secundando al mismo tiempo los deseos del Ex.mo Sr. Presidente de la República*; importando esta expresión un reconocimiento explícito de los derechos nacionales en este asunto; y considerando que, atento al estado perfecto de intimidad filial, de las relaciones de V. E. con el Sumo Pontífice nuestro muy amado Padre Pío IX –dignamente representado en estas regiones por su muy Rev. Nuncio Sr. Marino Marini, que tantas pruebas de benevolencia y solicitud ha dado a nuestra Iglesia y a V. E., *no es de atribuírseles ni por un momento, la mínima intención de invadir, o defraudar los derechos, por otra parte inajenables, de la Soberanía Nacional..." (AGN, mg. c 1105).*

juramento de guardar la constitución, expedirle las correspondientes letras ejecutoriales[220].

El ministro de guerra y marina, con fecha 13 de diciembre de 1859, le comunicaba a Vera, a Antonio de las Carreras y a toda la ciudadanía el decreto presidencial con el que se concedía el pase al breve apostólico, y se designaba el día 14 para que el vicario electo prestara juramento de ley en la casa de gobierno a las dos de la tarde[221]. El miércoles 14 de diciembre de 1859, a las dos de la tarde, las campanas de los templos de la capital anunciaban con sus repiques[222] el muy fausto acontecimiento. Don Jacinto Vera, vicario electo, prestaba juramento, en manos del brigadier general Antonio Díaz –ministro de guerra y especial en ese asunto como ministro de gobierno y relaciones exteriores-, "en forma de guardar y hacer guardar la Constitución del Estado y cumplir bien fielmente las leyes de la República; como asimismo de no contravenir en tiempo alguno ni en ninguna manera el Patronato Nacional y de guardar y cumplir en todo dicho Patronato, como se halla establecido por las leyes en cumplimiento de Ley Iª, tít. 7°, libr. 1° R. de Indias"[223].

Era como un suave y apacible amanecer, después de un triste sueño que había durado dos años.

Repercusiones de la aceptación del nombramiento

El nuncio, que se hallaba completamente abatido y desanimado del buen éxito, aunque dispuesto a hacer respetar el nombramiento, al recibir la noticia se alegró inmensamente[224].

Ereño le describía a Vera la emocionante escena: "El 23 de diciembre, cuando vine de la Iglesia y entraba en las habitaciones, el Señor Nuncio me recibió con *albricias y abrazos*, y me dijo estas palabras: -Su amigo el Sr. Vera es el Prelado de la Iglesia Oriental, a Usted, Señor Ereño, se debe en gran parte este triunfo de la Iglesia. Contesté: -Señor, el triunfo es debido a las virtudes del Señor Vicario Vera-; en fin, mi amigo, yo creo, que el Nuncio no ha tenido un día más contento y alegre"[225].

---

[220] AGN, mg, c 1105

[221] Ibíd.; AGN, mg, c 1101

[222] Nac., dic. 14 de 1859

[223] AGN, mg, c 1105

[224] Fue tan grande el regocijo del delegado apostólico, que empleando la expresión un poco grosera de un contemporáneo, se podría decir "que del alegrón se le desprendió a Monseñor el ombligo" (AEM, va 21, c 5-5, 6270-11).

[225] AEM, va 20, c 5-4, 6271-2

No era para menos. En su informe a Roma, Marini escribía: "Don Jacinto Vera, sufriendo en paz todos aquellos ultrajes y defendido por la opinión pública, que se había ganado con su espejada conducta, fue colocado en el alto puesto, al que la clemencia de la Santidad de Nuestro Señor lo había destinado.

El día en que tomó posesión del Vicariato, fue un día de fiesta para Montevideo; y muchos de los principales de aquella Ciudad me escribieron cartas gratulatorias; y esto es una prueba más de que el nuevo Vicario apostólico podrá y sabrá corresponder a la confianza que el Santo Padre ha depositado en él".

Concluía manifestando que estaba lleno de complacencia por haber llevado a buen término, entre innumerables trabas, el nombramiento del vicario apostólico, de tanto interés para aquella iglesia[226].

Vera, hablando de su aceptación en una carta confidencial al amigo Eyzaguirre, le escribía: "¡Ah! Ilmo., señor, ¡me ha costado algo caro el haberse fijado Su Santidad en mi persona para Vicario Apostólico de este país! Empero el día 14 del corriente mes de diciembre fui recibido como Prelado de esta Iglesia y desde este día los que antes tanto habían trabajado para afear mi nombre, fueron los primeros en acatarme y humillarse hasta la bajeza. ¡Pobres hombres! ¡Los compadezco!"[227].

Ambos eclesiásticos se consideraban auténticos triunfadores: Vera, en su ingenuo optimismo, se consideraba triunfador del pasado, del presente y del porvenir, confiando ciegamente en la futura administración; Marini, más cauteloso, se consideraba triunfador únicamente del pasado.

En realidad los triunfadores eran muchos más, y, entre los primeros, no debía olvidarse a los masones –aparentemente derrotados- que habían logrado una no despreciable victoria con la elevación del presbítero Brid al cargo de cura vicario de la Iglesia matriz de Montevideo. Se había ganado, en la esfera oficial eclesiástica, una batalla; **le quedaba por delante a Vera una guerra prolongada, que seguiría con redoblada virulencia.**

---

[226] ASV, ss ae, a 1860, R 283, 141v-142

[227] PONS, Biografía..., 70

CAPITULO IV

VERA, PRELADO APOSTOLICO

Situación de la Iglesia oriental

La deplorable orfandad de la Iglesia oriental había contemplado su ocaso con el advenimiento a la primera dignidad eclesiástica nacional del presbítero Jacinto Vera, cuyo programa apostólico, fruto no de una inspiración repentina, sino de una dolorosa experiencia de años, podría resumirse, comprendiendo únicamente lo esencial, en el enunciado "**reformación del clero** y ***moralización del pueblo***", que actualiza en el tiempo y en el espacio la eternamente válida necesidad religiosa de la "*reformatio in capite et in membris*" porque "**Ecclesia semper reformanda est".**

Todos los observadores nacionales y extranjeros concuerdan en la pintura que dejaron del clero.

Antonio de las Carreras, en un pro-memoria de enero de 1858, constataba la carencia de un clero nacional que por su ***número*** e ***instrucción*** pesara convenientemente en la balanza de los destinos del país. No podía la Iglesia del Estado, a juicio del mismo, continuar en la situación en que se encontraba, entregada a la *eventualidad de elementos deficientes,* y siguiendo a la ventura un camino del que debían alejarla las legítimas voces de la autoridad política[228].

Al pedido de informe del citado ministro, el provicario Fernández, respondía que era ***harto penosa*** la situación por la que había pasado y estaba pasando la Iglesia, siendo ***tan escaso el número de clérigos y tan tocante su necesidad***, que al vacar alguno de los curatos de campaña, se hacía difícil su lleno con un sacerdote hábil, ilustrado y virtuoso[229].

El prelado chileno Eyzaguirre, que había permanecido algún tiempo en Montevideo antes del año 1858, en su libro *Los intereses del Catolicismo en América*, salido a la luz en París a fines de 1858, escribía que los católicos de la República Oriental habían visto entrar en el cargo de vicario muchas veces a hombres que no eran aptos para desempeñarlo.

A este desorden se debía la ***carencia absoluta*** de clero nacional, siendo unos pocos emigrados de España y de Italia los

---

228 AGN, mg, c 1082

229 Ibíd., c 1084

sacerdotes que administraban las parroquias y distribuían los sacramentos[230].

Marini, por fin, comunicaba, en su tercer informe, que el clero uruguayo era desgraciadamente ***tan escaso***, que no poseía ***sujeto verdaderamente idóneo*** para ser vicario apostólico.

Hablaba de los sacerdotes nativos y no ya de los adventicios, que en su mayoría eran ***los desechos*** de las diócesis de Europa, y que habían venido a América para vivir a su manera[231].

No es el caso de examinar críticamente la mayor o menor precisión y justeza de estas observaciones sobre el clero; lo que fundamentalmente interesa es la concordancia de los diversos observadores sobre la situación general.

Juicios desfavorables y quejas reiteradas sobre el clero aparecen a menudo en documentos oficiales y escritos de carácter privado durante todo este período. ¿Se trata de un tema de moda que por repetición o propaganda se vuelve de todos, constituyendo casi una psicosis general, o tiene su fundamento?

Aunque la respuesta que se quiere dar no sea exhaustiva bajo el aspecto numérico, puede sin embargo reflejar la realidad con relativa exactitud.

Número y calidad de los miembros del clero uruguayo

A principios de 1861, Vera envió una estadística del vicariato a mons. Marini en la que se daba el número de clérigos: "ochenta y cuatro en su mayoría extranjeros, siendo sólo **trece los hijos del país** ordenados de sacerdotes"[232].

Sabiendo que en los años que van del 58 al 61 se ordenaron probablemente sólo cuatro sacerdotes orientales –Manuel Madruga, Esteban de León, Inocencio María Yéregui y Rafael Yéregui-, se puede concluir afirmando que en el año 1858 los hijos del país eran nueve. Se habla naturalmente de los que ejercían su ministerio dentro del territorio nacional, exceptuando a los que se encontraban en Argentina, Brasil, etc.

De entre estos residentes en el país, los que sin duda no se distinguieron por su moralidad, abnegado celo apostólico y sumisión, se cuenta a Juan José Brid, Florentino Conde, Santiago Estrázulas y Lamas, Lázaro Gadea y Nicolás Aguirreche. De los otros cuatro: Jacinto Vera, Victoriano Antonio Conde, Martín Pérez y probablemente Julián de la Hoz, únicamente el primero reunía los

---

[230] PONS, o.c., 71-73

[231] ASV, ss ae, a 1860, R 283, 109v-110

[232] PONS, o.c., 182

constitutivos principales de un buen sacerdote: moralidad, abnegación y celo.

Un semejante panorama del clero nativo no podía infundir esperanzas halagüeñas, ni causar impresiones optimistas.

De los clérigos extranjeros, los desechos conocidos, según la fuerte expresión de Marini, eran varios; baste recordar los nombres de José Reventós, Luis Degrossi, Juan Bautista Blasi, Santiago Mamberto, Manuel Cortés, Pedro Toledo, Juan Bautista Cúneo, Esteban Solari y, en otro orden de cosas, Juan Domingo Fernández, Francisco Mayesté, etc.

En el transcurso de estas páginas, presentándose la ocasión, no faltará una caracterización de los más relacionados con los acontecimientos de notoriedad.

Incidencia del factor económico en la vida del clero

El factor económico, además de otros, incidía negativamente en la conducta de la mayoría de los eclesiásticos, tomando fácilmente su vocación un tinte demasiado terreno y mercenario.

Por el artículo quinto de la constitución, la Iglesia se consideraba del Estado, denominándose nacional, y en la mentalidad de los constituyentes, no obstante pronunciadas convicciones liberales, el culto debía ser costeado con los fondos del Estado.

El periódico *El Universal*, redactado por Antonio Díaz en estrecha colaboración con Santiago Vázquez, objetando el artículo quinto por entender que en una constitución política no se debía hablar de religión *–siendo para él la religión no una cosa política sino de conciencia-* prefería que la constitución autorizara y protegiese todo aquello en que debía intervenir y que la soberana asamblea, por una ley aparte, declarase que el culto de la Religión Católica, como la del Estado, sería costeado por sus fondos[233].

La idea no prosperó, pero cualquiera hubiese sido la formulación de dicho artículo, nadie, como ya se dijo, dudaba de que jurídicamente la Iglesia Católica debía depender en lo económico del erario público.

Sin embargo, descartando los sueldos de los funcionarios de la curia del vicariato, pagados a veces con irregularidades y atrasos, el culto de la República estaba librado de hecho al celo y empeño de los párrocos en particular.

Ninguna de las iglesias del Estado contaba con recursos propios de subsistencia; careciendo de rentas permanentes, denominadas de fábrica, con que hacer frente a sus gastos, confiaban

---

[233] PIVEL DEVOTO, Las ideas constitucionales…, 37

en *las eventualidades* que jamás podían proporcionar medios adecuados para el lleno de las erogaciones indispensables[234].

En base a esta incoherencia entre lo preceptuado y lo actuado, el clero oriental, lejos de disfrutar de una seguridad y tranquilidad material (¡no se habla de riqueza!), con un acentuado pauperismo cultural y sin las virtudes propias de su vocación, enfocaba su actividad apostólica preferentemente bajo el aspecto de una ganancia pecuniaria.

De aquí la lucha para integrar la curia montevideana, única con un sueldo estatal fijo, de aquí la fuga de un lugar a otro[235], de los curatos más pobres hacia los más favorecidos, y normalmente de la campaña a la ciudad, con una discontinuidad calamitosa en lo pastoral. De aquí los forcejeos e intrigas para ser nombrado cura párroco.

De aquí el triste espectáculo que ofrecían los templos de la campaña, deteriorados unos, mal reparados otros, pocos con los útiles y ornamentos necesarios para la decencia y el decoro público, y en varios parajes tejidos de paja[236].

En la misma capital el templo de San Francisco amenazaba ruina; la iglesia Matriz tenía los revoques picados en la planicie externa de su bóveda, filtrándose el agua e intemperie de los tiempos, y su cúpula estaba circundada de hondas grietas[237].

---

[234] AGN, mg, c 1084

[235] "Después de haberte escrito la que recibirás junto con ésta –le escribía Conde a Vera el 17 de julio de 1860-, se me presentó el padre Bonini, que hace las veces del Capellán de las Salesas, para decirme que estaba medio resuelto a trasladarse a Buenos Aires para fijar allí su residencia. Preguntándole sobre los motivos que imperaban en su ánimo para adoptar esa resolución, me contestó que para ello *tenía razones de propia utilidad*, puesto que aquí no le bastaban los recursos con que contaba para su sostén.

Le hice algunas reflexiones que creí oportunas para su desistimiento, indicándole no llevase adelante su determinación hasta consultar tu dictamen.

Como creo que la conducta de este eclesiástico no tiene tacha, y por otra parte *contamos en la actualidad con muy pocos que hagan honor al cuerpo eclesiástico*, su pérdida sería sensible. Si tú puedes excogitar en tu ilustrado juicio un medio de hacerlo declinar en su resolución, dígnate indicármelo para proponérselo" (AEM, va 28, c 6-18, 6291-11).

[236] AGN, mg, c 1084

[237] Ibíd.

A despecho del abuso delatado en iglesias de otros territorios americanos, en donde el clero estaba estipendiado o tenía pingües asignaciones (especialmente durante el periodo colonial), en el Uruguay no superaba un nivel de inopia y vulgaridad.

Todos los sacerdotes en general y los extranjeros en particular (estos últimos arribados a las playas americanas con sueños de fortuna), se aplicaban con afán, dentro de su ministerio, a las actividades lucrativas, como celebrar misas de funeral, bendecir matrimonios, participar en los entierros[238], descuidando las que no brindaban beneficios monetarios, como la predicación obligatoria en la propia parroquia, la enseñanza del catecismo y la instrucción religiosa en general, las confesiones, etc.

Otros factores negativos

A tan desdichada desviación, culminación de una larga trayectoria, se había llegado por la *desatención no culpable* de los prelados anteriores (**Dámaso A. Larrañaga**, primer vicario apostólico, 1832-1848, por impedimento físico: ancianidad y ceguera; **Lorenzo Fernández**, segundo vicario apostólico, 1848-1852, por circunstancias políticas y otros motivos: la guerra grande y el sitio; **José Benito Lamas**, tercer vicario apostólico, 1854-1857, por falta de tiempo, problemas internos y la peste), *por no tener un seminario* en que se formara el clero, *por la excesiva afluencia de elementos extranjeros deficientes, por las prolongadas perturbaciones civiles, etc.*

En vista de este breve pero lastimoso cuadro, afluían de suyo las necesidades, que desatendidas como hasta el momento, traerían necesariamente el desaliento, la inacción y un reprensible y casi total atraso en la bondad y progreso del clero, y en el adelanto de la Iglesia nacional.

Soluciones para la formación del clero y un mejor servicio de los templos

*La **formación del clero*** podía conseguirse, según sugerencia del ministro de gobierno, de dos modos: o bien estableciendo un seminario, donde se diera la instrucción necesaria e indispensable a los ciudadanos que se dedicasen al sacerdocio; o bien

---

[238] El padre Cazorla durante la enfermedad del cura vicario Carlos Costanilla, estuvo trabajando en su iglesia; hizo algunos casamientos y entierros, "llevándose la mosca" (AEM, va 33, c 7-15, 6293-27).

enviando anualmente a educar al seminario americano de Roma cierto número de jóvenes.

Lo primero, que sería costoso, se estrellaría contra la falta de recursos suficientes y de profesores hábiles; lo segundo era más practicable porque, suponiendo que no se enviase a educar sino treinta alumnos, su educación, alimento y vestido, no costarían anualmente más de 3.000 patacones, aparte los gastos de transporte[239].

Esta segunda solución, que parecía más factible, quedará como un deseo piadoso en el papel, y en el año 1861, al volver el discurso del presidente sobre la necesidad de un seminario conciliar para la formación del clero, el portavoz de la masonería expresará su parecer diciendo que antes que ir a Roma sería mejor que se formasen en Buenos Aires o que se construyese un seminario en Montevideo[240].

¿Qué podía esperar, en efecto, la liberal sociedad uruguaya de una formación en el centro de la catolicidad?

También la Santa Sede, pero por razones bien disímiles, exigirá con insistencia perseverante la erección de un seminario conciliar en Montevideo. El redactor de *La Revista Católica* daba muestra de conocer las instrucciones dadas a la delegación apostólica de Paraná, cuando escribía: “El establecimiento de un seminario es tanto más urgente cuanto que sin él, no ha de arribarse a la perfecta organización de la Iglesia Oriental, constituyéndola en Obispado. Mientras no haya seminario, la Corte Romana ni celebrará concordato ni proveerá de obispo a la Iglesia Oriental; y a fe que le sobra razón”[241].

Para llenar los claros del clero nacional y detener el aflujo de elementos indeseables se proponía un medio, que consistía en proveer de fondos al vicariato para costear el pasaje de algunos sacerdotes de las varias diócesis de España, que reuniendo las cualidades indispensables para el ejercicio de su sagrado ministerio y del púlpito, contribuyesen a llenar las necesidades del culto nacional[242].

El modo de proveer, por último, a la reparación y construcción de templos, en opinión del provicario Fernández, era

---

[239] AGN, mg, c 1082

[240] Pr. O., febr. 23 de 1861

[241] Rev. C., jul. 14 de 1861

En el Uruguay no existía ningún seminario. Los que deseaban seguir la carrera eclesiástica podían cursar sus estudios privadamente bajo la dirección de algún sacerdote, rindiendo luego los exámenes y haciéndose ordenar por algún prelado; o bien podían formarse en los seminarios de los vecinos países.

[242] AGN, mg, c 1082

que se designase por la superioridad *un ramo fijo* de cuyo producto se atendiese con preferencia al culto, reclamando el celo de las juntas económico-administrativas[243].

El *deus ex machina* que sacaría del abismo a la Iglesia, estimulándola hacia el progreso y el adelanto sería exclusivamente, según los medios propuestos por ambas autoridades, el dinero del Estado patrono y protector.

¿Quién no advierte que éste sería el sistema más apropiado para supeditar la Iglesia al Estado, cayendo así en una peligrosa esclavitud?

¿Cómo se animaría, pues, la Iglesia tan bienintencionalmente sustentada, a oponerse a presiones indebidas e instancias extrañas de su munífico patrono? No se posibilitaría otro sendero, que el seguido con tanta ejemplaridad por el prelado Juan Domingo Fernández; pero esto era cabalmente lo que quería evitar resueltamente y a todo trance el Vicario Jacinto Vera, *dando una voz de alto a todo el que pretendiese constituirse juez y patrono en materia de jurisdicción eclesiástica*[244].

Situación religiosa del pueblo

La segunda parte del programa "***moralización del pueblo***" abría horizontes enormes a los ojos ansiosos e impacientes del nuevo prelado.

Si los pastores andaban errados, ¿acaso no se hallarían las ovejas inevitablemente extraviadas? Pretender lo contrario sería desconocer toda ley de solidaridad humana y sobre todo cristiana.

Una breve mirada retrospectiva diluirá la responsabilidad repartiendo la carga a lo largo de los años.

Once lustros habían transcurrido desde que había venido a las playas orientales para consagrar el nuevo tempo de la Matriz de Montevideo y hacer su visita pastoral a todos los pueblos de la Banda Oriental el obispo de Buenos Aires, don Benito Lué.

Desde entonces los prelados que le sucedieron en el gobierno dejaron de visitar la mayor parte de estas parroquias, sin duda por impedirlo las críticas circunstancias de los tiempos[245].

A principios de 1835, el vicario apostólico Dámaso A. Larrañaga invistió a los doctores Pedro Ignacio de Castro Barros, don Saturnino Allende y don José Vicente Agüero con todas las facultades

---

[243] Ibíd., c 1084

[244] Nac., mar 3 de 1859

[245] PONS, o.c., 90
ASV, ss ae, a 1860, R 283, 146

necesarias para el mejor desempeño de las misiones que debían predicar en todo el territorio nacional.

Pero éstas no se extendieron sino a una pequeña parte de los pueblos de la República; tuvieron, en efecto, que interrumpirse varias veces por los trastornos políticos de la época, y por último se suspendieron porque los mencionados sacerdotes fueron elegidos por el prelado para desempeñar cargos importantes en la Iglesia nacional[246].

Merecen, además, un recuerdo los trabajos apostólicos en el pueblo de San Salvador (Dolores) y en Salto Oriental, de los padres Bernardo Parés y Anastasio Calvo, de la Compañía de Jesús, a mediados de julio de 1841 y del conocido padre Francisco Ramón Cabré a principios del año 1842[247].

No debe extrañar, por tanto la corrupción en que se hallaban las poblaciones de la campaña, debido a este abandono.

Vera, en sus cartas a Roma, hablará del vicio y de la corrupción que dominan los pueblos del interior[248] y del casi extinguido sentimiento religioso por las prolongadas y desastrosas convulsiones políticas que habían dilacerado la campaña[249].

Marini, como ya se notó anteriormente, observaba que la indiferencia religiosa se estaba infiltrando hasta en las clases más humildes por la difusión de la masonería[250].

En marzo de 1861 *La Revista Católica*, al hablar de las labores pastorales del presbítero Santiago Estrázulas y Lamas, describía la situación religiosa de la ciudad de Salto afirmando que era tanta la falta de conocimientos religiosos y cristianos en los fieles, que asombraba.

Los del campo que iban a la ciudad para casarse no tenían en general instrucción ninguna e ignoraban lo necesario para recibir los santos sacramentos. Se bautizaba igual número de hijos naturales que legítimos.

Pero, en un país católico como el nuestro –se preguntaba la citada publicación-, ¿no avergüenza? Culpamos esos descuidos a los curas anteriores que han desatendido a su ministerio, dando por resultado lo que ahora lamentamos" [251].

Ni la memoria del ministro de relaciones exteriores Antonio de las Carreras, ni la respuesta de Juan D. Fernández examinaban la

---

[246] PONS, o. c., 88-89

[247] Ibíd.

[248] ASV, ss ae, a 1860, R 283, 146

[249] Ibíd., a 1861, R 283, 177

[250] Ibíd., a 1860, R 251, 53v-54

[251] Rev. C., mar. 10 de 1861

situación religiosa de la población con su harto conocidas necesidades y *su deplorable estado*[252], pero la conciencia general del pueblo se encargaba de mantener despierta la inquietud.

Un periódico de la capital, reflejo fiel de esta conciencia, exponía como en síntesis las reformas que debía emprender el futuro prelado.

Se sentía, en primer lugar, una imperiosa necesidad de reformar todos aquellos curatos de los departamentos del interior que no estaban atendidos con todo el celo apostólico requerido. No hacía falta hacer un largo viaje por la campaña para comprender la urgencia de esa reforma, bastaban sólo unos días.

El sacerdote destinado para ocupar la primera dignidad de la Iglesia, debía ser, vulgarmente hablando, una persona que abandonando todas las comodidades de la vida, supiese montar a caballo, y recorrer uno por uno todos los curatos abandonados hasta ese momento y lejos de toda vigilancia.

Había millares de niños esparcidos por esos departamentos que carecían hasta de los primeros conocimientos de la religión. Cientos de personas de ambos sexos vivían unidas como si fuese en matrimonio, y sin embargo les faltaba a esas uniones todo carácter de legalidad y de moral, ocasionando miles de escándalos y pleitos inmorales[253].

Consejos al nuevo prelado

De estas y de muchas otras fuentes, además de su larga experiencia pastoral, se habrá informado el padre Vera de la asombrosa tarea que le esperaba al alcanzar la prelacía de aquella iglesia tan depauperizada en lo espiritual y material.

Buena voluntad y dinamismo apostólico le sobraban. Había aceptado el cargo sólo animado de la esperanza de remediar algunos de los males que afligían a su desgraciado país[254].

Ahora debía planear inteligentemente, y estableciendo en su calendario reformador fechas y etapas prioritarias, sopesar la gravedad y urgencia de los males para aplicarles en tiempos convenientes y con prudencia una medicina eficaz.

No sin especial providencia del Señor había trabajado tantos años fuera de la capital y experimentado el doloroso *via crucis* antes de que se impusiese su nombramiento.

---

[252] ASV, ss ae, a 1860, R 283, 109v
[253] Nac., mar. 14 de 1859
[254] ASV, Ibíd., 138v

Aquella vida y hechos, con todo lo que suponían, le daban un conocimiento anticipado de lo que convenía hacer a su tiempo, y de las personas aptas para cooperar a la salvación de las almas.

El padre Sató que conocía un poco ese terreno más que quebrado, y en el que sin vista muy sutil y aguda no era fácil divisar los caminos, lo prevenía que sin ese conocimiento práctico no podía hacer mucho bien quien tenía la obligación de dirigir a otros, y convenía acordarse siempre que no las palabras de las personas, sino sus acciones demuestran lo que son y para qué pueden servir[255].

Marini por sí y por Ereño no le escatimaba buenos consejos. El delegado convenía con el párroco de Concepción del Uruguay en que Vera, al tomar posesión del vicariato, **se moviera al principio con paso lento y no se precipitara en hacer muchas reformas**, aunque ellas fueran necesarias, esperando una proporción que le fuera más favorable.

El diplomático pontificio, sabiendo que sus comunicaciones tardarían más, por estar más distante, rogaba al protonotario apostólico para que le trasmitiese sus buenos consejos, seguro de que serían bien atendidos[256].

Obedeciendo a éste, con fecha 12 de noviembre de 1859, le decía que **fuera con prudencia en las vías de reformar**, es decir que, como los de la oposición tenían algún punto de apoyo en la administración Pereira, sería imprescindible que se procediese con cautela y reserva, hasta ver una administración más perfecta y más adicta, como sería a no dudarlo la del 1° de marzo.

Era preciso considerar que los reformandos, a quienes la reforma llegase, recurrirían a la autoridad civil y hallarían apoyo en la misma; se originaría así un conflicto entre ambas autoridades y esto era preciso evitarlo a todo trance.

Con la administración entrante, Ereño tenía la confianza de que la autoridad eclesiástica podría obrar con libertad en la órbita de sus atribuciones[257].

Vera, de la misma manera que su orientador y amigo confiaba ciegamente en la administración del 1° de marzo, sin sospechar aun lejanamente que aquélla sería una de las más peligrosas para la Iglesia oriental.

Este error de valoración y perspectiva se pagaría a duro precio.

El arzobispo de Palmira que admiraba las virtudes de su favorito, pero que no subestimaba su carácter y sus modales, y

---

[255] AEM, va 20, c 5-3, 6272-10

[256] Ibíd., 6272-16

[257] Ibíd., 6272-15

además, la desconfianza y prevención hacia su persona, alimentadas por el enojoso asunto del primer nombramiento, en una carta confidencial le trazaba con tacto y perspicacia las líneas esenciales que debían encauzarlo y orientarlo como gobernador eclesiástico.

Le manifestaba que la justa causa tan tenazmente defendida, por fin había triunfado; lo que importaba en aquel momento, era saber aprovechar de la victoria, y esto consistía en **gobernar con prudencia** esa iglesia, haciendo ver de ese modo, aun a aquellos que habían hecho tanta oposición al nombramiento, que éste había sido muy acertado, y que no hubiera podido hacerse otro mejor.

Teniendo Marini tanto interés en que el gobierno de Vera fuera acertado en todo, se permitía decirle que era muy conveniente **andar con paso lento y firme**, y **atraerse las voluntades de todos**, en cuanto le fuera posible, sin faltar al deber y a la dignidad con que había sido investido.

Aunque no ignoraba que en ese vicariato había necesidad de ***muchas reformas***, sin embargo, creía que, para que tuviesen ellas su efecto, no debían hacerse con precipitación, empezando más bien siempre por suaves amonestaciones.

El delegado hubiera sentido mucho que los enemigos del nuevo vicario atribuyesen dichas reformas *a* ***espíritu de intolerancia y venganza.***

Para conseguir lo que llevaba indicado, era menester que el nuevo prelado se rodeara de personas de buenos antecedentes y capacidad, y que no sólo mereciesen su confianza sino también la del público; no pudiendo Vera verlo y hacerlo todo por sí mismo, debía valerse de otros que lo ayudasen con fidelidad. De no ser así, las faltas de pura malicia o ineptitud de éstos vendrían a recaer sobre él, a pesar de su buena voluntad.

Concluía rogándole, que si en algo podía coadyuvarlo, que lo ocupara sin más, porque a la vez que tendría con ello mucho placer, cumpliría también con sus compromisos[258].

Desafortunadamente, como ya se observó, **el representante de la Santa Sede nunca llegó a ser el confidente del prelado montevideano** quedando relegado al rango de funcionario diplomático más bien no grato y del que no se podía prescindir.

Formación de la nueva curia y juicio sobre sus integrantes

Pasando por alto los infundados motivos de esa clasificación, el nuncio, por intermedio del amigo Ereño, le hacía saber al Vicario

[258] Ibíd., 6272-21

Apostólico Vera que extrañaba mucho su silencio y que era necesario que le escribiese[259].

Con todo la selección estaba hecha y el número de preferidos, cerrado. A los ya repetidamente nombrados: Ereño, Eyzaguirre, Sató y otros jesuitas, se agregaban algunos eclesiásticos integrantes, la mayoría de ellos, de la nueva curia, y además, el incomparable laico Joaquín Requena, que será también a la vez, exceptuando un breve período de desinteligencia, el informador oficial de la delegación apostólica de Paraná.

A este último Vera, el 30 de octubre, en el fervor de la lucha para la aceptación de su nombramiento y contra la calumnia de Castro Veiga, le agradecía infinitamente el interés y mucho más la decisión a favor de las disposiciones pontificias relativas a su persona.

Le comunicaba que el día antes había hablado con el Dr. Don Victoriano A. Conde sobre el provisorato y que estaba conforme en aceptarlo, y asimismo sobre la fiscalía, que recaería en la persona del Dr. Francisco Mayesté.

Terminaba lacónicamente diciéndole: "Creo que Usted aprobará como yo estos dos Señores, para los destinos indicados"[260].

A los dos días de su reconocimiento oficial, proponía a la aprobación del Gobierno, en la persona del ministro secretario de Estado en los departamentos de guerra y marina, los nuevos funcionarios eclesiásticos, encabezando los nombramientos con una afirmación de principio, que dejaba claramente indicado el alcance jurídico de esa aprobación por parte del poder civil.

Se afirmaba que era una de las más especiales atribuciones del Vicario Apostólico del Estado el nombrar todos los oficiales de la curia, que tuviesen que desempeñar en ella los diversos cargos, *los cuales eran todos interinarios y por consiguiente amovibles*[261].

Deputaba, por ende, para provisor y vicario general al Dr. Cura de la villa de la Unión don Victoriano Conde, nombrando para reemplazarle en el curato al presbítero Dr. Antonio María Castro; para fiscal eclesiástico general al cura de Florida Dr. don Francisco Mayesté y en la vacancia de aquel curato al presbítero don José Letamendi; para secretario al cura vicario de San José don Francisco Castelló, reemplazándolo en el curato el presbítero natural de la República don Manuel Madruga; para notario eclesiástico al escribano público don Estanislao Pérez, quedando en su buena reputación el cesante don Policarpo Ahumada; para el curato de

---

[259] Ibíd., 6272-18
[260] AyB pba, Ibíd.
[261] AGN, mg, c 1105

Canelones al presbítero natural de la República don Esteban de León[262].

Frente a esta primera decisión gubernamental, y a la selección de colaboradores por parte del prelado –cuyo juicio, para ser positivo, debía basarse en los buenos antecedentes y capacidad-, ¿que opinión puede arriesgar el estudioso, más favorecido de dicho actuante por conocer no sólo los antecedentes sino también la conducta posterior de estos mismos sujetos?

Globalmente no puede ser sino positiva, y a la luz de un examen individual, con todos los elementos a disposición, puede resultar matizada como sigue.

El provisor y vicario general, Dr. Don Victoriano A. Conde, indicado por Marini como probable candidato para el vicariato, era indudablemente el segundo eclesiástico en la escala de preferencias, aventajando a su émulo en la formación y capacidad intelectual, pero desmereciendo frente al mismo por su debilidad de carácter; con todo, respaldado y sostenido por su superior, podía ocupar más holgadamente que nadie aquel puesto.

La defección en el destierro de Buenos Aires, aun sin ser del todo previsible, no podía prudentemente ser descartada al connotar su carácter de inestable.

El Dr. Francisco Mayesté, único con antecedentes poco honoríficos, era sin lugar a duda, juntamente con el Dr. Antonio María Castro, el hombre más preparado para hacerse cargo de la fiscalía.

Si fue escogido el primero y no el segundo, habrá sido, quizás, para privar a la oposición de su oculto cerebro.

Bajo el gobierno de José Benito Lamas, el ex jesuita español había llevado una guerra sutil pero implacable a la curia, por haber sido desatendido en su pedido de integrarla.

Años atrás, había sido profesor de Vera en el colegio de Buenos Aires. Siempre maquiavélico en su proceder, se presentaba como el clásico prototipo de la oposición.

En 1841, durante la persecución de Rosas contra los jesuitas residentes en Argentina, se había profesado francamente federal y amigo del tirano, anteponiendo los intereses de éste a los de la Compañía y aun a los de la Iglesia. Habiendo ya antes protestado simuladamente su adhesión al dictador, apenas disuelto el colegio, había tenido el valor de presentarse y prestarle sus servicios, que no los rehusó por cierto.

Ni hay que decir lo dañoso que podía ser en aquellas circunstancias a sus hermanos aquel aliado de sus enemigos, bastante

---

[262] Ibíd.

disimulado aún, de quien Rosas se valía para espiar la conducta de los demás y para informarse de sus planes y disposiciones que recibía de su superior[263].

Cuando el padre Berdugo se disponía a enviarle la carta en que se le declaraba incurso en las censuras a raíz de los muchos escándalos dados, éste le pedía la dimisoria. Dudoso el superior, al fin se la concedió escribiéndole: "Tengo el sentimiento de acceder al último favor que espera de mí, enviándole la dimisoria que me pide como único medio de evitar escándalos. En el tribunal de Dios verá si era este el único u otros los medios de evitar los escándalos, y si son tantos o mayores los sacrificios que dice ha hecho por su vocación, o por la estima del mundo. Adiós, P. Mayesté, adiós, adiós: viva feliz fuera de la Compañía de Jesús"[264].

Con un pasado próximo y remoto tan poco honroso, el celebérrimo orador sagrado, amigo de liberales y masones, integraba la curia, cuyo cometido era la reforma integral *in toto, a capite ad pedes*.

El nombramiento de secretario en la persona del anciano ex franciscano español Francisco Castelló, y de notario eclesiástico en el escribano público Estanislao Pérez, no sugería reparos, por ser las dos personas responsables y muy adictas a la causa.

Aun en la hipótesis de una diversa composición en el gobierno central eclesiástico, difícilmente se hubiesen registrado cambios sustanciales en el posterior desarrollo de los acontecimientos.

Reforma de algunos curatos

Contemporáneamente a la formación de la curia, el Vicario Apostólico se abocaba a la reforma de los curatos.

El mismo día (16 de diciembre), pues, comunicaba al Gobierno el *cese* en el cargo de cura vicario foráneo de la iglesia de Colonia del presbítero Santiago Mamberto, de nacionalidad italiana, siendo "completamente inepto para el desempeño de todo Curato"[265].

Por esta razón y por otras muy especiales de que estaba en posesión, debía dejar dicho curato que desempeñaba interinamente o en calidad de "en comisión", reemplazándolo el teniente cura de Canelones, Manuel Francés. Vera obraba así porque creía un deber suyo, el más sagrado y de conciencia, el colocar al frente de las parroquias a sacerdotes distinguidos por su moralidad y saber. Ellos

---

[263] PEREZ, o.c., 237
[264] Ibíd., 278
[265] AGN, mg, c 1105

eran los que debían guiar las almas por el camino de la salvación, y esas cualidades eran aún más necesarias en los curas de campaña, por falta de ilustración en sus habitantes[266].

Pocos días después, anulaba una disposición del provicario Fernández, que con fecha 29 de noviembre de 1859 había exonerado del curato de Durazno al presbítero Antonio Guerrero, en consideración de la enfermedad habitual y crónica de que adolecía[267].

Vera, sorprendido por esa disposición, deponía al reemplazante Pedro Irazusta, que no reunía las circunstancias ni los méritos del anciano Guerrero. Siendo éste un sacerdote esencialmente moral y habiendo servido con desinterés los curatos de Salto y Durazno por el especio de 19 años, era colocado nuevamente en su lugar[268].

Prosiguiendo en la ingrata pero necesaria labor de depuración, el 20 de marzo de 1860 le comunicaba al ministro interino de gobierno y relaciones exteriores, Carlos Carvallo, que había creído de su deber hacer cesar en las funciones de cura del Cerro al presbítero Juan Bautista Cúneo, por su proceder nada digno.

Impuesto, además, de la informalidad con que había sido erigida dicha parroquia, asignándosele una jurisdicción que carecía de la congrua suficiente y de una iglesia donde se celebrasen, con la correspondiente decencia, los actos parroquiales y del culto, había encargado el cuidado espiritual de los fieles a los diferentes curas a quienes pertenecía antes esa fracción de terreno, mientras no se erigiese canónicamente, de acuerdo con el gobierno, la expresada parroquia[269].

El poder ejecutivo, al imponerse con sentimiento de la destitución de que se daba cuenta, esperaba que las medidas adoptadas no asumirían otro carácter que el de provisorias, hasta que instruido de los antecedentes relativos, pudiese prestarles su aprobación, si las creyere convenientes[270].

Diversa interpretación dada por Vera y Berro sobre el alcance del derecho de patronato

La nueva administración Berro del 1° de marzo, acogida con íntima satisfacción por Vera, como realización de una esperanza casi mesiánica, y por cuya conservación elevaba sus votos al Ser Supremo,

---

[266] Ibíd.
[267] Ibíd., c 1104
[268] Ibíd:, c 1105
[269] Ibíd., c 1108
[270] Ibíd.

rogándole que la iluminase y ayudase[271], distaba mucho de querer conformarse con un simple papel de observadora y ciega confirmadora de decisiones vicariales en los asuntos eclesiásticos. En base al derecho de patronato, que el Presidente ejercía por la constitución y cuya observancia, en su forma más extensa y explícita, había jurado solemnemente el Vicario Vera el día de su investidura, y en base a la práctica vigente desde el año 30 en la República Oriental, la administración Berro estaba convencida que le competía una intervención directa en los mismos.

Por su parte el nuevo Vicario no negaba abiertamente el derecho de patronato; le disputaba al gobierno únicamente esa extensión exorbitante y anticanónica, practicada bajo sus predecesores, cuando anteponía en documentos oficiales cláusulas como ésta: "*siendo todos estos cargos* –de la curia y de las parroquias en el vicariato de la república- *interinarios y por consiguiente amovibles*" y por tanto de exclusiva competencia de la autoridad religiosa.

Tanto Larrañaga, como Lorenzo Fernández y Lamas, cuyas convicciones sobre este tópico se diversificaban en algo de las de Vera, antes de tomar cualquiera resolución, solicitaban infaltablemente la anuencia del patrono de la Iglesia nacional, que, en el caso del Vicario **Larrañaga**, **por su personalidad veneranda pero demasiado condescendiente,** quizás, en la manera de llevar los negocios, difícilmente se la negaba; mientras que **con los otros vicarios**, para poder conservar en un clima de equilibrio personal esa difícil armonía, **se había sacrificado no poco de la independencia de la iglesia.**

Contra este estado de cosas, **Vera** en su interior, **había jurado luchar**, dando una voz de alto a todo el que quisiere entrometerse con arriesgada osadía en materia de jurisdicción estrictamente eclesiástica.

Era por eso que el 24 de julio de 1860 el Provisor y Vicario General Conde, por disposición del Vicario, *ponía simplemente en conocimiento* del ministro de gobierno y relaciones exteriores que con esa fecha se había expedido a favor de Luis Mancini el título de coadjutor en el desempeño de la administración de la iglesia parroquial de San Carlos, en atención a la avanzada edad del cura vicario de dicha parroquia, Angel Singla[272].

Si la curia había decidido terminantemente defender lo que entendía ser prerrogativa exclusiva suya, **la presidencia de la**

---

[271] Ibíd.

[272] Ibíd., c 1114

Republica no pensaba apartarse ni en un ápice de *lo tradicional* en ese campo.

Eduardo Acevedo, pues, contestaba que se aprobaba la propuesta a favor del presbítero Luis Mancini para el destino expresado; se prevenía, sin embargo, al vicario que en lo sucesivo, y antes de practicarse una provisión cualquiera, se sirviese proponerla a la aprobación del poder ejecutivo, conforme a las leyes vigentes, y a su calidad de patrono de la Iglesia nacional[273].

Con todo respeto y diplomacia, Conde en contestación le advertía al ministro que se había apresurado a transmitir esa prevención al Vicario, que se encontraba misionando en el interior del país, a cuyo ilustrado y prudente juicio competía resolver el particular en virtud de sus altas facultades como prelado de la Iglesia nacional[274].

A Vera, mientras le aseguraba que no quería separase de las prescripciones canónicas y no contrariar sus vistas que creía muy conformes y equitativas, le escribía que a su regreso a ésa, tratase de solicitar una conferencia con el Gobierno, para deslindar las atribuciones de ambas potestades, pues de otra manera se continuaría en esa senda peligrosa y tácticamente equivocada, y eso les traería disgustos[275].

La sugerencia era muy atinada y la previsión muy cierta; pero todo quedó en la nada, disipándose momentáneamente los nubarrones de la tormenta.

Ejercicios espirituales para el clero

Al acometer la reforma de los curatos, Vera había asumido valientemente la incumbencia más triste. Así opinaba Bernardo Parés s. j., que, entre varias reflexiones, le preguntaba qué podía hacer para dar curas a tantas parroquias que estaban clamando y culpando al prelado, porque no tenían quién les administrara los sacramentos.

Si los tenían eran unos *mercenarios,* que negociaban con el sagrado ministerio y tal vez *hombres de vida escandalosa.* ¿No fuera mejor sufrir los clamores e inculpaciones del pueblo antes que mandarle lobos en lugar de pastores? "Este es el lado por donde tendrá Usted más que sufrir –le anunciaba con una intuición que parecía profética-. Los pueblos desecharán a los buenos y pedirán los que el Prelado sabe ser indignísimos. *Es mal ya viejo en ese Estado*, el

[273] Ibíd.
[274] Ibíd.
[275] AEM, va 28, c 6-18, 6291-16

valerse los malos eclesiásticos de la ignorancia y también de la malicia del pueblo para suplantar a los buenos"[276].

Como discípulo y *agente* de los jesuitas, Vera sabía perfectamente que lo de ahuyentar los lobos o sacar los escombros del templo de Dios señalaba tan sólo un paso previo en la marcha hacia la reforma.

Juzgaba que no había nada mejor para que sus sacerdotes se despojaran de los hábitos de mercenarios y retomasen conciencia de su misión de pastores, que unos ejercicios espirituales.

A un mes exacto de su reconocimiento oficial, quemando las etapas, solicitaba del obispo de Buenos Aires que le enviara un sacerdote de la congregación del Corazón de Jesús (bayoneses franceses), que sabía muy a propósito para la dirección de ejercicios espirituales para el clero.

Hubiera sido de su preferencia un padre de la Compañía, pero con lo que había sucedido a principios de 1859 con esos mismos dirigentes políticos, la preferencia no parecía plausible[277].

Mons. Mariano, con fecha 20 de enero de 1860, le comunicaba que el sacerdote indicado, impuesto del objeto para el que había sido llamado, le había manifestado que no se animaba a llenarlo. No poseía, en efecto, el idioma con perfección, y el tiempo era tan breve que no le daba lugar a prepararse para dirigir la palabra a sacerdotes cuya ilustración y carácter no podía menos que respetar, y por otras razones que no podían desatenderse.

Conociéndose, sin embargo, que tenía un espíritu semejante al del finado Ramón Cabré, el obispo instó con algunas reflexiones para animarlo. A lo que respondió que consultaría a su superior.

Realizada la consulta, estaba dispuesto a ir a Montevideo, respetando así su interposición[278].

El 25 de enero el Padre Simón Guimón de la congregación de los misioneros franceses, animado de la mejor buena voluntad, se embarcaba para Montevideo, para prestar a ese vicariato un importante servicio, del que carecía hacía muchos años el clero oriental.

Designados dichos ejercicios para el día 23 de enero, parece que se iniciaron el 29 en la antigua casa de Ejercicios[279], puesta a

---

[276] Ibíd., va 20, c 5-4, 6271-6

[277] PONS, o.c., 83-84

[278] AEM, va, c 5-4, 6271-5

[279] Arrebatada, como se sabe, a los jesuitas y convertida en centro de estudios superiores.

disposición del Vicario, que se la había pedido al ministro Antonio Díaz, por espacio de nueve días[280].

La participación del clero debe haber sido numerosa y satisfactoria ya que mons. Vera en una carta confidencial al Papa, le manifestaba que todos los sacerdotes habían estado prontos a obedecer a esa disposición[281], no obstante la novedad de la cosa; y los frutos no despreciables, pues el mismo Vicario podía constatar en el quinto día, que todos estaban con mucho recogimiento y contentos, y que se había establecido la cordialidad entre los individuos enemistados del clero. Efectivamente, Estrázulas, Brid, Pérez, Chantre y otros se habían vuelto otra vez amigos.

Todos, además, estaban muy satisfechos con el padre Simón. En base a esto parecía que el porvenir de la Iglesia oriental debía ser muy otro[282].

Era indudable que, si bien ese espectáculo emocionante no podía dejar de alterar el juicio sereno y objetivo de cualquiera, sobre todo con respecto al porvenir, dicho curso de ejercicios permanecería como un precedente de mucha valía, en el ámbito personal y comunitario, hacia una superación del clero nacional y extranjero.

Con esta alborada esperanzada no es que se hubiese disipado enteramente la oposición, ni que se hubiesen desvanecido por completo los malos ejemplos y escándalos en el ambiente clerical.

No siendo propio de la naturaleza hacer saltos, la reforma, particularmente entre los eclesiásticos de la capital, para llegar a una fructificación de obras e ideales ajustados al nuevo período de transformación que se quería instaurar, hubiera necesitado la presencia inteligente y animadora del reformador, pero éste ya había proyectado, para después de las solemnidades pascuales, unas misiones en el interior del país.

A tal efecto había implorado del religioso padre Diego Barbé, residente en Buenos Aires, el auxilio de uno o dos sacerdotes de su congregación. En contestación, el 7 de abril, ese superior respondía: "Tengo el pesar de decir a V. S. que no me es posible darle satisfacción, como lo hubiese querido"[283].

Igual negativa recibían los pedidos de tener a unos sacerdotes de esa congregación en Montevideo, y de fundar allí un colegio dirigido por los mismos[284].

---

280 AGN, mg, c 1106

281 PONS, c.c., 84

282 AEM, va 33, c 7-11, 6296-33

283 Ibíd., va 20, c 5-4, 62-71-13

284 Ibíd.

Misiones para el pueblo

No por esto se desalentó mons. Vera, no siendo un hombre que se dejase vencer por las dificultades.

Había programado unas misiones y éstas se darían, porque la necesidad de **moralizar al pueblo** era tan vital y conocida, que al no prestarle al momento la debida atención se cometería, a juicio de su conciencia, un crimen imperdonable.

Su vida en la ciudad, además, encerrada en una oficina, dirigiendo los asuntos del vicariato, debía darle la impresión de un fastidioso malestar y auténtico ahogo.

Más apóstol que gobernante, cedió, quizás, prematuramente al grito de la campaña, sin intuir la igual o mayor urgencia de su labor orientadora en la capital, en donde la intelectualidad y burguesía, *involucradas en un poderoso movimiento racionalista y liberal*, creaban un frente cada vez más anticatólico y antirreligioso, y los *garibaldinos,* adalides de la unidad italiana, difundían el descrédito y la aversión hacia el Papa y el clero.

Siendo una necesidad de los pueblos y un deber de los prelados la visita eclesiástica en las iglesias existentes en la jurisdicción de su cargo, el Vicario informaba, con una comunicación oficial al Gobierno, que el día 25 de abril daría principio al desempeño de ese deber, quedando encargado del vicariato el provisor y vicario general Conde[285].

En mérito de esta participación, la autoridad civil dirigía una circular a los jefes políticos de los departamentos de Canelones, Durazno, Florida, Cerro Largo, para que prestasen al prelado pastor todos los auxilios que pudiera necesitar en su tránsito[286].

Al regreso de su larga gira, Vera le hará notar al ministro de gobierno las distinciones que le habían dispensado las autoridades de todos los pueblos que había recorrido. Estas habían sido siempre las primeras en contribuir y facilitar el éxito de la misión[287].

---

[285] AGN, mg, c 1109

[286] Ibíd.

[287] Ibíd.

Martín García de Zúñiga, sabedor de los recomendables deseos que animaban al Vicario Apostólico de dar una misión por los pueblos del interior, le proporcionó los medios y recursos para llevar a cabo esa grandiosa empresa, costeando de su bolsillo los gastos de la misión, y queriendo probar así en los últimos días de su vida la nobleza de sus sentimientos y sus convicciones religiosas (Rev. C., agos. 16 de 1860).

Inicio de la primera misión

El 25 de abril, por tanto, el impaciente prelado salía de Montevideo, con dirección a Durazno, acompañado de los presbíteros José Letamendi, Inocencio Yéregui –que fue su inmediato sucesor en el obispado de Montevideo- y Esteban de León.

El miércoles 9 de mayo ya se había concluido la primera misión en la villa de Durazno, pero habían sido tantas las confesiones y las cosas de conciencia para arreglar, que se tuvo que prolongar la permanencia hasta el lunes 14.

En ese día los misioneros pensaban salir para Porongos, muy contentos por el indecible fruto recogido en ese pueblo[288].

Vera le escribía a su secretario Castelló: "El lunes, Dios mediante, salgo para Porongos muy satisfecho por los buenos resultados de la misión en este pueblo. Ha sido grande la concurrencia y sumamente pesado el confesionario, crecido ha sido el número de confesiones. Se han arreglado muchos mal casados y hoy Durazno es un pueblo edificante"[289].

El horario a que se sometían era verdaderamente agotador, empezando sus trabajos a las cinco de la mañana y concluyéndose a

---

Este óptimo católico el 8 de mayo de 1860 caía gravemente enfermo, recibiendo el santo viático: parecía que su término no estaba muy lejos.

Se alivió, sin embargo, un poco de su terrible enfermedad y en los momentos de lucidez mental preguntaba siempre algo sobre mons. Vera y principalmente deseaba saber que tal le había ido de caballos, peones y demás adherentes a las caminatas. "No deje de decirme algo a este respecto –le suplicaba Castelló a Mons. Vera el 19 de mayo de 1860-, que él se alegrará muchísimo al saber que han surtido buen efecto sus disposiciones" (AEM, va 33, c 7-15, 6293-2).

"Debió, ser en su primera gira, la más larga de todas, que duró nueve meses sin interrupción y visitó cinco departamentos, que Don Jacinto alquiló para todo el tiempo un carruaje y un carretón, con una tropilla de caballos y dos mayorales que llevó siempre consigo, sirviendo el carretón de despensa en las poblaciones, o descampado, a falta de cosa mejor" (SALLABERRY, Actividades..., 7).

Esta afirmación de Sallaberry debe entenderse y esclarecerse con lo dicho más arriba.

[288] AyB pba, Ibíd.

[289] AEM, va 33, c 7-10, 6379-1

las once y media de la noche, sin tener muchas veces el tiempo para comer[290].

La primera impresión general, participada en carta a los diversos amigos, era que esa gente era buena y dócil recibiendo aquellas fatigas apostólicas con sumisión religiosa.

Mientras el secretario imponía a Vera con mucha regularidad del acontecer diario capitalino y del trabajo oficinista de la curia, enviándole con prontitud lo que necesitaba –como cálices, vinajeras, misales, libros, ropa, etc.-, el provisor, oprimido por el papeleo y agobiado por las visitas, entrevistas y discusiones, el todo originado por el conflicto franciscano, le pedía consejos, dándole escrupulosa cuenta del giro que iba tomando ese asunto cada vez más enredado.

Desde Florida, el 20 de junio de 1860, primer día en que habían podido respirar algo, se comunicaba que el fruto en lo espiritual había sido copioso, aventajando ya a los demás pueblos en que se había misionado.

Parecía que Dios estaba bendiciendo largamente los trabajos de esos siervos que se consideraban inútiles. En los días anteriores no habían tenido lugar para nada. Todo el día, en efecto, y gran parte de la noche habían estado ocupados en desempeñar su ministerio apostólico.

Pero, con todo, lo hacían con gusto y soportaban las molestias con satisfacción, en presencia de la buena voluntad de los pobres paisanos de campaña[291].

---

[290] Rev. C., nov. 8 de 1860

Hacia principios de junio el ardoroso misionero tuvo una dolorosa caída de caballo, lastimándose seriamente una pierna. El secretario, sintiendo mucho su caída, le recomendaba que tuviese cuidado con las piernas que solían ser delicadas sobre todo en tiempo de frío. En tono de broma le agregaba que si quería ejercitarse en el oficio de saltar, que le avisara sin más, porque en Montevideo estaban construyendo un circo para una compañía de saltimbanquis, y no le sería dificultoso buscarle una colocación en dicha compañía (AEM, va 33, c 7-15, 6293-7).

Aquella dolencia, que no era ciertamente para chancear, no obstante las atenciones de un médico, lo obligó a cojear por espacio de casi dos meses, declinando una neta mejoría sólo hacia fines de agosto (Ibíd., c 7-10, 6379-5).

Pero esa mejoría no fue tan neta, volviendo a molestarlo la dolencia en los meses siguientes. El 26 de noviembre, en efecto, Inocencio Yéregui informaba a los amigos que el vicario estaba muy animado "aunque su pierna siempre no buena" (Ibíd., 6380-3).

[291] AEM, va 33, c 7-10, 6379-2

Voces para que Vera interrumpa la misión

Al coronar así felizmente sus fatigas misioneras en el segundo departamento de la República, hubiera sido deseo de los amigos de la capital que volviesen, interrumpiendo, aunque fuese por breve tiempo, aquella laudable actividad.

Los motivos sobraban: la enfermedad de Vera, el frío del invierno, el cansancio de Letamendi, Yéregui y de León, sometidos por primera vez a un ritmo extenuante, los asuntos pendientes y graves de Montevideo, en donde Conde y Castelló, novatos en ese género de cosas, se habían hallado improvisamente solos frente a la endiablada problemática del escandaloso asunto franciscano, y demás negocios del vicariato.

"Vengase pronto para acá –le escribía Castelló ya el 9 de junio-, porque si se demora mucho va a resabiar a los compañeros, y otras vez le ha de costar sacarlos de sus casillas"[292].

Por confesión del mismo Vera, se sabe que el frente de oposición a la prosecución de su incansable campaña moralizadora se había duplicado, estando sus mismos ayudantes decididos a retirarse. "Estamos en lo reñido del combate –anotaba el 17 de julio- y la victoria dudosa, porque los soldados... parece quieren imitar la conducta del veterano desertor"[293].

Con una insistencia profundamente humana, Castelló le contestaba que no le parecía bien lo que decía de su gente, pues esos hombres no eran de fierro y de ese modo los iba a resabiar, quitándoles toda gana de seguir acompañándole[294].

"Vengase de ahí -le suplicaba- y déjese de cuentos; que a la primavera hace mejor tiempo para viajar"[295].

Pero el jefe de la expedición, entusiasmado y apasionado, no se convencía con esas razones y por consiguiente determinaba que la caravana se prolongara por tiempo indeterminado.

Las voces para que desistiera se tornaban cada día más fuertes y persuasivas. El provisor Conde, haciendo fuerza en la argumentación de la pierna enferma, le escribía: "Tú me dices que sigues mejor de ella, y, entretanto, cuantos vienen de ahí me informan de lo contrario. Todos están contestes en decirme: -El Señor Vicario dice que va mejor, pero yo (dice cada uno) creo que no es así por lo que veo. Por consiguiente es preciso persuadirse que ese género de

---

[292] Ibíd., c 7-15, 6293-7
[293] Ibíd., c 7-10, 6379-3
[294] Ibíd., c 7-15, 6293-10
[295] Ibíd.

enfermedades ni es de chanza. Su morosidad en curar, el frío que atravesamos, y otras mil concausas pueden reagravarte, y este inconveniente podría superarse, suspendiendo por algunos días la misión, para retirarte a la capital, y proseguir tu cura con reposo y tranquilidad. Este es el consejo de un amigo que te quiere, y no debes desoírlo"[296].

Todo fue inútil, estrellándose estas súplicas como las siguientes más apremiantes y justificadas contra la terminante resolución de incursionar en el departamento de San José.

Dejaban a sus espaldas, en la convicción de Vera, un monumento espiritual más perenne que el bronce, elevado en las almas de miles de fieles.

Primeros datos estadísticos en los departamentos de Durazno y Florida

Algunos datos materializarán los prodigios incalculables de aquella inusitada experiencia realizada en las villas de Durazno, Santísima Trinidad (Porongos) y Florida.

En dos meses se habían dado tres misiones en el territorio de los departamentos de Durazno, y Florida. En las tres poblaciones citadas, 5.850 (cifra más bien aproximativa) personas de ambos sexos habían recibido los sacramentos de la penitencia y eucaristía. A más de 4.000 párvulos y adultos se había administrado el santo sacramento de la confirmación.

Se habían celebrado gratis 112 (cifra exacta) matrimonios de personas que vivían escandalosamente en públicos amancebamientos[297].

El Vicario Apostólico, entre la admiración de muchos y la alegría de los interesados, lejos de permitir se percibiesen los derechos parroquiales establecidos en esos matrimonios, había suplido a los que no se hallaban en posición de hacer los gastos que siempre se originan en esos casos, contribuyendo a llenar muchas necesidades.

Se asestaba así un golpe mortal la *mercenarismo* clerical imperante, que tantas uniones matrimoniales ilegítimas estaba causando, ofreciendo Vera un ejemplo de rara generosidad y desprendimiento del *dios dinero*[298].

---

[296] Ibíd., va 28, c 6-18, 6291-13

[297] Rev. C., agos. 12 de 1860

[298] A la luz de tan cristiana liberalidad, se juzgaba torcidamente la actuación de la delegación apostólica de Paraná, cuando ésta requería el dinero que le correspondía por dispensas o gracias concedidas en nombre propio.

Constaba que a pesar de la inmensa concurrencia de personas de ambos sexos y de todas las clases de la sociedad, que, como nunca se había visto, había acudido a la misión, no había habido que lamentar el más pequeño desorden. Todos habían concurrido animados de un mismo deseo: el de la santificación de su alma, por medio de la penitencia; siendo digno de notarse que el número de hombres había sido igual al de señoras en los tres pueblos[299].

Panorama capitalino

Sin duda, Vera debía enterarse con amargura que en la capital sus curas luchaban con un espíritu muy diverso del suyo.

El padre capellán de los Vascos, con motivo de un funeral, había violado los derechos parroquiales del cura vicario de la Matriz, Juan José Brid.

Este, frente a esa agresión de sus derechos tan arbitraria, reclamó de una manera justa lo que le correspondía. Desde un principio, Conde procuró llevar esa cuestión por la senda pasiva de la

---

Fue necesario que Domingo Ereño le hablase a Vera con una franqueza criolla de amigo: "Lo que me dices –le escribía el 26 de junio de 1860- del secretario de la nunciatura no es justo. La nunciatura apostólica, como toda curia, tiene sus derechos. Tu curia los tendrá, y **aunque mea agua bendita** Conde no es muy escrupuloso con respecto a derechos.

Me guardaré bien de indicar una sola palabra de las que tú me dices, al secretario del nuncio. No hay necesidad de disgustos" (AEM, va 20, c5-4, 6271-21).

[299] Rev. C., agos. 12 de 1860

Adolfo Vaillant, organizador de la estadística uruguaya, que se debía presentar en la exposición de Londres de 1862, luego de estudiar y corregir cifras y llenar vacíos del censo, levantado a mediados de 1860 por resolución del gobierno Berro, asignaba al departamento de Durazno 8.973 almas y al de Florida 12.170. (ACEVEDO, Anales..., 118-119).

Por tanto, en un total de alrededor 21.000 almas, casi 6.000 habían oído eficazmente la voz de su pastor, acudiendo solícitas a las fuentes de la gracia.

Si se conociese el número de los que no pudieron intervenir por la distancia, enfermedad, ancianidad o por no tener edad, se podría concluir afirmando que, quizás, más de la mitad de la población hábil había respondido positivamente a los generosos cuidados de esos esforzados misioneros.

El porcentaje en los otros tres departamentos alcanzará puntas extraordinarias.

suavidad, y a no haber sido por el carácter díscolo y fosfórico del precitado capellán francés, Brid se habría prestado a todo, sometiéndose a las insinuaciones del provisor. Pero el capellán de los Vascos no sólo desatendió sus consejos, sino que hasta faltó a los respetos que se merecía como prelado, ya con su locuela descortés, ya con sus acciones más que vulgares, y esto en los momentos de audiencia.

Conde se había esmerado en conservar la imparcialidad; en su ánimo tanto pesaba Brid, como el padre francés, a pesar de que el primero nunca había sido un santo de su devoción, y el segundo parecía un sujeto recomendable y hacia el cual se inclinaba naturalmente. Sin embargo, este último había sido el que mayor escándalo había dado, perturbando la paz y desacatando sus órdenes[300].

Algún consuelo, dentro de este panorama espiritual ciudadano, le venía de su antiguo adversario.

Santiago Estrázulas y Lamas, que conservaba aún sus intenciones de salir del Estado, en virtud de las maduras y oportunas reflexiones de Conde parecía no tener ya dificultad en variar su resolución, toda vez que se le considerase útil para el desempeño del ministerio sacerdotal, y se le ocupase con ese loable fin.

En una carta del 23 de julio, el provisor procuraba influenciar la opinión de Vera a favor de este sacerdote. "De cualquier modo sería conveniente que hagas cuanto puedas –le escribía-, para evitar que se nos vaya Estrázulas, pues es un sacerdote moral y laborioso.

Ahora mismo lo he experimentado yo, y puedo asegurarte que desde que tú faltas de acá, él ha sido el único confesor que se ha sentado en el confesionario. ¡Pobre Iglesia Matriz! ¡Quién te vio y quién te ve! ¡O tempora, o mores!"[301].

En el departamento de San José

El tercer departamento, de San José, ocupó a los misioneros por espacio de un mes abundante, o sea a partir de los últimos días de junio hasta los primeros de agosto.

La cosecha en las tres primeras semanas había sido copiosa y seguía siendo sorprendente en las siguientes.

Era tanto el trabajo que no les quedaba tiempo para nada, y de ahí consiguientemente quejas por ambas partes. Castelló se lamentaba porque Vera les estaba dando un carpetazo a todos los

---

[300] AEM, va 28, c 6-18, 6291-10
[301] Ibíd., 6291-12

asuntos que le mandaba para consultar y resolver[302], y Vera, rendido por las confesiones y cayéndose por el sueño, tomaba la pluma y le escribía que dejasen en paz a ese pobre cojo. Resolvía con pocas palabras los asuntos más importantes, y en los demás que hiciesen como gustaban[303].

El cuartel general en marcha, al cabo de sus sudores, podía alegrarse con la vista del copioso fruto recogido en San José.

En una población de 12.527 habitantes, se habían confirmado a más de 3.300 personas; pasaban de 70 los matrimonios realizados entre personas amancebadas, siendo innumerables las confesiones y comuniones[304].

Lo que faltaba a continuación era que siguiese el riego "y no sé –escribía Castelló, antiguo párroco de San José- cómo se va a entender el P. Madruga solo; pues el trabajo va a ser mucho y continuado"[305].

De San José se trasladaron a Rosario Oriental, dando principio allí a una nueva misión el día 7 de agosto[306].

A los veinte días llegaban a la capital las mismas comunicaciones lacónicas "el fruto de la misión es inmenso" y las mismas resoluciones "lo que me coloca en un deber de conciencia en la continuación de este trabajo", "no sé qué decirle respecto a aquel -¡venga, venga!- Nos hallamos en la buena estación y suspender ahora la misión sería lo mismo que perderla"[307].

Informe de Vera a la Santa Sede

El día 10 de agosto llegaban a poder de Vera las facultades y gracias que Su Santidad había tenido a bien concederle el día 13 de mayo, enviándoselas por conducto del Secretario de Estado. Los rescriptos que contenían las facultades de dispensa en treinta casos del impedimento de primer grado de afinidad lícita en línea lateral, y en quince casos del impedimento de segundo grado con atingencia al primero de consanguinidad en la misma línea[308], y otras gracias, le fueron entregados con nota del delegado Marini.

Muy agradecido el Vicario, aprovechaba la oportunidad para informar la Santa Sede que se encontraba bastante distante de la

---

[302] Ibíd., va 33, c 7-15, 6293-11
[303] Ibíd., c 7-10, 6379-4
[304] Rev. C., set. 9 de 1860
[305] AEM, va 33, c 7-15, 6293-12
[306] Rev., C., agos. 23 de 1860
[307] AEM, va 33, c 7-10, 6379-5
[308] APF, udns, vol 139, 1846

ciudad de Montevideo, dando misiones en los pueblos de campaña. Muy a tiempo habían llegado las mencionadas facultades, pues con ellas podía remediar muchos males, y quitar escándalos que antes no podía por falta de ellas.

Ya iban a cumplirse cuatro meses de aquella actividad. Acompañado de tres dignos sacerdotes, quienes con laudable celo y apostólico desprendimiento le ayudaban incansables en ese ejercicio, cosechaba fecundos frutos y se evangelizaban esos pueblos con feliz éxito. Ellos "a pesar del vicio y de la corrupción, que los domina, corren a oír la divina palabra; es numerosa la multitud que se confiesa y recibe los Santos Sacramentos de la Eucaristía y Confirmación. Estos pueblos no han visto prelados desde el año cuatro"[309].

Vera explicaba que al decir esto último, no era intención suya acriminar a sus predecesores, y lo decía muy convencido al agregar que ellos habían tenido causas muy poderosas, que sin duda no habrían podido vencer.

El país había sufrido vicisitudes muy fatales. El azote de la guerra intestina había sido temible y muy prolongado. Habían tenido, además, otros inconvenientes, que él no había encontrado al hacerse cargo de ese deber.

Le manifestaba, en fin, la parte que tomaba la generalidad de los fieles uruguayos en la situación azarosa que estaba afligiendo a la Santa Sede, la justa reprobación con que miraban "ese reprobado proceder de los mal contentos y desnaturalizados hijos e indignos católicos", que sin temor ni fe atentaban contra los derechos venerandos de la Iglesia.

Los buenos hacían votos fervorosos para que llegase cuanto antes el momento en que desapareciesen los motivos que amargaban el corazón del Santo Padre, rogando que pronto se anonadasen "las inicuas pretensiones"[310].

---

[309] ASV, ss ae, a 1860, R 283, 146

[310] Ibíd.

El card. Antonelli con fecha 19 de noviembre de 1860 le respondía: "Tuas accepi litteras die 20 augusti proxime praeteriti ad me datas, quibus, Illme Dne, certiorem me reddebas de iis omnibus quae in isto Vicariatu Apostolico ex tua sollicitudine in Ssmae nostrae religionis utilitatem ac bonum obvenerunt. Nulla interposita mora easdem tuas litteras Ssmo Dno Nostro exhibui, qui *de praeclaris tuis gestis omni laude certe dignis*, Tibi vel maxime et ex animo gratulatur. Quapropter, Illme Dne, pro de mandati Tibi muneris debito perge alacriori usque studio animi benignitate et vigilantia in cleri et istorum fidelium salute procuranda tuam omnem impendere operam,

Iniciativas de Vera a favor del Papa y respuestas de los liberales

Y para que esto no se quedara en bellas palabras, el ardiente defensor del Papa organizó en Rosario Oriental una hermosa procesión para implorar los auxilios del cielo a favor del atribulado pontífice Pío IX, acto en que se quería demostrar la adhesión del Vicario y pueblo uruguayo a la Santa Sede[311]; le daba, además, órdenes perentorias a su provisor, para que siguiendo el buen ejemplo que ya habían demostrado los países católicos en promover no sólo preces religiosas, sino todo género de recursos que sirviesen de auxilio eficaz a la "triste y alarmante situación que desgraciadamente estaba atravesando el Soberano Pontífice", también en el Uruguay se hiciese algo con tendencia al mismo fin.

Estando en perfecto acuerdo con esas disposiciones, Conde sin pérdida de tiempo empezó primeramente por expedir una circular a todos los curas del Estado[312], en la que se preceptuaba que desde el día 5 de setiembre en adelante, y mientras durasen las azarosas circunstancias que afligían al Papa, se hiciesen rogaciones públicas una vez en la semana en todas las iglesias parroquiales y subalternas de la República, invitando, al efecto, al pueblo.

Igualmente se disponía que, durante ese tiempo, se rezara en todas las misas la oración *pro papa*[313].

Las pasiones políticas y religiosas que agitaban a Europa, tenían una parte considerable en el continente americano y particularmente en Montevideo, alcázar del liberalismo masónico.

Los liberales al enterarse de la circular del vicario general que invitaba al clero y a los fieles a oraciones públicas por el Santo Padre, por medio de las *sociedades masónicas* organizaron análogas exhibiciones en provecho de los revolucionarios del Estado Pontificio.

Un comité italiano con el aplauso de una parte de la prensa, convidó a los patriotas y a los liberales, a reunirse los días 15, 16, 17 y 18 de setiembre en las iglesias de San Francisco y de la Caridad, para hacer 'rogativas fervientes a favor de Garibaldi"[314].

Conforme a lo establecido, Conde se ocupaba posteriormente en excogitar un medio de entablar una subscripción o subsidio a

---

Omnipotentis Dei Auxilio fretus, qui tuos labores praesentissima ope fortunabit" (ASV, ss ae, a 1860, R 283, 150).

[311] PONS, o.c., 92

[312] AEM, va 28, c 6-18, 6291-15

[313] Rev. C., set. 9 de 1860

[314] In. d., Ibíd., 308

beneficio del papa, a cuyo efecto consultaba con preferencia al amigo Requena, de quien obtenía un consejo acertado[315].

El 24 de setiembre expedía una circular en la que, recordando la angustiosa situación del Pontífice Romano y reafirmando la divina promesa de que la nave de la Iglesia nunca ha de naufragar, hacía un llamamiento a los sentimientos católicos del pueblo oriental[316].

No debía faltar, por supuesto, como contrapartida, la iniciativa garibaldina y masónica; mientras por un lado se recomendaba rezar y suscribirse a favor del Papa, sacerdotes sardos hacían lo propio por Garibaldi; y *el comité del millón de fusiles*, al enviar fondos al célebre *condottiero*, le mandaba decir que pronto esperaba oír su voz llamando desde lo alto del Capitolio a los italianos para libertar la provincia hermana de Venecia, aún esclava.

El representante francés en el Uruguay, al relatar todo esto a su ministro de relaciones exteriores, le trazaba los lineamientos sobresalientes en esos días de la sociedad montevideana, no tan adicta al Papa en su *generalidad*, como había escrito Vera.

"En medio de esta inquietud universal, pues ningún propietario tiene la certeza de no haber adquirido títulos falsos –le escribía el 28 de octubre de 1860-, esta sociedad encuentra aún el medio de dividirse en dos campos a causa de las obras de caridad patrocinadas de un lado por la francmasonería, y del otro por la conferencia de San Vicente de Paúl.

Hasta las mujeres toman parte con todas sus pasiones; las familias se dividen no sólo en blancas y coloradas, sino también en católicas y francmasonas; la prensa aviva el fuego"[317].

El diplomático francés, como Vera y otros, no comprendía aún con claridad lo hondo y lo importante de aquella división, originada por las obras de caridad, y que provenía de una arraigada ideología liberal que al contacto violento con la nueva corriente impulsada por Vera, **iba esclareciendo su neta contraposición a todo catolicismo dogmático de importación jesuita, para desembocar fatalmente en un racionalismo deísta y posteriormente ateo.**

---

[315] AEM, va, 28, c 6-18, 6291-15

[316] "Las cuantiosas erogaciones –decía- que exigen las medidas extraordinarias de defensa que Su Santidad necesita emplear, han disminuido y casi agotado los recursos de la Santa Sede destinados al mantenimiento del culto y al decoro del Pontificado. Es, pues, obra cristiana, obra de verdaderos católicos, el *contribuir cada uno según sus facultades con alguna limosna aplicada a ese objeto*" (Rev. C., oct. 11 de 1860).

[317] In.d., Ibíd., 313

En el departamento de Colonia

Prosiguiendo en el cuarto departamento esa actividad cada vez más febril, los ministros de la palabra después de Rosario Oriental, pasaron a la capital Colonia, luego a Carmelo, para concluir hacia el nueve de noviembre en Nueva Palmira.

Como en todos los destinos anteriores, aquí también la misión principió con una grande concurrencia[318]. Lo que había que hacer era mucho, la mies aumentaba y el fruto crecía. Los trabajadores seguían animosos con los continuos triunfos. El campo se iba desmontando, y a pesar de precisarse de hacha y de hacha vizcaína, lo cierto era que los maderos caían y caían en gran número y con frecuencia[319].

De los datos semioficiales de la Revista Católica[320] y por las impresiones y comparaciones que aparecen en las pocas cartas que llegaron hasta nosotros, se puede deducir con mucha probabilidad que en una población de 13.169 personas, se confesaron y comulgaron unas 7.000 almas, recibiendo el sacramento de la confirmación unas 6.000, con unas 250 uniones matrimoniales ilegítimas regularizadas. Los porcentajes de la asistencia de los fieles iban en constante aumento[321].

Casos dolorosos entre el clero

También en esta temporada no faltaron motivos de aflicción y pesadumbre para el corazón de Vera.

---

[318] AEM, va 33, c 7-10, 6379-11

[319] Ibíd., 6379-13

[320] Rev. C., nov. 4 de 1860

[321] El traslado de la caravana misionera de un lugar a otro ofrecía siempre un espectáculo festivamente popular y emocionante. Así, por donde quiera que pasara, las gentes la acogían con el mayor respeto y humildad. Aún faltaba alguna distancia para llegar a un pueblo, cuando las personas más caracterizadas, salían a recibirla, y entraba como en triunfo hasta donde se dirigía.

Para que estos sucesos no produjeran una alarma injustificada entre los liberales y masones, La Revista Católica escribía tranquilizándolos: "No os aterréis, nuestro ilustre prelado, no va a meter la religión por la boca al que no la quiera, su poder a ese respecto es negativo. No va a arrancar a la fuerza del alma de los que no sigan la doctrina católica sus malas ideas" (Rev. C., set. 20 de 1860).

El padre José Manuel Cortés, una persona verdaderamente desgraciada, típica figura que personifica la situación de varios sacerdotes del siglo diecinueve, había sido recomendado a Vera, el 13 de abril, por un amigo argentino, para que lo aceptara con caridad en su vicariato. A Cortés, pues, le era indispensable salir de la Confederación Argentina y marcharse al Uruguay, como único punto, según él, al que podía optar en ese momento[322].

Incorporado provisoriamente a la nueva iglesia, su conducta, al parecer, no mereció el favor y la caridad que se le habían dispensado, porque Vera en julio le hacía retirar, por intermedio de su provisor, las licencias verbales que tenía para celebrar[323].

Cortés, desesperado, se dirigía al prelado, suplicándole que, hallándose sin recurso de ninguna clase, lo habilitara para poder salir a cualquier pueblo de campaña para hacerse de recursos tan siquiera por algún corto tiempo; pues, de lo contrario, se veía imposibilitado para regresar a su país[324]. Era natural que esa argumentación no influyera mínimamente en la determinación que justamente se había tomado de suspenderlo *a divinis*.

Intentó pedir plata para ir a Paraná y solucionar con el delegado su lastimosa situación[325], pero recibió como respuesta que no importunara y que se mantuviera bueno[326].

Hallándose en un callejón sin salida, por no determinarse a recorrer el camino de una vida sacerdotalmente arreglada, se casaba, después de haber abrazado el protestantismo, poniéndose así bajo la protección de Gran Bretaña.

Castelló el 19 de setiembre le comunicaba a Vera: "Hoy me han asegurado que el Reverendo Cortés, Ministro anglicano, andaba ayer por la calle de bracete con su esposa"[327].

El apóstata, el 18 de setiembre, escribiéndole al Papa, justificaba su paso diciéndole que las imprudencias y el despótico gobierno del inepto Vicario Apostólico serían, como ya habían empezado a ser, causas para que la Iglesia Católica recibiera heridas las más sanguinolentas[328].

---

[322] AEM, va 20, c 5-4, 6271-14

[323] Ibíd., va 28, c 6-18, 6291-9

[324] Ibíd., va 33, c 7-15, 6293-13

[325] Ibíd., 6293-15

[326] Ibíd., c 7-10, 6379-5

[327] Ibíd., c 7-15, 6293-18

[328] El era sacerdote católico –seguía escribiendo-, pero las injusticias, las inicuas persecuciones y las infamias de la curia montevideana lo habían inducido a renunciar a su verdadera religión y refugiarse en la Iglesia Anglicana para evitar las diabólicas persecuciones, y encontrar *el medio de*

Roma, al poner en conocimiento de Marini esta carta, le recomendaba que, en el ámbito de sus posibilidades, llamara a sí a aquel desgraciado sacerdote, y haciéndole reflexionar sobre el camino falso en el que se había colocado, procurase por medio de razones oportunas y ajustadas, reconciliarlo con su Vicario Apostólico[329].

Otro sacerdote, contra el que se debió proceder con solicitud, fue Luis Degrossi, cura interino de Belén. Aumentando las quejas de personas privadas y de la autoridad pública del departamento, el provisor tomó datos ciertos y seguros para evitar los disgustos que siempre traían aparejados las tales remociones de curas.

Hacia fines de noviembre se expedía el título para el padre Bártolo Baldovino, después de haberse cerciorado de sus aptitudes, que al parecer lo deparaban digno, y obtenido el asentimiento previo del gobierno[330].

Desde Soriano, Vera debía mandar el *cese* al padre Degrossi, en los términos que juzgara más oportunos[331].

Al fallecer después de un año de regencia el padre Baldovino, el citado Degrossi empezaba a reunir firmas para volver a desempeñar el cargo de cura de S. Eugenio. Vivamente sorprendida la autoridad política de Salto, le escribía al ministro de Gobierno que seguían con buen éxito los empeños de Degrossi en su pretensión, cosa increíble si se atendía a las causas que habían dado lugar a su destitución y a los conocimientos que de todo había tenido el Gobierno.

Para que dicho ministro no se hallara desprevenido con aquella pretensión, máxime no conociendo la historia de ese mal sacerdote, el jefe político de Salto se permitía llamar la atención sobre las notas de esa jefatura de 10 de diciembre de 1860 y 4 de marzo de 1861, con las cuales se habían acompañado los documentos originales que justificaban las quejas que cada día crecían contra el citado presbítero[332].

---

comer un pedazo de pan. Su alma sentía muchísimo el haber dado aquel paso tan desagradable e ignominioso para la religión católica, pero los periódicos que haría circular por todo el mundo testificarían su involuntaria resolución. "Hasta que en esta República –concluía diciendo- siga gobernando este inepto e imbécil y despótico Vicario Apostólico la Iglesia diariamente perderá sus hijos y no pasará mucho tiempo en que S.B. recibirá otra semejante carta" (ASV, ss ae, a 1860, R 251, 90).

[329] ASV, ss ae, a 1860, R 251, 89

[330] AEM, va 28, c 6-18. 6291-27

[331] Ibíd., va 33, c 7-10, 4939

[332] AGN, mg, c 1120

Dentro de este marco de sinsabores hay que agregar que el canónigo italiano Luis Sturlesi todavía no podía ser habilitado para el ejercicio del ministerio, desde el momento que los informes adquiridos por la curia en nada favorecían al precitado eclesiástico[333].

En el mes de octubre, finalmente, se alejaban del país tres sacerdotes: Cúneo, Gómez y Esmerats[334]. De ninguno de ellos se lloró el alejamiento, pero tampoco se hizo la guerra como escribía *La Prensa Oriental* de 21 de noviembre de 1860[335].

Nuevas insistencias para la interrupción de la misión

El tema de suspender la misión y volver, ya se estaba volviendo machacante. "Vuélvase del Rosario, o a lo menos de la Colonia –le escribía Castelló a Vera el 7 de agosto-; mire que está haciendo falta aquí por algún tiempo siquiera"[336].

La convicción de que Vera estaba haciendo falta en la capital, no era sólo de Castelló, sino de numerosos amigos que, a pesar de todas las justificaciones de su prelado, veían la cosa de muy diversa manera.

En realidad su presencia en Montevideo, por un par de meses siquiera, hubiera sido de suma necesidad, y por esa pequeña interrupción poco perdería la misión, mientras que mucho ganaría la ciudad. Allí había un temor fundado de que se levantase una polvareda entre el cura de San Francisco y el de la Matriz[337].

Juanicó estaba deseoso de concluir de una vez el asunto consabido del recurso de fuerza franciscano, pero faltaban ciertas formalidades que llenar, y nada se podía hacer sin la presencia de Vera.

Con motivo de la presentación de los curas para Salto y Rocha, el dirigente capitalino de la curia había ido a visitar al ministro de gobierno y, entre otros asuntos, le había hablado del envío de los jóvenes que debían ir a estudiar a Roma, pero esto también estaba

---

[333] AEM, va 28, c 6-18, 6291-21

[334] Ibíd., 6291-23

[335] Bajo el rubro de *persecución injusta*, aseguraba dicho periódico, que el presbítero Ignacio Esmerats se había ausentado del país por hacérsele ya imposible vivir en él, en virtud de la persecución de que era victima hacía mucho tiempo, por cierta sociedad que se había empeñado en alejar del clero todo lo que podía estorbar a sus miras o no se prestase a sus manejos (Rev. C., nov. 25 de 1860).

[336] AEM, va 33, c 7-15, 6293-14

[337] Ibíd., 6293-16

pendiente por la ausencia del Vicario. También el Presidente estaba esperando su regreso, para proceder a tal envío[338], y se encontraba en condiciones ideales de arreglar muchos asuntos eclesiásticos. El mismo había escrito una carta que había causado una óptima impresión en el ánimo de Su Santidad, porque en ella había manifestado el laudable pensamiento de volver a llamar a los padres de la Compañía[339].

Vera no ignoraba todo esto. En una carta al Papa le había dicho que todos los católicos del país tenían muy fundadas esperanzas de que Berro sería favorable a la religión. Ahora, en otra de 20 de agosto, recalcando esa misma impresión, le aseguraba que al dar esa noticia plausible no se había equivocado, porque este señor ya había hecho, en consonancia con su aserto, una petición a la asamblea, solicitando una cantidad para el envío de jóvenes que se instruyesen en la carrera eclesiástica en el colegio americano; se proyectaba la erección de un seminario, y se auguraba que no tardaría mucho en dictar una medida para el restablecimiento de los jesuitas en el Uruguay. No daba ese paso, que él mismo reconocía deber dar, *propter metum Judeorum;* tenía miedo a la oposición, y ésta era cierta en tal asunto; y así no obstante su voluntad de querer reparar la injusticia, había que esperar alguna oportunidad, que se debía estimular y aprovechar[340].

Para Vera un tal proceder en tan corto tiempo de administración, era "un preludio precoz de felices resultados"[341].

Los motivos arriba apuntados y estas favorables condiciones del presidente, sin volver a recordar otros problemas más de fondo, como **un encuentro con la intelectualidad liberal, una neutralización de los contrastes masónicos**, etc., eran más que suficientes para un regreso inmediato; el mismo interesado, haciéndose cargo de todo lo que se le escribía, manifestaba que todo ello tenía bastante razón, pero agregaba: "Veremos la resolución"[342].

Tal resolución, que hubiera sido inmensamente beneficiosa para los intereses de la Iglesia oriental, nunca se tomó, perdiéndose irremediablemente la oportunidad de conseguir, trabajando con sagacidad, lo que pedía a gritos la respetabilidad de la sociedad católica. Desgraciadamente Vera, hombre sumamente práctico por sus orígenes campesinas, **creía más en la acción que en la especulación**.

---

[338] Ibíd., 6293-18

[339] ASV, ss ae, a 1860, R 251, 89-89v

[340] AEM, va 20. c 5-4, 6271-25

[341] ASV, ss ae, a 1860, R 283, 146v

[342] AEM, va 33, c 7-10, 6379-6

Aunque la hipótesis tenga un valor bastante relativo, sin embargo, se puede afirmar que si Berro hubiese realizado sus buenas intenciones –lo que hubiera resultado sumamente duro por la tenaz oposición de los masones-, a diferencia de su predecesor Pereira, jamás hubiera dada un paso atrás, y la Iglesia hubiera vivido horas de verdadera paz y reforma.

Conde volverá a la carga: "Yo desearía mucho que suspendieras la misión, y vinieras a ésta..., máxime que el Presidente parece tan bien dispuesto"[343], y Castelló repetirá la antífona: "No cerraré ésta sin repetirle por la centésima vez, que Su Señoría está haciendo aquí mucha falta"[344], pero en vano, porque era como golpear el viento.

En el departamento de Soriano

Hacia el 11 de noviembre, por tanto, los misioneros se dirigieron a la ciudad de Dolores en el departamento de Soriano, principiando la siembra de la palabra de Dios con los trabajos concomitantes.

El 26 de noviembre Inocencio Yéregui, por estar el Vicario algo fatigado de las tareas del día –si antes Vera escribía muy poco, en este último período no escribirá casa nada-, manifestaba que hacía trece días que los fieles los volvían tarumba con el confesionario; día a día no tenían más descanso que por la mañana de doce y media a dos y media y de noche el tiempo de cenar y a la cama bien tarde, y aún les quedaba Soriano y Mercedes que, por ser el rabo y bastante grande, los dejaría a mal traer.

El 30 saldrían para Soriano, donde estarían seis días para asistir el 8 de diciembre a la función de la colocación de la piedra fundamental del futuro templo de Mercedes. Para ese día le endosaron el sermón a Yéregui y a la verdad que no estaba como para panegíricos[345].

A pesar de seguir bastante animados por tener el placer de verse tan bien correspondidos en sus tareas apostólicas de esas gentes, que sólo aspiraban al *unum necessarium*, ya se encontraban realmente agobiados con tanto y tan continuado trabajo[346].

---

[343] Ibíd., va 30, c 7-3, 6815-60

[344] Ibíd., va 33, c 7-15, 6293-21

[345] Ibíd., c 7-10, 6380-3

[346] Ibíd., va 28, c 6-18, 6291-29,
Ibíd., va 33, c 7-10, 4939

Los frutos espirituales en este quinto departamento misionado fueron iguales o superiores a los recogidos en el de Colonia.

La Revista Católica

En estos últimos dos meses –noviembre y diciembre de 1860- hay que remarcar un hecho instructivo de por sí para la prensa católica.

El único periódico bisemanal, netamente católico y con finalidad apologética, titulado *La Revista Católica,* había sido fundado a mediados del año 1860 con capitales de Guillermo Rivero, propietario y editor del mismo, y a los seis meses ya peligraba en su existencia. Castelló afligido le comunicaba a Vera que Obarrios estaba empeñado en levantar un poco dicho periódico, pero ya se encontraba desanimado, al ver la discordia entre los que debían por su carácter y posición estar más unidos.

"Mucho me temo –le decía- que la tal *Revista* muera de inanición si Su Señoría no le trae suscriptores de la campaña, porque el pobre Rivero, después de haber empleado un capital, no saca para costearse"[347].

Esta fuente, útil para la historia de la Iglesia en esos años por la publicación de documentos oficiales y por la reseña de las actividades religiosas, conocerá su ocaso en octubre de 1862, dejando un vacío considerable, que no se logró llenar con el nuevo diario de Francisco Xavier de Acha.

Conferencias de San Vicente de Paúl

Una segunda realidad que merece ser destacada, por su magnitud y proyección en la vida ciudadana, es la obra de las conferencias de San Vicente de Paúl, fundada en Montevideo por el comandante del bergantín de guerra francés *Le Zèbre*, Andrés Foüet[348] y que, en un clima de fervor antagónico y competitivo con la logia Sociedad Filantrópica, estaba conociendo un desarrollo insospechado.

Vera podía decir con satisfacción el 30 de julio de 1861 que no servían de menor consuelo las creces que cada día adquirían las conferencias de S. Vicente. Sus miembros, que ya eran numerosos en la capital, que ya tenían escuelas perfectamente bien atendidas en las que se instruían los huérfanos y los hijos de padres pobres, buscaban

---

[347] Ibíd., c 7-15, 6293-28

[348] Rev. C., jul. 20 de 1860

y visitaban con cristiana constancia al enfermo desamparado y familias indigentes, cumplían con esmero sus reglamentos y sus conferencias se iban estableciendo en los pueblos de la campaña[349].

El 8 de diciembre de 1860, en una asamblea general de todas las conferencias, se daba a conocer su movimiento y extensión[350].

---

[349] ASV, ss ae, a 1861, R 283, 178

[350] He aquí únicamente su difusión, remitiendo para los demás datos a la *Revista Católica* de diciembre 16 de 1860.

"Resumen General de las Conferencias que cuanta hoy la sociedad de S. Vicente de Paúl, fundada en esta ciudad el día 21 de noviembre de 1858.

En la capital	Instalación	Miembros				
		A.	D.	H.	A.	S.(a)
Conferencia de San Felipe y Santiago (b)	Nov. 21 de 1858	35	7	3	4	33
Conferencia de San Francisco	Jun. 8 de 1859	38	5	1	5	69
Conferencia de la Concepción	Jun. 8 de 1859	23	2	-	5	73
Fuera de la Capital						
Villa de la Unión: Conferencia san Agustín	Agos.7 de 1859	17	2	-	2	47
Ciudad de San José: Conf. de San José	Febr. 2 de 1860	30	2	10	12	17
Ciudad de Las Piedras: Conf. San Isidro	Agos. 15 de 1860	14	1	-	4	3
Ciudad de Canelones: Conf. de N. S. de Guadalupe (d)	Oct. 19 de 1860	10	2	-	2	9
	Total:	167	21	14	34	251

José Luis Antuña, Secretario del consejo".

(a) A. = Activos; D. = De Honor; H. = Honorarios; A. = Aspirantes; S. = Suscrip.

(b) Tenía sus sesiones ordinarias los lunes a las siete de la tarde en la Matriz. Las otras conferencias tenían también sus sesiones una vez por semana y con horario fijo.

Con los datos de *La Revista Católica* a la vista y con los otros más llamativos de la múltiple beneficencia realizada, no resultan injustificadas las hostilidades masónicas, ni incomprensibles los dos campos, mencionados por Maillefer, en que se dividía la sociedad uruguaya por las obras de caridad patrocinadas de una lado por la francmasonería, del otro por las conferencias de San Vicente de Paúl.

Regreso de Vera

Finalmente, después de una ausencia que debió parecer interminable, volvieron esos auténticos héroes de aquella vasta acción evangelizadora y moralizadora en el interior del país.

Sabiéndose que el día 15 de enero de 1861 debía llegar Vera con sus compañeros de regreso de la misión, una gran parte del clero salió en ocho lúcidos carruajes a esperarlos en un punto dado. El provisor Conde, el fiscal Mayesté, el secretario Castelló y el senador y cura de la Matriz Brid, iban en el primer carruaje haciendo cabeza a tan galante comitiva. En el Paso del Molino esperaron a los viajeros que acompañados del cura Pérez llegaron allí a las siete de la mañana.

En la iglesia Matriz, se hizo una fervorosa oración y luego se entonó el *Te Deum* en acción de gracias al Señor; concluido que fue, muchos los acompañaron hasta su residencia, donde fueron gratamente obsequiados[351].

Informe y resultados de la misión

Al anunciar el Vicario al ministro de gobierno su regreso a la capital, le indicaba brevemente lo llevado a cabo **desde el 25 de abril de 1860 hasta el 15 de enero de 1861.**

En ese tiempo se habían visitado los pueblos de los departamentos de Durazno, Florida, San José, Colonia y Soriano. En ellos habían recibido el sacramento de la confirmación más de 23.000 almas, se habían celebrado 700 matrimonios entre personas que permanecían en unión ilícita, siendo incalculable el número de las que se habían acercado al tribunal de la penitencia buscando la reconciliación con su Dios y la separación de los extravíos de la vida.

El resultado de estos trabajos apostólicos era a la verdad importante, porque a la vez que restablecía la moral cristiana,

---

(c) y (d) Conferencias que habían pedido su agregación

[351] Rev. C., en. 16 de 1861

radicaba la paz y hacía que el respeto a las autoridades fuera una verdad[352].

En el informe al delegado apostólico, Vera añadía que un tan largo tiempo de ausencia, aun cuando hubiese estado ocupado en tan laudable ejercicio en una campaña dilatada, bastante poblada y casi abandonada desde el año cuatro, no había parecido bien a muchos de sus amigos. Sin embargo, en adelante pensaba compartir el tiempo y procurar que cada ausencia o excursión a la campaña no fuera de tanta duración. Concluía escribiéndole que, Dios mediante, pensaba continuar su misión luego que pasara la cuaresma[353].

En los documentos oficiales, al hablar de las personas que se habían acercado al tribunal de la penitencia, se afirmaba que no se había podido calcular su número, pero se estaba en condiciones de asegurar que había sido crecidísimo, mientras que *La Revista Católica*, proporcionaba la bonita cifra de 28.000.

Conociendo la población global de los cinco departamentos en cuestión que sumaba 60.977[354] almas, y comparándola con el total de confesiones y comuniones, se tendrá la neta impresión, ya recabada en los porcentajes parciales de cada departamento, de que más de la mitad de la población hábil no había desaprovechado el tránsito de la gracia de Dios.

Indudablemente que si a todo esto se añade la predicación, las funciones religiosas, las visitas a los enfermos, la revisión de los archivos parroquiales[355], las instrucciones dadas a los párrocos de predicar el evangelio y enseñar la doctrina cristiana todos los domingos y días de fiesta a los adultos y niños de la parroquia, de entenderse con la junta económico-administrativa local, para enseñar el catecismo en las escuelas municipales[356], etc., se verá que el trabajo realizado era imponente.

Con razón todas las familias de la capital habían recibido una sensación agradabilísima con la llegada de ese apóstol, y por todas partes no se hablaba más que del digno jefe de la Iglesia oriental, y las

---

[352] AGN, mg, c 1109

[353] AEM, va 15, c 4-2, 6318-49

[354] ACEVEDO, o.c., 119

[355] "En su primera gira no levantó, en general, Acta de visita, y luego en la segunda Visita, advertía en actas que era la segunda vez que visitaba la Parroquia. Mencionaba la fecha de la primera Visita y advertía que no había levantado Acta por razones que no era del caso mencionar" (SALLABERRY, Actividades..., 4).

[356] SALLABERRY, Actividades..., 4

palabras eran pocas para elogiarlo, ponderarlo y bendecirlo, como escribía enfáticamente *La Revista Católica*[357].

Nueva actividad apostólica de Vera en la capital

Semejante dinamismo apostólico de Vera no conocía descanso. Hacia el 23 de noviembre de 1860, cumpliendo sus órdenes, Conde había formulado una circular invitando a los eclesiásticos del país para una nueva tanda de ejercicios espirituales[358], y el miércoles 30 de enero de 1861 empezaban esos nueve días destinados a la contemplación de las verdades eternas, en los que se debía, además, traer a la memoria los deberes propios del estado clerical[359].

Mientras tanto Vera, que desconocía la inactividad, había dispuesto que desde el 28 de enero tuvieran lugar las confirmaciones en la iglesia Matriz a las once de la mañana todos los lunes, y en la capilla de los Ejercicios todos los sábados a la misma hora[360].

Misión en la villa de Canelones

Terminadas las solemnidades pascuales el infatigable Vera se ponía nuevamente en marcha, saliendo de la capital el 13 de abril a las once de la mañana, hacia la villa de Canelones, su antigua parroquia, para misionar en aquel lugar[361].

A los pocos días tenia que volver con motivo de los incidentes del entierro de Enrique Jakobsen. Cerrado el asunto con una solución de compromiso, el 11 de mayo podía proseguir su labor misional[362].

Como siempre y doquiera, trabajó sin descanso, pasando hasta cinco o seis horas en el confesionario, sin poder salir a respirar, siendo la concurrencia inmensa.

Por lo avanzado de la estación, el cuatro de julio interrumpía sus trabajos espirituales, regresando a la capital[363].

Relación de Vera y Marini a Roma

En una extensa relación a Roma, Vera comunicaba que los frutos producidos por esa actividad habían sido copiosos e

---

[357] Rev. C., en. 20 de 1861
[358] AEM, va 28, c 6-18, 6291-27
[359] Rev. C., en. 27 de 1861
[360] Ibíd.
[361] Ibíd., abr. 14 de 1861
[362] Ibíd., may. 12 de 1861
[363] Ibíd., jul. 7 de 1861

importantes por el número de almas convertidas y matrimonios arreglados. En el año y medio transcurrido desde que había recibido el vicariato se habían dado diez y siete misiones, y dos veces se había convocado a los miembros del clero a ejercicios espirituales, concurriendo en su totalidad con ejemplar sumisión.

Estos ejercicios y misiones habían hecho cambiar de aspecto a una parte crecida del país por las prácticas religiosas y habían concitado y suscitaban en los demás una consoladora ansiedad de ser también participantes de todas esas bendiciones[364].

Sin imaginar el áspero conflicto que le esperaba, con un celo indómito le anunciaba, además, que en setiembre, en que principiaba un mejor tiempo, pensaba continuar su visita y misiones en pueblos y lugares muy lejanos de la capital, a donde en unos nunca habían llegado misiones, y en otros hacía una larga serie de años que no se practicaban tales ejercicios.

Sus habitantes olvidados de la religión y entregados a una corrupción asombrosa, iban a ofrecer males grandes y numerosos que remediar, y que reclamaban la indulgencia de la Iglesia.

Como la población era poca en esos lugares y el territorio vasto, muchísimos consanguíneos aun ligados en los grados más próximos se encontraban unidos en reprobado comercio, viviendo escandalosamente y otros se hallaban en inminente peligro.

Para eso imploraba de la benignidad de Su Santidad las facultades necesarias, habiendo ya hecho uso de muchos de los casos concedidos. Pedía, además, que se le facultara para dispensar en algunos casos de matrimonios mixtos; en la capital y en la campaña, en efecto, había un crecido número de habitantes de las sectas disidentes, que por desgracia trababan amistades con las hijas de los católicos, entre quienes muchas veces para evitar males mayores, se hacía necesario el matrimonio; con esa concesión se pondría un pronto remedio a los males expresados[365].

El arzobispo de Palmira podía asegurarle al card. Antonelli, el 22 de marzo de 1861, que la iglesia de la República Oriental, gracias a los esfuerzos de su vicario apostólico, se estaba levantando del estado de postración en el que había caído por muchas causas, que creía superfluo relatar, y que nuevamente adquiriría el vigor necesario, prosperando con la bendición de Dios y los auxilios que oportunamente le brindaría la Santa Sede[366].

---

[364] ASV, ss ae, a 1861, R 283, 177

[365] Ibíd., 178v

[366] Ibíd., R 251, 18v-19

Conclusión

A esta altura de la narración huelgan las observaciones, porque ya los hechos consignados hablan con una evidencia palmaria.

Si se conociese la actividad posterior de Don Jacinto Vera en este campo, siempre emprendedora y constante, se comprenderían mejor las palabras de su primer biógrafo Lorenzo A. Pons, que pueden servir de conclusión a este capítulo.

"Aquellas Misiones –escribe el citado autor- marcaron una época memorable en los fastos de esta Iglesia. Siempre los grandes hombres dejan a la posteridad recuerdos indelebles de su existencia, y esto es lo que inmortaliza sus nombres; **el del ilustrísimo señor Vera no morirá nunca, porque es el nombre del gran apóstol del Uruguay en el siglo XIX**"[367].

Sí, en esto radica la verdadera grandeza de mons. Vera; él fue el gran apóstol del Uruguay en el signo XIX y nadie como él realizó, en ese siglo, tales milagros de apostolado en la República Oriental.

---

[367] PONS, o.c., 93

CAPITULO V

Entierro del masón Jakobsen. Tribunales eclesiásticos. Proyecto de ley sobre el matrimonio.

Introducción

El *entierro laico* del impenitente masón Jakobsen señala, desde luego, el inicio oficial de la violenta lucha entre la corriente católica *ultramontana* (conservadora) y la corriente liberal del *catolicismo masón.*

No hay que olvidar que "ni durante la Colonia, ni durante la Revolución, ni en los primeros tiempos de la República, hízose sentir realmente entre nosotros la corriente ultramontana del catolicismo. Apareció recién a mediados del siglo XIX, al influjo de la Compañía de Jesús restaurada, para tomar la dirección oficial de la Iglesia, con el advenimiento de Jacinto Vera al Vicariato Apostólico, desde 1859. Pero este ultramontanismo de injerto sin raíz colonial en el país, resultó trabado o contenido en sus tendencias por la tradicional modalidad de nuestra Iglesia, sobre la que se fue modelando en el tiempo la conciencia de la sociedad nacional"[368].

La *organización*, por parte del Gobierno, de *los tribunales eclesiásticos* indica sin más un aspecto significativo de la enorme extensión del **regalismo criollo**, y *el proyecto de ley sobre el matrimonio* revela, en fin, una vez más la tradicional mentalidad liberal en materia religiosa, de una gran parte de la ciudadanía oriental, y de una manera particular, de los dirigentes políticos.

Tres hechos estos que en su profunda dialéctica reflejan el penoso drama vivido y sufrido por la sociedad uruguaya en la década del 60: estructuras incompatibles con la mentalidad, corriente ultramontana opuesta a la liberal, Vera y Berro intransigentes en defender, el primero, poco habilidosamente, una razonable independencia de la Iglesia del Estado, y el segundo, poco ilustradamente, una mal entendida primacía del Estado sobre la Iglesia, y el todo en un ambiente masón en rápida evolución anticatólica.

En una ajustada visión panorámica, escribe el ya citado autor: "El apogeo del catolicismo masón quedó emplazado entre 1857, el año de fundación de la Sociedad Filantrópica cuando la fiebre amarilla, y 1862, el año del destierro de Jacinto Vera. En 1861 alcanzó la plenitud

---

[368] ARDAO, Racionalismo..., 105-106

de su extensión y pugnacidad. Después de 1863, el año del regreso victorioso de Jacinto Vera, languidece y muere. Pero muere como corriente católica militante. En otro sentido, como forma de racionalismo religioso, no muere sino que se metamorfosea; fue en el terreno proporcionado por el catolicismo masón que germinó y creció –en la década del 60 y dentro y fuera de las logias- la planta del racionalismo en sentido estricto, la escuela deísta de la religión natural.

La crisis de la fe que ocurrió entonces, fue la crisis de la fe disminuida o debilitada por la obra del catolicismo masón"[369].

1. Entierro del masón Jakobsen

"La plenitud de la extensión y pugnacidad" del catolicismo masón apuntada por dicho autor, tuvo su origen inmediato en la negativa de sepultura eclesiástica, dada por el cura de la villa de San José al cadáver del dr. Enrique Jakobsen. Este, antes protestante, había renunciado a su confesión religiosa, siendo bautizado *sub conditione* en la capilla de la Caridad, y teniendo por padrino a Policarpo Ahumada, ex notario eclesiástico. Después se había casado con una hija del país.

"Habiendo caído enfermo y encontrándose en peligro de muerte, el Dr. Jakobsen –según *La Prensa Oriental*, abril 26 de 1861-, llamó al cura Madruga, con la intención de cumplir al borde del sepulcro con los demás deberes religiosos impuestos por nuestra santa religión a todo buen católico".

El cura de San José, ex alumno de los jesuitas, exigió del penitente moribundo una retractación pública como masón[370]. El extranjero rehusó someterse a dicha retractación pública de sus errores en materia de fe, negándole por consiguiente el cura párroco la absolución de sus culpas y la sepultura eclesiástica.

Tenido conocimiento de lo acontecido, la sociedad masónica con toda intencionalidad y premeditación, mientras vomitaba insultos en la prensa, hacía trasladar el cadáver a Montevideo.

En la sección *Solicitadas* del conocido órgano masón, el 16 aparecía inserto un artículo, firmado por *El Duende* y encabezado con las iniciales I.N.R.I., en el que se lanzaban insultos groseros[371].

---

[369] Ibíd., 194

[370] Pr. O., abr. 16 de 1861

[371] "Acaba de tener lugar en San José un hecho altamente escandaloso, pura emanación del jesuitismo, que tanto lucha hoy día para asentar su inmunda planta entre nosotros. Un alemán, Enrique Jakobsen, afiliado en la comunidad católica, ha dejado de existir habiendo solicitado en vano los

Intervención del vicario general Conde

El vicario general, encargado interinamente del vicariato, llamaba la atención del ministro de gobierno sobre el blasfemo contenido del citado artículo[372].

Sin entrar "en análisis de las repugnantes doctrinas de aquel artículo", pues que a su simple lectura el ánimo cristiano del ministro Acevedo había de ser justamente impresionado de horror y justa indignación, no podía dejar de hacer algunas reflexiones acerca del pretexto que se había tomado para zaherir a la religión y a sus ministros.

El cura de San José no había hecho sino cumplir con los deberes de su ministerio, conocedor de éstos y de las leyes civiles, como eclesiásticas que garantían la libertad de la Iglesia.

Sería una tiranía compeler a la Iglesia a que, derogando sus leyes, extendiera los consuelos de la religión y las ceremonias de su culto a los restos mortales de los que públicamente habían declarado no reconocer su autoridad ni someterse a sus disposiciones.

Echando una mirada por lo que pasaba en naciones adelantadísimas en civilización y en donde la libertad de cultos estaba garantida por las leyes, uno no podía menos de admirar el contraste con las pretensiones y exigencias de los que pensaban y obraban como el autor del artículo cuestionado.

Esgrimiendo argumentos de celebridades europeas, el provisor delataba lo ilógico de las paródicas pretensiones de los masones[373].

---

auxilios y consuelos que presta en los últimos momentos del hombre la sublime ley que el Redentor del mundo legó a sus discípulos y representantes en la tierra...

San José entero conoce el hecho para que los cuervos de Loyola se atrevan a ponerlo en duda...

Hemos encabezado nuestro artículo con las letras I.N.R.I.... ¿Quién habría de creer que con el transcurso de los siglos, debían significar un hecho altamente moral, *Jesus no respicit Jesuitas*?" (Pr. O., abr. 16 de 1861).

[372] "No es posible, Sor. Ministro –le escribía la mañana del mismo día-, llevar más adelante el escándalo y el insulto a la Religión del Estado y a la moral pública, de lo que hace el autor del expresado artículo; como si no hubiera entre nosotros leyes represivas de los abusos de la Prensa, o como si se contase impudentemente con la impunidad bajo la sabia, recta y patriótica administración que felizmente rige" (AGN, mg, c 1128).

[373] "Los templos son abiertos para todos, a condición al menos, del respeto que se merecen los dogmas y el culto que en ellos se practican. No se puede

Finalidad de los masones

Los masones, que de ningún modo reconocían la validez de la condenación, por parte de la Iglesia, de su sociedad, en su liberalidad de ideas, no se planteaban tanto el problema de la libertad de la Iglesia, cuanto el de proyectar y crear una iglesia más conforme a sus categorías.

El estorbo y la oscuridad, en efecto, que contrastaba con la luz del siglo en materia de creencias religiosas, eran las prescripciones, las leyes y aun algunos dogmas por los que estaba regida la Iglesia Católica, y con ella los ministros de la misma, encargados de interpretarlas y cumplirlas.

---

obligar a la Iglesia a bendecir una tumba que nada tiene de común con sus creencias. ¿Por qué, pues, obligan a la Iglesia a que reciba en su seno a un muerto bajo de un culto o ceremonial que ha despreciado, y rechazado en vida? ¿Dónde está la libertad de la Iglesia?" (AGN, mg, c 1128).

"¡Extraña contradicción! En vida rehusamos entrar en el tempo de Dios, y muertos, ¿se exigirá que nuestro cadáver violente las puertas del templo, para recibir en él las bendiciones forzadas de sus Ministros? ¿Dónde está la libertad que se concede a éstos y a la Iglesia, de que son sus guardianes?" (Ibíd.).

"La Iglesia –seguía argumentando Conde- a nadie violenta a que se confiese, a que comulgue ni reciba otros sacramentos, aun cuando puede imponer estos deberes a los que están bajo su ley, desde que fueron bautizados; pero sí declara que no puede ni debe administrar los sacramentos, o hacer partícipes de sus consuelos sino a los que los pidan bajo las condiciones de su institución" (Ibíd.).

"¿Y qué cosa más natural? ¿Qué se hubiera dicho, en efecto, si se hubiera tratado de obligar a que se recibiera un cadáver en un cementerio protestante, sin las condiciones que exigía el rito protestante? ¿Por ventura la Iglesia Católica, que era la del Estado y de la mayoría de sus habitantes, debía carecer de la libertad que tenían las demás creencias, para no recibir en sus casas a los que querían entrar a ellas, sin guardar las condiciones sociales?" (Ibíd.).

Con una argumentación *ad hominem,* Conde se dirigía a la masonería preguntando: "¿Podrá alguien recibirse de *maestro o rosa cruz* sin someterse a tales o cuales pruebas o trámites prescriptos por los reglamentos de la sociedad? Sin duda que no" (Ibíd.).

"Al paso que vamos –finalizaba diciendo-, o mejor dicho al punto que llegan las pretensiones de algunos, la Iglesia quedará reducida a solicitar de la sociedad civil el que le conceda la libertad religiosa, y que de hecho tiene concedida, y reclama para sí el último habitante del Estado" (Ibíd.).

Aquí estaba cabalmente, para los "católicos a la moda", la oscuridad y el único estorbo que se oponía, sin duda, a la marcha de la humanidad[374].

A estos reformadores, o mejor dicho, creadores de una iglesia más pura, más ilustrada y progresista, Francisco Javier de Acha les sugería: "Y aun en el mismo caso de la necesidad de una reforma para la Iglesia Católica, la primera obligación de los que a esa Iglesia pertenecen, el primer deber impuesto a la conciencia de los católicos, es cumplir y acatar lo existente, mientras no suene la hora en que el que todo lo puede, consienta esa reforma. No es con gritos, no es con tumultos, no es con provocaciones, no fomentando cismas como nosotros la queremos; ni son aquellos que no pertenecen a esa Iglesia, las otras religiones, y las otras sectas, las que tienen el derecho de pedir esa reforma"[375].

En el caso concreto de la confesión de una masón moribundo, los masones proponían, para que el sacerdote confesor superara los obstáculos jurídicos y los escrúpulos de conciencia, un medio muy conforme, según los mismos, a la disciplina administrativa, que consistía en preguntar a los penitentes que se declaraban masones, si como tales habían profesado errores o creencias contrarias a la religión, y, en caso de negativa, proceder a la confesión ordinaria[376].

En tiempos de compromiso y de no definición, como en los anteriores, de tolerancia y de buena fe en la mayoría de los adeptos, la solución era obvia y natural, pero perdía su justificación ahora, en que los movimientos marchaban en sentido contrario, resultando sustancialmente una farsa el racionalismo liberal imperante vestido, en algunas ocasiones solemnes, con el ropaje de un catolicismo ceremonial.

La incompatibilidad de esta situación era denunciada por *La Revista Católica*, con palabras muy claras[377].

---

[374] Rev. C., abr. 28 de 1861

[375] Ibíd.

[376] Pr. O., abr. 26 de 1861

[377] "Es ya tiempo, ha sonado la hora en que cada uno se manifieste como es, en orden a creer o no creer, diga clara y terminantemente en qué filas quiere alistarse. Se han levantado dos bandos: uno que reprueba lo que creemos ser de verdadero catolicismo, y se llaman a sí mismos ilustrados humanitarios, progresistas y *con todo discurso masones* y han llegado a comprometer la tranquilidad pública escandalizando a la pacífica Montevideo, e insultando a la Iglesia Matriz y en ella a la Religión del Estado, a las autoridades eclesiásticas, a todo católico, pero bueno, con aquellas voces tumultuosas: ¡abajo los jesuitas! ¡abajo los frailes! ¡abajo la Iglesia!; y otro que es el de la

Nueva actitud de la curia

El ropaje arriba expresado podía servir magníficamente para la táctica de penetración entre los incautos, pero la Iglesia, como una gran parte de la opinión pública, estaba convencida de que se debía abandonar, aunque implicara violencia.

Conde abría formalmente las hostilidades al declararle al ministro: "Hasta hoy la Iglesia sollozaba en secreto sobre las tumbas que se le obligaba a bendecir, por evitar escándalos, y que jamás se diga que estos emanasen de ella; **pero ahora que por primera vez** el escándalo ha partido de los mismos que debían evitarlo, puesto que, para hacer alarde de su temeridad han conducido a esta Capital los restos mortales de un individuo excluido de la sepultura eclesiástica por la autoridad local competente, **la Iglesia no puede dejar de levantar su voz**, en su propia defensa y en la del Párroco que ha cumplido su deber, *aceptando las amarguras de este sacrificio*, al que se une y está resuelto a compartir el infrascripto, como Jefe de la Iglesia"[378].

Iglesia y masones se inculpaban mutuamente el haber provocado la chispa inicial; en realidad ambos habían cooperado -en medida mayor y con evidente finalidad provocativa los segundos- con la clarificación de sus programas y la abierta definición de sus intenciones, creando un ambiente ideal para que el incendio se volviera inevitable.

Entierro de Jakobsen

A pesar de la prohibición de la autoridad eclesiástica, la sociedad masónica había obtenido del ministro de gobierno el permiso de enterrar el cadáver en el cementerio de la capital[379].

Pese a que el cura Brid, por la mañana del día 16 hubiese hecho presente a la comisión encargada de aquel funeral que no podía recibir el cuerpo en la iglesia, y que como a las dos de la tarde el ministro Acevedo hubiese prevenido al dr. Jaime Estrázulas que no llevaran el cadáver a la iglesia[380], se quiso, contra todo principio de prudencia y moderación, organizar una manifestación imponente, que patentizara el poder de la secta, que esperaba impaciente el momento

---

doctrina pura, católica, que sufre en silencio y espera con respeto la resolución pacifica" (Rev. C., abr. 28 de 1861).

[378] AGN, mg, c 1128

[379] AyB pba, Ibíd.

[380] Rev. C., abr. 28 de 1861

de gritar a todo el mundo su **disconformidad con la dirección filojesuita del vicariato.**

"A las tres de la tarde se reunió en casa del Sr. Narciso del Castillo un número bastante considerable de personas respetables de la sociedad con el objeto de acompañar hasta la Iglesia Matriz al cadáver del finado Dr. Jakobsen... Llegado el cortejo a la Iglesia se presentó en el atrio de ella el Sr. Cura D. Juan José Brid, y privó la entrada del cuerpo mostrando una orden por escrito que tenía del Vicario que así se lo ordenaba. Varias personas interrogaron al Sr. Cura..., pero el Sr. Brid nada podía hacer desde que una orden de su superior así lo prohibía.

Exaltados los ánimos con una conducta tan imprudente cuanto inoportuna, varias voces prorrumpieron en gritos ¡mueran los jesuitas! que nosotros no aprobamos, a pesar que la culpa la tienen los que dieron motivo para ello"[381].

Intervino el jefe de policía y los perturbadores se rindieron a sus intimaciones[382]; en vez de derribar las puertas del templo como tenían planeado, se dirigieron en seguida, todos unidos, a sepultar el cadáver, como realmente lo sepultaron, en uno de los lugares más distinguido del cementerio[383].

Solemnizó la ceremonia un discurso a la numerosa concurrencia de Adolfo Vaillant, en el que, exaltando la figura del fallecido, tejió la apología del movimiento masón: "Señores, el finado Dr. Jakobsen -dijo- pertenecía a una institución que tiene por dogma fundamental la creencia en Dios y en la inmortalidad del alma, y que ama y acata la religión como los mejores católicos, pero sin *fanatismo,* ni vanas preocupaciones.

Los que quieren sostener lo contrario o no conocen esta institución, o la quieren calumniar con fines que no es del caso explicar aquí. El hecho que podemos afirmar es que jamás los Masones se ocupan de religión ni de política en sus reuniones"[384].

La prensa del día 17 se preguntaba: "Ahora bien, ¿por qué se admitió en la mañana de ese día al **cadáver de D. Gabriel A. Pereira**, siendo como todo Montevideo sabe, Masón y Protector de la Orden...?

Se dirá que se confesó y recibió los santos Sacramentos, y que por tanto tenía entrada en el templo, a pesar de ser Judío, Hereje,

---

[381] Pr. O., abr. 17 de 1861

[382] Rev. C., abr. 21 de 1861

[383] AyB pba, Ibíd.

[384] Pr. O., abr. 18 de 1861

hombre con rabo, etc., etc., como dicen los fanáticos especuladores"[385].

El articulista procuraba hacer entender, como el poeta Acuña de Figueroa[386], que los motivos de la diferencia no eran disciplinares o dogmáticos, sino otros muy diversos.

Medidas de la curia

Posteriormente a la nota dirigida con fecha 16 de abril al ministro Eduardo Acevedo, Conde había tenido la amarga noticia, de que el cementerio público católico había sido escandalosamente violado contra las leyes canónicas, civiles y administrativas, inhumando en él el cuerpo de un individuo que había muerto, no sólo fuera del gremio de la Iglesia, sino desconociendo sus leyes, hasta el último instante de su fallecimiento.

Sin pretender analizar –para no ofender la alta ilustración en materia del Gobierno- los derechos sagrados de la Iglesia contra semejante atentado, que a más de su *libertad*, atacaba su *propiedad exclusiva* sobre los lugares sagrados, o consagrados al culto, reclamaba del poder civil, como a protector nato de la Iglesia, la reivindicación de sus derechos violados, pidiéndole a nombre de la Iglesia la **exhumación del cadáver** con que se había violado el cementerio católico, exclusivamente destinado a los fieles de ese culto[387].

Vera, que había vuelto precipitadamente a la capital, interrumpiendo la segunda temporada de las misiones, que habían tenido su comienzo en la villa de Canelones, el mismo día 17 de abril aprobaba en todo el proceder de su provisor y el del cura rector de la Matriz, y declaraba **"a la vez en entredicho el Cementerio público de la Capital**"[388], mientras no se exhumara el cadáver del fallecido masón, a quien sin licencia eclesiástica y violentando las inmunidades de la Iglesia habían dado sepultura el día anterior.

A raíz de la fulminación de este anatema ni los curas párrocos de la capital, ni de los suburbios podían, hasta nueva orden, dar

---

[385] Ibíd., abr. 17 de 1861

[386] Una improvisación de Acuña de Figueroa:

"Pidió un Masón a un Cura
Confesión, -¡Si será Hereje,
Pues no haya aunque Dios se queje
Confesión y sepultura!

Un Masón rico aquel día
Fue enterrado con grandeza
Ya veo que es la pobreza
La verdadera herejía"

(Pr. O., abr. 17 de 1861).

[387] AGN, mg, c 1128

[388] Ibíd.

licencia de enterramiento, bajo apercibimiento de las más severas penas eclesiásticas[389].

Se comunicaba esta decisión, verdaderamente inusitada para el pueblo oriental, al ministerio de gobierno, a la secretaría de la junta económico-administrativa capitalina y a los párrocos. Estos últimos debían hacerla conocer a los fieles, leyéndola en las misas más concurridas y fijándola en las puertas de los templos[390].

Posición de la prensa

Antes de que cundiera la noticia del entredicho, los periódicos ya habían empezado a redoblar sus ataques[391].

La Prensa Oriental, portavoz de la izquierda liberal, hacía un llamado a la autoridad de la República para que tomara una parte

---

[389] Ibíd.

[390] ASV, ss ae, a 1861, R 283, 177v

[391] "Se preguntará quizá –escribía *La Prensa Oriental*-, cuál es el fundamento que ha tenido el Padre Vera nuestro Vicario actual para mandar cerrar las puertas de la Iglesia al cadáver de un cristiano…

No ha habido otro que el *ridículo y absurdo pretexto* de que pertenecía a la grande y universal Asociación Masónica… ¿Cuándo se ha visto en Montevideo un hecho de semejante naturaleza? ¿Ignora el Sr. Vicario que toda la vida desde los tiempos primitivos de la fundación de esta ciudad, ha habido en ella franc-masones, de los más respetables de esta sociedad, y que *medio pueblo es franc-masón en el día*, tan cristiano y tan católico como puede serlo el mismo Sr. Vicario, sin que jamás se le hubiese ocurrido a ningún prelado negarle sepultura o los auxilios de la religión y la entrada de la Iglesia de sus cuerpos inanimados?

Masones eran el Padre de los pobres D. Francisco Antonio Maciel, el benéfico Cipriano de Mello, D. Francisco Joaquín Muñoz, D. Nicolás Herrera, D. Santiago Vázquez, el Dr. Otaegui, el general Rondeau, el general Garzón, el general Oribe, D. Juan Benito Blanco, el Dr. Vilardebó, el Dr. Muñoz, D. Manuel Luna, D. Joaquín Sagra y Periz, D. José Massera, D. Pedro Pablo Bermúdez y tantos otros ciudadanos eminentes y respetables, que han muerto como cristianos sin que a nadie se le ocurrió la peregrina idea de reputarlos fuera de la comunidad católica, como al Sr. Vicario negando a un Franc-Masón, lo que no puede negarse a ningún cristiano, lo que no ha podido negar al Dr. Enrique Jakobsen. *Pasó el tiempo del obscurantismo, de la barbarie, del fanatismo que explotaba la ignorancia y el atraso de los pueblos,* para dominar con absoluto, hacer befa de la religión, y especular a mansalva con el error y la credulidad de las gentes" (Pr. O. abr. 18 de 1861).

principal y con mano fuerte evitara que tales hechos se reprodujeran, porque podían traer muy serias consecuencias.

El precedente que dejaba el hecho, hubiera sido funesto para el orden, la moral y la religión misma, y había absoluta necesidad de no tolerarlo[392].

Respuesta de Vera a la prensa

Con la misma decisión con que había fulminado un poco apresuradamente el entredicho, Vera denunciaba al ministro Acevedo los periódicos *El Pueblo, La América* y *La Prensa Oriental* publicados en ese mismo día 18 de abril.

Ellos, en efecto, estaban escritos con toda la acrimonia de la impiedad, ellos atacaban directamente a la religión del Estado, ellos ofendían y ajaban a la autoridad eclesiástica, ellos contenían máximas formalmente heréticas. Por eso y en fuerza del cargo que desempeñaba, se veía en la necesidad de reprimir esos repetidos avances que los dichos periódicos, hacía días, se permitían.

Los denunciaba ante el Ejecutivo a los efectos correspondientes y para que en ningún tiempo se culpara su silencio ni mucho menos se interpretara debilidad en el desempeño de los sagrados deberes.

El ministro no debía extrañarse, que con tal motivo y para evitar los males que podían ocasionar en las conciencias de los fieles "semejantes impíos escritos", el Vicario hiciese valer los medios que la Iglesia ponía en mano de la autoridad para tales casos[393].

En una pastoral, dirigida a los venerables curas párrocos, a los presbíteros y a todos los fieles católicos, declaraba que los periódicos arriba expresados y por él acusados y denunciados al Gobierno, comprendían artículos impíos, irreligiosos y anticatólicos, y *en esta virtud no podían los fieles leerlos, ni oírlos leer* sin gravar sus conciencias, mientras persistían en tales publicaciones. Por el derecho eclesiástico estaba prohibido todo escrito o impreso que atacara a la religión o a la Iglesia, bien en sus dogmas, bien en la santidad de su moral.

Para que esta declaración pudiese llegar al conocimiento de todos los fieles, les prescribía a los párrocos que la fijaran en la sacristía y puertas de sus iglesias[394].

---

[392] Pr. O., abr. 18 de 1861
[393] AGN, mg, c 1128
[394] Rev. C., abr. 21 de 1861

Medidas del Gobierno y de la Junta Económico-administrativa

El Gobierno sin contestar a las repetidas notas de la vicaría apostólica, expedía un decreto declarando, en concepto de Vera, fuera de la jurisdicción eclesiástica los cementerios[395].

Siendo contrario a la higiene que los cadáveres, en estado, a veces, de corrupción completa, fueran conducidos a las iglesias para celebrarse allí misas de cuerpo presente, con peligro de inficionar a los asistentes, y tratándose de negocio de pura administración municipal, el poder ejecutivo acordaba y decretaba:

"Art. 1° Desde la fecha de este decreto, los cadáveres serán conducidos directamente de la casa mortuoria al cementerio.

Art. 2° Ningún cadáver será sepultado sin que haya transcurrido veinte y cuatro horas de la muerte y se haya exhibido un certificado médico, haciendo constar la defunción y las causas que la hayan determinado.

Art. 3° La Junta Económico-Administrativa de la Capital, a quien queda encomendado el cumplimiento de este decreto, cuidará de que en el Cementerio, haya un sacerdote cuyo servicio se determinará por un reglamento especial"[396].

Por su parte la Junta E. Administrativa del departamento, al recibir la nota del vicariato, en que se declaraba en entredicho el cementerio público, en sesión del día 18, había resulto que la comisión de cementerios continuara, hasta nueva resolución, expidiendo licencias para sepultar cadáveres en el cementerio, supliendo la papeleta del cura con un certificado del teniente alcalde respectivo o dos vecinos, que atestiguaran que el fallecido pertenecía a la religión católica, apostólica, romana y la parroquia a que correspondía[397].

El ministerio de gobierno contestaba a la medida de la junta diciendo que se debían cumplir los artículos del decreto citado, y que, arreglada la dificultad sobrevenida, debían expedirse las papeletas por los curas párrocos respectivos, como se hacía antes del incidente[398].

Espíritu de los decretos civiles

Puntualizando la situación que se había venido a crear con las decisiones unilaterales del Gobierno y de la junta, en respuesta a la exigencia de **exhumación del cadáver** y de **entredicho** por parte

---

[395] ASV, ss, ae, a 1861, R 283, 177v

[396] Rev. C., abr. 21 de 1861

[397] AGN, mg, c 1128

[398] Ibíd.

del vicariato, se puede deducir que, aunque la secularización de los cementerios no se proclamara *expressis verbis*, la mentalidad de ambos organismos civiles, en dictaminar sobre esos lugares sagrados, era de neta prescindencia de la Iglesia, despreciando su libertad y atacando su propiedad exclusiva sobre los mismos, como afirmaba Conde, y substrayéndolos de la jurisdicción eclesiástica, como relataba Vera en carta a Roma.

Si el espíritu del decreto no hubiese sido de real secularización, inútiles hubieran resultado sus artículos. Así lo estimaba el delegado, que no podía admitir tal interpretación. "La medida que ese Supremo Gobierno ha dictado con motivo de la cuestión del entierro de Jakobsen, que en adelante los cadáveres sean llevados directamente al cementerio, a mi juicio no es adecuada para conseguir el objeto que se propone, porque muriendo otro de las mismas condiciones que Jakobsen, aunque su cadáver no se lleve a la Iglesia, no se puede por esto enterrar en lugar religioso, como es el cementerio bendecido y destinado para el entierro de fieles; es así que, cumpliendo la autoridad eclesiástica con su deber, volveríamos a la misma cuestión"[399].

Pero el Gobierno, coherente con su tradicional ideología liberal, ya no partía del presupuesto de que los cementerios eran lugares sagrados y propiedad exclusiva de la Iglesia.

En este clima de **laicización** *ante litteram*, en contraste con las estructuras vigentes, su decisión podía surtir los efectos esperados. En un comunicado oficial a la curia, en efecto, expresaba que el decreto del día 18 contribuiría a evitar en lo sucesivo dificultades de la naturaleza de las que se habían presentado en los últimos días[400].

Al mismo tiempo que el gobierno caminaba decidido en pos de los dictámenes de la ilustración racionalista, no estaba dispuesto a perder su calidad de patrono y protector de la Iglesia nacional; para esto prescribía en el tercer artículo que hubiese un sacerdote en el cementerio, cuyo servicio se determinaría por un reglamento especial.

Posición del gobierno

Aclarando finalmente su posición, se dignaba, con fecha 19 de abril, contestar a las cuatro notas del vicariato.

Asentado el principio de que no podía ponerse en duda de que uno de los deberes fundamentales del Gobierno era el de proteger la religión del Estado, aseguraba que no había podido mirar con

---

[399] AyB pba, Ibíd.
[400] Rev. C., abr. 21 de 1861

indiferencia la actitud que algunos órganos de la prensa periódica habían tomado, "pero convencido, por una parte, de que **todo exceso lleva en sí mismo el correctivo**, y por otra parte, *que en los países libres es imposible pretender que la prensa se mantenga siempre dentro de los justos límites"*, había creído que por el momento no debía intervenir activamente; se reservaba, sin embargo, todos los medios reconocidos por la constitución para la conservación del orden y tranquilidad.

Declaraba que el Gobierno había mirado con el más profundo desagrado el escandaloso desacato que había tenido lugar el martes 16 en la plaza de la Constitución, a las puertas de la iglesia Matriz, y que estaba decidido a mantener el orden en todos los casos, cualesquiera fuesen las personas que promoviesen disturbios, siendo inexorable en el cumplimiento de su deber.

Bajando al caso de Jakobsen, especificaba que no había mediado la violación alegada por la curia, por haber sido concedido el permiso de entierro con la autorización del Gobierno.

"En un país libre –concluía diciendo-, *donde está garantida la libertad de creencia y la de culto*, que es su consecuencia necesaria, no puede pretenderse seriamente renovar con la aquiescencia de la autoridad esas luchas desastrosas que perturbaron la cristiandad en épocas muy remotas[401].

Esta última afirmación, trascrita textualmente, evidencia con claridad meridiana la senda elegida por el Gobierno, no sustentada por ningún artículo de la constitución, y **por tanto jurídicamente ilegal, pero sustancialmente consonante con el proceso histórico-ideológico del país[402].**

Posición del vicariato

Era presumible que el vicariato en su nota de 20 de abril no reconocería un tal planteamiento de la cuestión, por ser totalmente contrario a la legislación vigente, tanto eclesiástica, como civil.

Bien hubiera deseado Vera aquietar su conciencia, acomodando su modo de ver al del ministro de gobierno en orden a la violación flagrante que se había hecho del cementerio. Pero, a pesar

---

[401] Ibíd.

[402] "De todos estos antecedentes se deduce que la Constituyente no quiso resolver en forma expresa el problema de la libertad de cultos, que quedó librado al criterio de los tiempos futuros.

Ya en pleno período constitucional, *el problema religioso tuvo una solución liberal"* (PIVEL DEVOTO-RANIERI, Historia de la República..., 25).

de sentirlo mucho, consideraba un deber muy sagrado de su ministerio el manifestar clara y terminantemente que el cementerio público había sido violado por el hecho de haber dado sepultura en él a un cadáver "no sólo sin la debida autorización eclesiástica, pero, lo que era más sensible, contra la voluntad y expresa prohibición del Prelado"[403].

El cementerio estaba violado, el cementerio estaba en entredicho, y mientras éste no se levantara, no se podía lícitamente enterrar en él a ningún católico.

El Vicario exponía luego brevemente la doctrina tradicional de la Iglesia[404].

Relativamente a la última afirmación del ministro, en que se decía que la *libertad de creencias y de culto se hallaban garantidas*, no quería detenerse a considerarla, para no importunar inútilmente, pero se permitía una observación. "No sé donde lo sean –afirmaba-, si por la Constitución del Estado, por alguna ley, que no haya llegado a mi conocimiento, o por alguna nueva disposición gubernativa. **No veo más que un hecho, una tolerancia de un templo protestante[405], y un hecho tolerado no prueba garantía de libertad de creencia y de cultos[406].**

---

[403] AGN, mg, c 1128

[404] "No está en mis atribuciones alterar en lo más mínimo las disposiciones generales de la Iglesia en punto a su disciplina. Según ésta, los Cementerios son lugares sagrados, los cementerios son una ramificación de las parroquias, los cementerios católicos son y necesitan la bendición de la Iglesia, y de los mismos modos y maneras se profanan y reconcilian aquéllos que ésta...

Si los cementerios católicos, según la disciplina actual de la Iglesia, según las leyes vigentes, según nuestros actuales Reglamentos, son lugares sagrados, pertenecen a las cosas sagradas, son la secuela de las parroquias...*¿Cómo y quién podrá legítimamente secularizarlos*? ¿quién arrancárselos sin violencia a la Iglesia? Se hará por la fuerza y en tal caso, tendríamos que contentarnos con levantar nuestra voz, protestando contra los hechos abusivos" (AGN, mg, c 1128)

[405] "El mayor problema que se planteara a Larrañaga durante su Vicariato Apostólico, fue indiscutiblemente la creación del Templo Protestante y la escuela del mimo credo religioso... Su negativa no obstó a que el gobierno autorizara la erección del templo protestante" (FAVARO, Dámaso..., 99-100).

[406] AGN, mg, c 1128

Respuesta del Ministro Acevedo

En contestación, Acevedo, calificando de erróneas algunas proposiciones de Vera y no queriendo alejarse del objeto que unos y otros debían proponerse, se limitaba a participarle que había recibido instrucciones del Presidente para ponerse a su disposición con el objeto de conferenciar sobre el punto indicado.

En el fondo, en efecto, la nota del Vicario no se dirigía a otra cosa que a manifestar el deseo de que, reconsiderándose el decreto del día 18, se abriese un medio para poder llegar a una terminación aceptable y honrosa de la controversia.

Para que la curia no se hiciera muchas ilusiones sobre el alcance de un posible arreglo, dejaba establecido que el presidente de la República *estaba resuelto a respetar y hacer respetar todas las libertades* que la constitución garantía a los habitantes de la República[407].

Animado de los mismos deseos que el ministro, y sin consentir en aquellas palabras de "proposiciones erróneas" con que se permitía calificar algunas de sus observaciones, Vera aceptaba gustoso la conferencia, con el objeto de poner término de una vez a las diferencias que tanta trascendencia tenían en la vida ciudadana[408].

Dificultad en la solución del conflicto

Tuvieron lugar algunas conferencias, pero ellas dieron como resultado una completa ruptura entre el jefe de la Iglesia oriental y el ministro Acevedo[409], por exigir el primero la exhumación del cadáver, como *conditio sine que non*, para levantar el entredicho.

Esto no era de absoluta necesidad jurídica, porque el cementerio bendecido según mandaba la Iglesia, no quedaba violado o "poluto" por el entierro de un impenitente como se suponía el tal Jakobsen; ni había ley, que de un modo terminante prescribiese se exhumara[410].

El Gobierno se resistió frente a esa exigencia "y el asunto iba tomando un giro sobremanera alarmante y tanto más por los verdaderos católicos y por las almas timoratas y cristianas"[411].

El diario masón, echando leña al fuego, analizaba la conducta del Vicario y escribía: "El grado de inflexibilidad que toma la cuestión

[407] Rev. C., abr. 25 de 1861
[408] AGN, mg, c 1128
[409] ASV, ss ae, a 1861, R 283, 177v
[410] AyB pba, Ibíd.
[411] Ibíd.

del día, y la doctrina jesuítica de que **la Iglesia no cede nunca**, nos hace comprender una cosa: la necesidad en que está el Gobierno de obrar enérgicamente, si quiere poner un límite al cisma que divide la sociedad en dos bandos, uno de Jesuitas, otro de libertad y tolerancia religiosa. La lucha está empezada. El Jesuitismo fue el provocador"[412].

Los Jesuitas seguían siendo el blanco constante de las prédicas liberales; más adelante, en efecto, afirmaba: "Está en pie el jesuitismo... El confesionario sirve para espiar los actos de hombres que no se conforman con los principios fanáticos que inculca el jesuitismo. La confesión sirve también para averiguar quién es Masón, para negarle los auxilios de la religión en artículo de muerte"[413].

"¡Qué brillantes adelantos hará nuestro país cuando vengan los apóstoles de esas civilizadoras ideas a encargarse de la educación de la juventud, de la dirección espiritual de las madres de familia...! Tendremos entonces un caudal de ideas jesuíticas en nuestras casas, desconfiaremos de nuestros padres, de nuestras esposas, de nuestros hijos; tendremos anualmente un buen número de divorcios y no dejará de haber algunos legados en testamentos que arruinarán a las familias que dejen entrar en sus casas a esos buenos negociantes"[414].

Solución del conflicto

"Yo comentaba en silencio las ocurrencias –le escribía Requena a Marini-, pues ni por parte del Sr. Vicario ni del Sr. Provisor había sido consultado como en otras ocasiones"[415]; pero persuadido de que no sería difícil buscar una solución pacífica y decorosa del asunto, se resolvió por último solicitar una entrevista del Vicario con el Presidente y el ministro de gobierno[416].

Vera, apersonándose al Presidente de la República, lo encontró animado de los mejores sentimientos y pesaroso por lo ocurrido.

Berro le manifestó sus deseos de remediar los males ocurridos y contener los avances; le aseguró que los masones estaban apoderados de todas las posiciones oficiales, y que le sería doloroso hacer uso de las armas para reprimirlos. Esto lo decía referente a la exhumación del cadáver que se exigía como condición previa a todo arreglo.

---

[412] Pr. O., abr. 22-23 de 1861
[413] Ibíd.
[414] Ibíd., abr. 20 de 1861
[415] AyB pba, Ibíd.
[416] Ibíd.

Visto lo cual, Vera creyó prudente valerse de una práctica citada por un autor de moral, es decir, prescindir de la exhumación del cadáver, desde que no hubiese oposición para bendecir de nuevo el cementerio, y fuese anulado el decreto en la parte que prohibía la jurisdicción de la Iglesia en los cementerios católicos.

Accedió a esto el Gobierno y se declaró en seguida, por un nuevo decreto, reconocida la jurisdicción de la Iglesia en los cementerios, y se aseguró que no habría oposición a la reconciliación propuesta[417].

El Vicario, el 30 de abril, redactaba el documento en que se declaraba que no podía prolongarse por más tiempo aquella situación sin gran daño de la religión y del Estado. Se consideraba que el medio mejor de salir de ella, inmediatamente, **era que volviesen las cosas al estado anterior** -sin perjuicio de tomar en consideración ulteriormente, en tiempo más tranquilo, las cuestiones debatidas, para darles una solución conveniente.

Vera estaba dispuesto, por su parte, a renovar la bendición del cementerio. Con el mismo fin el Gobierno dispondría que continuara en vigencia el reglamento anterior, especialmente en lo concerniente a la intervención eclesiástica, salvo las modificaciones hechas por el reciente decreto del 18 de abril. El nombramiento del capellán, a que se refería el decreto, como la reglamentación de su servicio, se harían de común acuerdo[418].

El Gobierno, no menos solícito que el vicariato en evitar todo daño a la religión y al Estado, aceptaba el pensamiento de restablecer las cosas al estado anterior, en la forma manifestada por Vera.

Por consiguiente, si el Vicario consideraba que, por su parte, debía renovar la bendición del cementerio, el Gobierno no se opondría a ese acto, en su sentido puramente religioso o espiritual. Estaba dispuesto, en fin, a proceder al nombramiento del capellán y reglamentación correspondiente[419].

Habiéndose restablecido así la buena inteligencia y armonía entre ambas autoridades, eclesiástica y civil, se procedía el mismo día 30 a bendecir el cementerio público, levantando previamente el entredicho. Los párrocos seguirían expidiendo las papeletas de costumbre[420].

Este medio adoptado de bendecir nuevamente el cementerio servía, en opinión de Marini, para calmar la agitación causada en los buenos católicos por el atropellamiento que se había hecho,

---

[417] ASV, ss ae, a 1861, R 283, 177v
[418] AGN, mg, c 1128
[419] Ibíd.
[420] Rev. C., may. 2 de 1861

enterrando en él el cadáver de Jakobsen, contra la disposición del derecho canónico reclamada con energía por la autoridad eclesiástica[421].

El día 8 de mayo quedaba aprobado por el Gobierno el nombramiento del capellán del cementerio público en la persona del presbítero Lázaro Gadea, y el reglamento en doce artículos para el servicio religioso que el mismo sacerdote debía desempeñar[422].

La importancia de este desenlace no se podía apreciar debidamente –comentaba Requena- sin haber estado en Montevideo y sin conocer bien el punto crítico a que habrían llegado las cosas si el conflicto hubiese continuado.

Según manifestación del mismo ministro Acevedo, el Gobierno hubiera llegado hasta el destierro del Vicario, del provisor y otros, si el primero no hubiese declinado de la exigencia de exhumar el cadáver[423].

Conclusión

Consideradas las pretensiones de los masones, que implicaban necesariamente la **secularización de los cementerios**, y la exigencia de Vera, que pedía **completa dependencia** de esos lugares de la Iglesia, insistiendo en la **exhumación del cadáver** no canónicamente necesaria, la solución del conflicto parecía casi imposible. Pero renunciando ambos a una parte de sus pretensiones, no por cierto a su mentalidad, se volvió posible el acuerdo. Se restablecieron las cosas al estado que tenían antes del lamentable suceso, o sea, el cementerio fue reconocido por el Gobierno como lugar religioso dependiente de la Iglesia.

Por otra parte, el poder civil podía tener una participación más activa de lo que expresaba la letra del reglamento de octubre de 1835, que colocaba el cementerio bajo la inspección de policía en todo lo relativo a metodizar su servicio, conservación y cuidado[424].

Los protagonistas del arreglo tenían plena conciencia de que el problema fundamental quedaba sin solución; se dejaba, en efecto, para un tiempo más tranquilo la consideración de las cuestiones debatidas, para darles una respuesta conveniente. Esta dependía sustancialmente, más que de un respaldo jurídico civil o canónico, del triunfo de una de las dos corrientes en pugna.

---

[421] AyB pba, Ibíd.
[422] AGN, mg, c 1129
[423] AyB pba, Ibíd.
[424] Rev. C., may. 5 de 1861

Los masones, concientizadores y realizadores de la laicización de la sociedad, no habían conseguido ni la secularización de los cementerios ni la caída del gobierno ultramontano y filojesuita de Vera, pero a raíz de su embestida violenta, la Iglesia, que había logrado mantener su posición tradicional, pisaba ahora más que nunca un terreno sumamente inestable por el **planteamiento en clave racional y liberal de toda la realidad religiosa.**

Berro, cuyas convicciones no toleraban superioridad alguna –ni ideológica, ni política o religiosa, ni personal o colectiva- por encima de su autoridad presidencial, había tenido buen juego entre ambos contendientes, debiendo tanto los masones como Vera retroceder de sus posiciones iniciales, para aceptar un compromiso con sabor a humillación.

Más adelante, si bien inspirado por idénticos principios, no sabrá mantener el mismo equilibrio, y, arrastrado por las corrientes y los acontecimientos, **no realizará plenamente su ideal de hegemonía personal.**

2. **Tribunales eclesiásticos:** *irregularidades jurídicas*

El Vicario Apostólico Jacinto Vera, que por disposición de Pío IX había sido encargado del gobierno eclesiástico del Uruguay, en cumplimiento de su deber y para corresponder a la confianza, que en él se había depositado, había puesto todo su esfuerzo en remediar los males que aquejaban su pequeña porción del rebaño de Cristo.

Mas, a pesar de sus deseos y esfuerzos no podía menos que tropezar con obstáculos inevitables, a causa de la viciosa legislación de estos países[425].

Arreglo de los tribunales eclesiásticos

El 28 de marzo de 1861, antes de salir para Canelones y antes del incidente de Jakobsen, le escribía al card. Antonelli que uno de esos obstáculos lo hallaba en la ley sancionada por la Asamblea General de la República, el 4 de julio de 1835[426], y "*reglamentada por ambas Potestades civil y eclesiástica*, concerniente el arreglo de tribunales eclesiásticos, puesta en práctica por todos sus antecesores"[427].

Vera consideraba esta ley **anticanónica**, por no haber hallado en el archivo del vicariato ningún documento que indicara haberse consultado con anterioridad a la Santa Sede. Presuponía, por tanto, que el primer Vicario, Dámaso Larrañaga, no había sido facultado por el Papa para legislar sobre el particular[428].

Vera había creído poder eludir dicha ley viciosa con la cautela propia del caso, hasta recabar de Su Santidad la definitiva resolución de ese asunto. Pero, llegado el caso, se había visto en la premiosa necesidad de condescender con la práctica de tantos años "por evitar un forzoso choque con todas las Autoridades Civiles"[429], que no hubiera podido menos de ser fatal a la Iglesia.

En vista de todo esto, el Vicario para tranquilizar su conciencia y declinar toda responsabilidad en lo sucesivo, se animaba, por conducto del cardenal secretario de Estado, a suplicar a Su Santidad que, con su acostumbrada benignidad se sirviera subsanar todos los procedimientos concluidos conforme a la sobredicha ley y, si

---

[425] ASV, ss, ae, a 1861, R 251, 40

[426] Veáse texto en apéndice.

[427] ASV, ss ae, a 1861, R 251, 40

[428] La posición de Larrañaga deberá ser examinada en una investigación separada.

[429] ASV, ss, ae, a 1861, R 251, 40

lo juzgaba conveniente, autorizarlo para proceder del mismo modo en adelante, hasta nueva resolución de la Santa Sede[430].

Convicción de la Secretaría de Estado

La Secretaría de Estado, a raíz de esta interpelación de Vera, que constituía como el último anillo de una larga cadena, en su respuesta a la delegación apostólica de Paraná, después de recordar brevemente la historia de la controversia, concluía afirmando que tanto la ley de 1835, como los dos proyectos de 1859, ***eran todos anticanónicos y viciosos, sea en su sustancia como por su procedencia***[431].

Las dos fechas mencionadas marcaban las etapas principales de las intervenciones estatales en el arreglo de los tribunales eclesiásticos del vicariato.

Si la convicción de Vera sobre la invalidez de la ley sancionada por las honorables cámaras de acuerdo con el Vicario podía ser poco firme y hasta inestable por apoyarse únicamente en la falta de documentos en el archivo de la curia, *Roma la reputaba sin más inválida, conforme a las relaciones de sus diplomáticos.*

Necesidad de un arreglo en los tribunales eclesiásticos

En el mes de abril de 1854 –se cita únicamente un caso- Marini desde Río de Janeiro, al hablar de la situación de las cosas eclesiásticas uruguayas, había insistido sobre la necesidad de organizar sus tribunales eclesiásticos[432].

También el ministro Antonio de las Carreras en la ya citada memoria de 1858, pero por otras causales y partiendo del principio de un regalismo absorbente, estaba en la persuasión de que la organización de los tribunales eclesiásticos merecía una seria atención por parte del Gobierno.

La reforma iniciada en los tribunales civiles podía servir de ejemplo para negocios de esa naturaleza. En cuanto a los primeros, creía conveniente introducir alguna modificación en la manera con que un decreto del poder ejecutivo había establecido las instancias de los juicios eclesiásticos. Acompañaba, con esa finalidad, un proyecto de ley que daba una organización más compatible "con la graduación que exigía la respetada categoría de los jueces"[433].

---

[430] Ibíd.

[431] Ibíd., 44v

[432] Ibíd., a 1859, R 251, 71v

[433] AGN, mg, c 1082

Convencidos de esta necesidad, el ministerio de gobierno, y el 19 de mayo de 1859 una comisión de la cámara de representantes, presentaban sendos proyectos de ley sobre la organización de los tribunales eclesiásticos, resultando el segundo una modificación del primero[434].

Intervención del delegado Marini

Impuesto por los diarios de la capital de estos proyectos de ley, el provicario Fernández dirigió una nota al ministro de gobierno, Antonio Díaz, en la que, si bien ponderaba el laudable celo del poder ejecutivo en la organización de los tribunales eclesiásticos, le hacía presente que *aquella ley civil* nunca podría tener el vigor y carácter de una *ley eclesiástica*, sin el acuerdo del superior eclesiástico, exclusivamente autorizado por la Santa Sede para prestar su aquiescencia a las leyes de esa naturaleza[435].

El arzobispo de Palmira, que tenía a la vista los dos proyectos de ley, no podía excusarse, con fecha 14 de junio, de manifestarle al ministro de relaciones exteriores, Antonio Díaz, que la lectura de ambos proyectos le había causado el mayor sentimiento.

En ellos, pues, se atribuía al Gobierno una prerrogativa, que era propia y exclusiva de la Iglesia. Siendo ésta, por disposición de su Divino Fundador, una sociedad perfecta, tenía en sí misma la potestad legislativa y judicial sobre materias relativas al fin de su institución, a su régimen y conservación, y tenía por lo mismo plena autoridad para establecer sus tribunales de primera y ulteriores instancias, como para prescribir la forma que se debía guardar en los juicios eclesiásticos.

Estos tribunales si hubiesen tenido otro origen, hubieran sido ilegítimos, como nulos sus fallos, por falta de jurisdicción en los jueces que los hubieren compuesto.

Siendo ésta la doctrina católica, Marini había tenido muy justamente que contristarse al ver dichos proyectos en manifiesta oposición a ella, y tanto más, cuanto que el gobierno tenía la estricta obligación de defender y proteger a la Iglesia, y respetar y hacer respetar sus derechos.

El delegado continuaba llamando la atención del ministro sobre el arreglo que Gregorio XIII había hecho de los tribunales de apelación a petición de Felipe II en las Indias, sujetas a los Reyes Católicos, en su breve *Exposcit debitum* del 15 de mayo de 1573, que no había sido revocado.

---

[434] Veáse el texto en el Apéndice.
[435] AGN, mg, c 1098

Si en aquel arreglo se hallaba algún inconveniente en su ejecución, hubiera sido muy fácil allanarlo ocurriendo a la Santa Sede, la que tomaría sin duda providencias oportunas con no menos interés, que el que había tenido en aquel entonces.

Marini, confiando en la reconocida ilustración y religiosidad del Presidente y del ministro, abrigaba la firme esperanza de que, oyendo las poderosas razones indicadas, mandarían retirar los dos mencionados proyectos, o si por desgracia hubiera sido el uno o el otro ya aprobado por la cámara de representantes le negarían su sanción, por exigirlo así el bien de la Iglesia y del Estado[436]

Marini, en su informe a Roma sobre este nuevo atentado cometido contra los derechos de la Iglesia por el Gobierno de Montevideo, manifestaba la esperanza de que si su nota llegaba a tiempo, el gobierno hubiera atendido a las razones expuestas por él, haciendo retirar los proyectos, como había acontecido un año antes con su nota contra el proyecto de ley sobre matrimonios[437].

Proyecto de arreglo

Ninguno de los dos proyectos, al parecer, fue sancionado como ley, y para obviar a los graves inconvenientes que producía la disposición de 1835, por ser anticanónica y viciosa, Roma había ideado para el vicariato apostólico de Montevideo la adopción de la misma providencia tomada para la República de Buenos Aires en 1858.

Con tal objeto, el 28 de setiembre de 1861, se expedía a Marini un breve, en el que se le significaba que Su Santidad le confería las facultades necesarias y oportunas para regular en el territorio oriental los diversos grados de jurisdicción eclesiástica, siguiendo las disposiciones contenidas en el mismo breve.

Pío IX, teniendo presente el escaso número de sacerdotes existentes en Montevideo, consentía que el tribunal colegial de tercera instancia se compusiera de sólo tres jueces, incluso el Vicario.

Se pensaba que semejante solución no hubiera hallado dificultades por parte del Gobierno, llenándose con la misma su principal finalidad, es decir, que el juicio de las causas eclesiásticas tuviese terminación dentro del territorio de la República. Si Marini lo creía oportuno, podía tomar con el mismo Gobierno acuerdos previos, en el sentido indicado.

Relativamente a los actos ya ejercitados por los vicarios apostólicos de Montevideo, se le concedía al delegado la autorización

---

436 ASV, ss ae, a 1859, R 251, 74-75

437 Ibíd., 71-71v

del Santo Padre para sanearlos, siempre que en ellos no hubiese ocurrido otro vicio que el de la falta de jurisdicción procedente de la ley arriba indicada, emitida por autoridad incompetente[438].

Conclusión

En esta organización de los tribunales eclesiásticos de Montevideo se descubren los cauces peculiares por los que se desplazaban las diversas autoridades: el Gobierno, como patrono y protector de la Iglesia nacional, estaba convencido de que podía y debía legislar y actuar, hasta unilateralmente, en el campo estrictamente religioso; Roma desechaba este mal entendido patrocinio, que se volvía intrusión y opresión, para reafirmar la plena potestad legislativa y judicial de la Iglesia, como sociedad perfecta, en materias relativas al fin de su institución, a su régimen y conservación, especificando que la protección consistía en respetar y hacer respetar sus derechos; las autoridades eclesiásticas montevideanas concebían la protección civil como una colaboración, fundada en el derecho de patronato, necesaria y provechosa para Larrañaga, y también, con pocas diferencias, para sus inmediatos sucesores, no así para Vera.

La conducta de este último fue cautelosa y avisada, procurando evitar todo choque con la potestad civil.

La diplomacia pontificia, por su parte, siguiendo una línea tradicional, iba en busca de una solución, previa inteligencia con el Gobierno.

No hay que olvidar, por fin, la actitud del provicario Fernández, otras veces dócil instrumento de los ministros masones, reclamando la participación de la autoridad eclesiástica, exclusivamente autorizada por la Santa Sede para prestar su aquiescencia a las leyes de esa naturaleza.

[438] Ibíd., a 1861, R 251, 44v-45v

3. Proyecto de ley sobre el matrimonio

El conocido ministro de gobierno Antonio de las Carreras el 27 de abril de 1858 presentaba al congreso nacional un proyecto de ley sobre el matrimonio en un único artículo.

"Para que el matrimonio produzca todos sus efectos civiles – establecía dicho proyecto-, no es necesario que haya sido consagrado por ritos especiales. Basta que tenga lugar de una manera permitida, tolerada o autorizada en el país en que se celebre"[439].

En un país en que la religión del Estado era la católica, el proyecto, considerado en su redacción, presentaba tales dificultades que no podía admitirse sin alguna explicación que salvase la doctrina de la Iglesia; se desconocía, en efecto, la realidad religiosa del matrimonio, considerándolo como un puro contrato civil.

Intervención de Marini

El delegado apostólico, preocupado para que no se sancionasen leyes que afectaran la doctrina y derechos de la Iglesia y se creasen de ese modo estorbos que demoraran o impidieran el arreglo tan deseado de la iglesia oriental, se encargaba de explicarle brevemente al ministro masón, con fecha 25 de mayo de 1858, lo sustancial de la doctrina católica sobre el sacramento del matrimonio.

"Es dogma de fe –decía- haber sido el matrimonio elevado por N. S. Jesucristo a la dignidad de Sacramento, y es doctrina de la Iglesia Católica no ser el Sacramento una calidad accidental añadida al contrato, sino esencia del mismo matrimonio, de suerte que, la unión conyugal entre los cristianos no es legítima, sino en el matrimonio-sacramento, fuera del cual no hay sino concubinato. Se sigue de esto, que pertenece exclusivamente a la Iglesia establecer todo cuanto se requiere a la validez del matrimonio entre cristianos; así como conocer y juzgar de ella"[440].

La autoridad civil podía, sin embargo, según el mismo delegado, disponer de los efectos civiles que dimanaban del matrimonio entre cristianos, pero partiendo del hecho de su validez o invalidez, cuya determinación y declaración no estaba en sus atribuciones, y sí únicamente en las de la Iglesia. Luego, si el matrimonio era nulo según las leyes de la Iglesia, la autoridad civil no podía reconocerlo capaz de producir efectos civiles, porque lo que era nulo en su principio no podía causar efecto alguno.

---

[439] Nac., may. 4 de 1858

[440] AMRE, in, c 9

El mencionado proyecto, en los términos en que estaba redactado, podía comprender matrimonios celebrados no sólo entre disidentes sino también entre católicos, o cuando menos podía extenderse por mala interpretación también a éstos, de lo que resultaría su oposición a la doctrina de la Iglesia y el inconveniente de que se dispondrían de efectos que no existían.

Por esto Marini deseaba que el Gobierno mandara aplazar su discusión hasta que él llegara, como lo tenía anunciado[441].

No habiendo recibido respuesta, el diplomático ascolano, con fecha 19 de junio, le dirigía nuevamente al ministro de las Carreras una comunicación confidencial adjuntándole un duplicado de la de 25 de mayo, desde el momento que contenía un asunto de importancia.

El nuevo ministro de relaciones exteriores Federico Nin Reyes, al acusar recibo de dichas comunicaciones, tenía la satisfacción de poner en conocimiento del delegado apostólico que el proyecto de ley que las había motivado no había sido discutido por el cuerpo legislativo, a quien se había sometido. No había habido, por tanto, motivo para que el Gobierno de la República interviniera de la manera solicitada por Paraná[442].

Cerraba su nota recordándole nuevamente al delegado que el Gobierno de Montevideo se felicitaría mucho "de verlo en esta Capital para ocuparse del tan deseado como necesario arreglo de Nuestra Iglesia"[443].

Verdadero significado del proyecto

Examinando detenidamente el contenido de dicho proyecto, enmarcado en las instituciones jurídicamente organizadas de su tiempo, se vislumbra que la intención del fogoso ministro masón, al propugnar esa iniciativa, no era la de favorecer la inmigración y el fácil establecimiento, en tierra oriental, de los pertenecientes a las diversas confesiones religiosas, para el progreso y desarrollo del país, como lo dejaba entrever la prensa, que liberalmente aplaudía la maniobra.

"No sería justo respecto del poblador –se pensaba-, ni conveniente para el progreso del país –el hacer de otro modo que reconocer por principio la tolerancia por una parte- y el derecho al matrimonio civil por otra. Nuestra sagrada religión no necesita de ahorcar, ni de quemar, para irradiar al mundo con sus santísimos dogmas. Trabaje el clero nacional en moralizar a sus miembros, en

---

[441] Ibíd.
[442] Ibíd.
[443] Ibíd.

fomentar la instrucción religiosa, en sembrar el bien hasta en cambio del mal, en educar al pueblo con sus doctrinas y sus exhortaciones. He ahí su terreno. Dejemos la intolerancia de lado, no sacrifiquemos el inmigrante, ni lo desmoralicemos para que después nos sirva de azote. Este es nuestro modo de apreciar la cuestión que se ha promovido a causa del proyecto presentado por el Gobierno: proyecto que aplaudimos y que defenderemos con todo nuestro esfuerzo y con la razón que convence"[444].

La razón era muy pobre por no tratarse de una cuestión de tolerancia o intolerancia, de facilitación u obstaculización para el inmigrante, sino de una mejor formulación del proyecto de ley que salvara lo sustancial de la religión católica y reconociera jurídicamente las uniones de las otras confesiones.

Finalidad de la masonería

La verdadera finalidad perseguida por el brazo fuerte de la masonería era la desacralización del vínculo conyugal entre los esposos cristianos, relegando la influencia de la Iglesia a las cuatro paredes de la sacristía.

Cuatro años más tarde, el conocido abogado masón Jaime Estrázulas, ministro de turno en el departamento de relaciones exteriores, lo escribirá con todas las letras en las instrucciones para el dr. Florentino Castellanos, agente confidencial ante el delegado apostólico, para facilitar la solución del conflicto causado por el extrañamiento de Vera.

En ellas se insistía para que Castellanos hiciera sentir la enorme gravedad de la situación y la suma conveniencia para la delegación apostólica de coadyuvar en las miras del gobierno.

De no aceptar la posición impuesta por el Gobierno, se corría el riesgo de que, atento el espíritu bastante ilustrado de la población y las ideas que venían predominando en la época, se llegase a colocar la República en la situación de los Estados Unidos, dejando de ser la religión católica la religión del Estado; **se declarase la subsistencia y validez única del matrimonio civil como contrato** y se exonerara al tesoro nacional de las cargas que el culto católico le traía y de las dificultades que con frecuencia suscitaban algunos de los ministros de ese culto.

El delegado, además, debía tener bien presente que ante el cuerpo legislativo pendía ya un proyecto de código civil, en el cual era tratado **el matrimonio únicamente bajo el carácter civil como mero contrato**, que también pendía ante el cuerpo legislativo otro

---

[444] Rep., may. 10—11 de 1858

proyecto de ley sobre la validez de los matrimonios en cuanto a los efectos civiles, con prescindencia absoluta de la religión o del rito bajo el cual hubiesen sido celebrados[445].

Posible solución del problema

Sin pretender revelar misterios, estas instrucciones, sumamente secretas, vuelven a descubrir el verdadero rostro de la masonería, y el clima laicizante de la sociedad uruguaya.

Si existían dificultades, no era esa la manera de solucionarlas con un decreto, que sin explicaciones, hubiera presentado serias dificultades para la doctrina católica del Estado. La autoridad civil, en efecto, podía disponer de los efectos civiles que dimanaban del matrimonio entre católicos, pero partiendo del hecho de su validez o invalidez, y no prescindiendo del mismo; igualmente podía hacer con respecto a los matrimonios entre miembros de otras confesiones o religiones, respetando su sustancia religiosa; en el caso de matrimonios mixtos podía adoptarse el mismo principio.

En resumen, la intolerancia de la Iglesia Católica y la desmoralización o sacrificio del inmigrante eran simples pretextos para alcanzar legalmente las conocidas finalidades de la secta masónica y **llevar a cumplimiento ese proceso de liberalización y laicización, tan ansiado por los filántropos del siglo**.

---

[445] AMRE, da, c 12

CAPITULO VI

Destitución de Brid

Nombramiento de Brid

El 12 de marzo de 1857, el Vicario Apostólico José Benito Lamas nombraba cura vicario de la parroquia de Minas al presbítero Juan José Brid, en sustitución del cura Ojeda[446].

Dos años después, y precisamente el 17 de junio de 1859 el provicario Fernández, en uso de su autoridad apostólica y teniendo confianza en la probidad y aptitudes del mismo, y por ser presbítero oriental, lo constituía y nombraba de acuerdo "con el Superior Gobierno del Estado, Cura Rector de la Iglesia Matriz de la capital y de toda su jurisdicción demarcada"[447].

Ya en el mes de mayo le constaba a Ereño que Estrázulas esperaba saber de un modo positivo que Vera iba a recibir los despachos del nombramiento, *para hacer en el acto una renuncia simulada, y entrar en su lugar el* ***loco Brid***.

Renuncia de Estrázulas

La anunciada renuncia no se redujo, como se conjeturaba, a una maniobra táctica con finalidad intimidatoria, sino que se concretó en un acto formal. Estrázulas, luego que supo que el nombramiento de Vera estaba a punto de ser aceptado por el Gobierno, renunció realmente al curato de la Matriz e hizo "que fuese nombrado en su lugar a ***un Sacerdote llamado Brid, indigno no sólo del sacerdocio sino también del nombre cristiano***"[448]. Este había sido uno de los que habían celebrado con entusiasmo la expulsión de los jesuitas, llamando conciliábulos las reuniones de los curas que procuraban hacer frente a la impiedad de aquellos días[449].

Brid, a raíz de esta desconsiderada actitud de Estrázulas, se convertía en el primer párroco de la República, siendo también su nueva posición fruto del inteligente oportunismo de los masones, que

---

[446] AGN, mg, c 1070

[447] Ibíd., 1099

[448] AEM, va 20, c 5-3, 6272-5

[449] Ibíd., va 10, 97-60, 62-81-23

de alguna manera se desquitaban del fracaso experimentado en la candidatura de su favorito para el cargo de Vicario.

Posición de Brid como párroco de la Matriz

El presbítero Brid, que a la vez era **senador de la República** por el departamento de Minas, en opinión de Vera era indigno hasta del carácter de cristiano por ser "**un hombre sumamente inmoral, habituado por muchos años en una vida licenciosa"[450].**

Desde que había recibido el título de Vicario Apostólico, Vera había procurado llevarlo al buen camino por amistad y medios suaves. Lo primero que hizo fue llamarlo a ejercicios espirituales junto con los demás sacerdotes.

"Este paso dio un regular resultado, pero después de algún tiempo volvió a sus deslices"[451].

En julio de 1860, durante las primeras misiones, Conde le escribía a Vera que Estrázulas no tenía inconveniente en aceptar de nuevo la iglesia Matriz, bajo cualquier condición, "y sin perjuicio de que su reposición en ese destino fuese o en calidad de cura, o en calidad de teniente, toda vez que el Cura fuese Inocencio Yéregui"[452].

El ex párroco de la Matriz, dispuesto a cualquier imposición por parte de su prelado, ponía como único límite a su incondicionada disponibilidad, no trabajar juntamente con Brid, en el caso de ser designado teniente cura.

Remoción problemática

Dentro de este contexto cabe situar una reflexión más. Vera, reformador del clero con varias destituciones de curas párrocos en su activo (v.g. Mamberto, Irazusta, Cúneo, etc.), desde los primeros días de su administración, había elegido el **camino de la amistad** y **suavidad** para con Brid. *Actitud verdaderamente admirable, si se consideran las otras decisiones tomadas por Vera.*

La sustitución de Brid, en efecto, a pesar de no ser un asunto difícil, como manifestaba Conde, no dejaba de ofrecer sus inconvenientes, atentas las raíces que, aunque sobre arena, había echado el administrador de esa pobre iglesia Matriz[453].

---

[450] ASV, ss ae, a 1863, R 251, 91
[451] Ibíd., 91
[452] AEM, va 28, c 6-18, 6291-12
[453] Ibíd.

El prelado tenía la convicción de que se debía esperar con calma y su provisor tributaba el justo elogio a semejante tino y prudencia. "Así lo esperaba yo –le escribía el 27 de julio de 1860- de tu aplomo y juiciosidad. Ese es un asunto, que si bien por una parte conturba la conciencia recta de un Prelado celoso, por otra le ofrece inconvenientes la dificultad en aplicarle el oportuno remedio.

Todas las noches, después de mis tareas diarias, consagro una hora para pasarla en sociedad con mi hermano Nicolás. Deploramos ambos ese mal, que de pronto no es de tan fácil reforma, puesto que tiene a su favor el aplauso público que le sirve de base, y le conquista cierto grado de estimación. Sólo el tiempo podrá resolver ese problema, y darnos el buen resultado que deseamos. El edificio sobre arena, se desploma"[454].

A principios de 1861, Vera consiguió por segunda vez llevarlo a ejercicios. "Mas esta vez no se le notó enmienda y siguió de abismo en abismo. **Desplegó un lujo excesivo y hacía alarde públicamente de su inmoralidad**, confiado sin duda en las logias secretas que se pronunciaron en elogios a su favor"[455].

Brid sostenido por los diarios y los masones

Un escritor anónimo, con evidentes segundas intenciones, le escribía a *La Prensa Oriental* que podía suprimir por ocho o diez días los muy merecidos elogios al cura Brid, cosa que creía, él agradecería por su muy conocida modestia "y por la satisfacción de no ver todos los días elogios, anuncios, descripciones concernientes a nuestra Santa Religión, cosa tan grande y sublime, revolcarse entre los avisos del teatro, el artículo del pleitista, etc."[456].

Con ocasión de la fiesta de la Inmaculada del 8 de diciembre de 1860, la misma *Revista Católica* –estimulada sin duda por los cronistas de *La República, La Prensa Oriental, El Semanario Uruguayo*, que parecía se hubiesen ligado con algún formal compromiso para prodigar a Brid los más expresivos elogios de su conducta como hombre público y privado[457], y un tanto apologéticamente-, anotaba en sus páginas que el cura de la Matriz había desplegado toda la magnificencia de que era capaz un celoso y desprendido párroco. El se había hecho acreedor a la gratitud de todos sus compatriotas y feligreses, y había probado una vez más de lo que era capaz un ministro del santuario de quien se podían decir con

454 Ibíd., 6291-13
455 ASV, Ibíd., 91
456 Pr. O., abr. 11 de 1861
457 Rev. C., dic. 20 de 1860

propiedad las palabras aquellas de David: *el celo de vuestra casa me abrasa*. En esa solemnidad, desde el amanecer, había acudido una muchedumbre de fieles a los confesionarios para purificar sus conciencias.

A las siete de la mañana se había rezado la misa de la comunión general en el altar mayor, distribuyendo la comunión el cura Brid y con él el sacerdote que celebraba la misa a más de 1400 personas de ambos sexos[458]. Incomprensibles resultan otras expresiones de la misma publicación, a menos que se consideren fruto de circunstancias obligadas y medios para convencer al extraviado, siendo tales elogios más que una realidad, una meta que alcanzar.

"El Sr. Brid –escribía el 5 de mayo de 1861- se hace recomendable en todas las funciones, es un digno Párroco, merecedor del aprecio público... El Jefe de la Iglesia Oriental puede descansar en sus curas y predicadores".

Al tiempo que el prelado y otros se mostraban preocupados por esa inmoralidad oficializada, los masones por medio de una cortina de humo, oportunamente suministrada para engañar al público, consolidaban ese edificio, cuyos fundamentos ya no apoyaban sobre arena.

Para acrecentar aún más el prestigio de Brid, sus partidarios le consiguieron del gobierno civil de Paraná la dignidad de canónigo honorario de la iglesia catedral paranaense, dignidad admitida por el senado y la cámara de representantes de la República Oriental, con fecha 11 de junio de 1861[459].

Se prevén medidas contra Brid

Al volver Vera, el 4 de julio de 1861, de su segunda misión en el departamento de Canelones, parecía que estaba meditando alguna medida importante, porque *La Revista Católica*[460] escribía que el solo proceder, muy digno por otra parte, de convocar a los individuos del clero a ejercicios espirituales no era suficiente para lograr el buen régimen del clero y evitar desinteligencias. Se requerían, según el mismo órgano, prescripciones y una reglamentación que debía ser tanto más clara y precisa, cuanto que el clero de la Nación no había tenido organización, ni, por lo general, la educación e instrucción que sólo podía adquirirse en los seminarios regularmente establecidos.

Luego, precisando más su pensamiento, afirmaba que la Iglesia necesitaba arreglos, "y para ellos la permanencia por el tiempo

---

[458] Ibíd.
[459] AGN, mg, c 1130
[460] Rev. C., jul. 7 de 1861

preciso de S. Sría. Rma. en la Capital, es condición indispensable... Es, pues, preciso que las categorías eclesiásticas se rodeen del decoro que les corresponde, que las relaciones entre ellas y los individuos del clero se mantengan sin alteración; ***que la subordinación se haga efectiva***, y que se evite a todo trance que toda cuestión de individualidad afecte a la santidad del culto"[461].

Actitud incorrecta de Brid

Durante la ausencia de Vera, el párroco Brid había sido todo en la capital. "Mayesté era su consejero y defensor. La Iglesia Matriz era un teatro escandaloso. Brid era el comediante. La celebración de su Misa era un escándalo tan grande, que las personas buenas, y hasta algunas malas salían de la Iglesia, porque no podían soportar tantas abominaciones"[462].

Lo acaecido con motivo de la festividad de San Pedro era un lamentable episodio, y las tristes explicaciones del cura de la Matriz, habían merecido muy juiciosas observaciones del ilustrado redactor de *La República*[463].

Medida elegida por la curia

El prelado, por tanto, no podía en conciencia tolerar un mal tan grave, y permitir a un sacerdote de sus condiciones al frente de la primera parroquia del país; previniendo, por otra parte, las dificultades que se presentarían luego que aplicase un remedio algo fuerte y capaz de contener el mal, meditó "un temperamento que fuese un dique que en algo detuviese el torrente de ese hombre"[464].

"Pero como en este País –comunicaba Vera a Roma el 16 de setiembre de 1861- nada puede hacerse con empleados eclesiásticos sin contar con el Gobierno, solicité la conformidad de éste, lo encontré bien dispuesto; mas al tiempo de realizar el pensamiento, vinieron los obstáculos creados por los afiliados a las logias, y todo quedó sin efecto"[465].

---

[461] Ibíd.

[462] ASV, Ibíd., 78v

La misma fuente, bajando a detalles cuyo valor se desconoce, seguía diciendo: "Si vedea poi nella Chiesa tutto strisciamenti ritorti, saluti ridenti, e strette di mani con le giovinette avvenenti; e mille altri scandali che lascio di scrivere, ma che purtroppo sono veri e verissimi".

[463] Rev. C., jul. 7 de 1861

[464] ASV, Ibíd., 91

[465] Ibíd.

Con fecha 8 de julio, pues, le comunicaba al ministro de gobierno en qué consistía el temperamento que pensaba tomar para dar mayor impulso y decoro al primer templo del país, poniendo a su servicio un mayor número de ministros del culto, adornados de celo y virtudes.

La población comprendida en la jurisdicción de la iglesia Matriz era muy numerosa, y existía la imposibilidad para la pronta construcción de una nueva iglesia capaz, que sirviese de parroquia a una parte tan grande y culta de la población.

Si se consideraba, por último, la complicación de atenciones que ocupaban al cura Brid, pues fuera de su ministerio lo ligaban otras que absorbían casi toda su acción, se imponía un cambio.

Resolvía, por ende: "Primero: el nombramiento de otro cura, que en unión con el actual Don Juan José Brid desempeñe el ministerio parroquial de la Iglesia Matriz.

Segundo: que el nuevo Cura, como más libre de atenciones extrañas a su ministerio sea encargado exclusivamente del régimen interior del templo, del nombramiento y celo de sus empleados, del patronato de todas las Capellanías, y fundaciones pías establecidas o que se establecieren en lo sucesivo, que designen por patrono al sacerdote que desempeñe el cargo de cura en la iglesia Matriz. Las demás cargas parroquiales serán desempeñadas según acuerdo y convengan ambos curas, y percibirán por partes iguales los derechos y obvenciones que por arancel les pertenezcan.

El Prelado que suscribe, ha resuelto también conferir el nombramiento de nuevo Cura de la Iglesia Matriz, al Presbítero Don Inocencio Yéregui"[466].

Vera no veía disposición alguna canónica que obstara a la medida que había determinado adoptar, colocando dos curas en una sola parroquia sin designar a cada uno una jurisdicción territorial. Lo que se podía alegar en contrario, era sólo relativo a los curas que poseían una jurisdicción adquirida por la ley, y de ningún modo a los curas en comisión, como eran los interinos, que no tenían investidura, sino mera delegación, que podía ser ampliada, restringida o derogada al arbitrio del que confería tales nombramientos[467].

Dictamen del fiscal

El fiscal de gobierno y hacienda, al examinar el documento de la vicaría que le había pasado el ministerio correspondiente, decía que si el prelado pretendía por las razones expresadas en su nota nombrar

[466] AGN, mg, c 1131
[467] Ibíd.

un coadjutor temporal para la parroquia de la iglesia Matriz, opinaba que siendo esa medida tendiente al mejor servicio espiritual de la parroquia, era al prelado a quien competía dictarla, concretándose a participarla al ministro y solicitar su aprobación.

Pero, si la mente del prelado era nombrar otro cura que, en unión con el existente, desempeñara el ministerio parroquial, colocándolos en igual categoría, con iguales atribuciones y prerrogativas, ese modo de proveer los curatos tenía, a su juicio, sus graves inconvenientes.

Eustaquio Tomé, pues, pedía que Vera esclareciera los términos de su nota respecto a la duda indicada[468].

Explicación de Vera

El Vicario explicaba que, al dictar la medida, sólo había tenido en vista el mejor servicio de la iglesia de la capital. Como el mismo resultado se obtenía con el nombramiento de un coadjutor, expediría sin más ese título al sacerdote propuesto, quedando así obviada toda dificultad[469].

De acuerdo a este esclarecimiento, el fiscal había opinado que quedaba evacuada la vista por competirle al prelado dictar esa resolución, concretándose a participarla al ministro. Pero no fue así, porque Arrascaeta pidió nuevamente el parecer de Tomé, que el día 7 de agosto respondía con un escrito muy largo.

Posición del fiscal Tomé

Afirmaba que era únicamente a los curas colados a quienes el derecho permitía pudiesen los prelados nombrarles coadjutores temporales. *Pero la manera de proveer los beneficios curatos por oposición no estaba en práctica en la República Oriental.*

Los curas nacionales, a pesar de no ser colados, en el ejercicio de sus funciones se consideraban como si efectivamente lo fuesen, tanto era así que hacían suyos los emolumentos y beneficios que producía la parroquia y pesaban sobre ellos todos los deberes y cargas parroquiales.

Con estas consideraciones –*por derecho* eran curas interinos, y *de hecho* se consideraban curas colados- el fiscal estaba en duda si, *no siendo realmente curas colados*, podía el prelado nombrarles coadjutores.

---

468 Ibíd.

469 Ibíd.

"Que nuestros curas Párrocos –agregaba- no son colados, que son amovibles a voluntad del Prelado, es de cierto incuestionable, y se justifica por casos prácticos aprobados por el Ministerio de Gobierno y Relaciones Exteriores, de varias remociones que han tenido lugar, sin que el Gobierno por esos actos considerase atacadas sus prerrogativas de Patrono, ni los Sacerdotes removidos despojados de un puesto en propiedad, o con el carácter de inamovible.

De esto, pues, se deduce que si entre nosotros el Prelado puede hacer cesar un cura cuando tenga motivos o causas para ello, sin que ello importe un despojo, *lo que correspondería en el caso presente y lo que sería más arreglado al derecho, y a la práctica, sería hacer cesar al Cura actual de la Iglesia Matriz,* si el Prelado creyese que no llenaba sus deberes, que no cumplía con las serias obligaciones de su ministerio; pero no es eso lo que se pretende, sino nombrar un coadjutor[470]".

Coadjutores a los curas en comisión o amovibles –seguía exponiendo-, estando a las prescripciones del derecho, no se les nombra; lo que se hace en esos casos es remover al cura, poniendo otro, y ese proceder es muy natural, porque esos nombramientos de coadjutores se hacen solamente por la circunstancia de no poderse remover a los curas colados, que son inamovibles.

Aunque el nombramiento de un coadjutor no fuese ajustado a derecho, según lo expuesto, el fiscal creía que debía recibir la aprobación del ministro, porque era una medida tendiente al mejor servicio espiritual, que el prelado manifestaba ser indispensable. Ella no menoscababa en nada los derechos y prerrogativas del patronato eclesiástico que el gobierno ejercía. Tal medida, además, estaba apoyada en casos prácticos consentidos y aprobados por la autoridad civil.

Se había permitido el nombramiento de coadjutores a curas en comisión, prescindiendo de las disposiciones legales a tal respecto. Se comprendía, pues, lo impracticable en el vicariato de las provisiones de curatos y el nombramiento de coadjutores, con arreglo a la ley.

El fiscal recordaba dos de esos casos prácticos. Uno había tenido lugar el 27 de julio 1860, nombrándose coadjutor al cura vicario de la villa de San Carlos y su jurisdicción, y otro del 24 de diciembre del mismo año, nombrándose también coadjutor al cura vicario de la parroquia de la villa de Rosario y su jurisdicción. Los dos eran curas en comisión, y sin embargo se les había permitido tener coadjutores, nombrados con aquiescencia del gobierno[471].

---

[470] Ibíd.

[471] Ibíd.

Oposición a la medida de la curia

No obstante que el fiscal del Estado se hubiese adherido a la medida, y con anterioridad Vera hubiese acordado con el Presidente el nombramiento de un coadjutor, la prensa opositora a la Iglesia y dirigida por la influencia masónica, se pronunció contra aquella medida, negando las facultades de la vicaría, y al mismo tiempo los masones dieron unos pasos privados que obstaban a la coadjutoría[472].

Unos 350 notables de la capital, miembros de las logias y dirigentes políticos, presentaron una súplica al Gobierno, en la que se pedía negara su beneplácito a la solicitud del Vicario, dejando a Brid en el goce de sus atribuciones, salvo aquello que tocara a la disciplina y mejor orden de la iglesia.

Brid –afirmaban-, por su abnegación, por su patriotismo, y por la dedicación a su ministerio se había hecho el objeto de las simpatías de Montevideo; darle un coadjutor, importaba desmentir, o desconocer sus importantes servicios como cura párroco, y, tal vez, obligarlo a renunciar a un cargo, desempeñado hasta el momento con aplauso general[473].

Apoyo de La Revista Católica

El órgano católico reconocía, de un lado, que Vera no necesitaba ser excitado para cumplir con un deber tan imprescindible y que no dejaría por ninguna consideración humana y temporal de llenar la exigencia de mejorar el régimen eclesiástico; nada le importarían los compromisos personales que eso hubiera podido traerle, ni los males individuales que podían sobrevenirle por el contenimiento de los derechos y la custodia de los intereses encomendados a su responsabilidad; por otra parte, subrayaba intencionalmente la imparcialidad del presidente Berro.

Escribía que la República estaba gobernada por un ciudadano de ilustración, de virtud y de religiosidad. Lejos de hacerse violencia en el sostenimiento de la religión y de la Iglesia, como se lo preceptuaba la constitución del Estado, era impulsado a ello por sus convicciones católicas.

Debían, pues, desengañarse los individuos del clero, si alguno había que intentaba captarse el favoritismo del Presidente para resistirse a la autoridad del prelado, porque su intento sería vano[474].

---

[472] AyB pba, Ibíd.

[473] AGN, mg, c 1131

[474] Rev. C., jul. 11 de 1861

Actitud del fiscal eclesiástico Mayesté

La oposición, apoyada por el propio fiscal eclesiástico dr. Mayesté, magnificaba el empeño de Brid por las mejoras materiales del templo[475], tildaba de injusta e ilegítima la acción del Vicario y animaba al Gobierno a defender sus derechos y a no permitir que subsistiese en la República un cuarto poder, el eclesiástico.

Vera, al describir la acción de sus adversarios, que se proponían una guerra decente para echarlo abajo, decía: "La prensa, órgano de la gente extraviada, levantó una grita, la más licenciosa, y las tinieblas se coaligaron; principió el insulto y todo lo que acostumbra el hombre mal encaminado para sostener sus maldades y concitaron el desprecio y desprestigio de la autoridad eclesiástica"[476].

Técnica y decisión de Vera

El Vicario reiteró sus conferencias confidenciales con el Presidente, reclamando el despacho del asunto. Berro se lo prometía, pero los días pasaban y mientras tanto los opositores, incluso el cura Brid, se jactaban de que el Gobierno no lo despacharía.

Vera llegó a indicarle al primer magistrado que era un deber de conciencia, que ya no podía retardar el colocar al lado de Brid *otro sacerdote de instrucción y moralidad.*

Si el Presidente se resistía, él no declinaría, llegando hasta la destitución de Brid, si de otro modo no se podían remediar los males[477].

A pesar de estas repetidas manifestaciones, el asunto dormía en unas carpetas del ministerio.

---

[475] El órgano católico no negaba el empeño de Brid por las mejoras del tempo, pero aclaraba también otro aspecto de la realidad. "En cuanto a nosotros –escribía el 21 de julio de 1861- reconocemos todo su empeño por las mejoras materiales del templo, y se lo agradecemos… pero el Sr. Cura Brid no tiene la pretensión de creerse idóneo para la enseñanza y predicación que según la ley canónica… es el primer deber del párroco".

[476] ASV, Ibíd., 91

La religiosa Chiara Podestà escribía: "Giacchè il Dottor Mayesté ex gesuita, come Fiscale ecclesiastico, sosteneva, come complice, l'enorme condotta del suo intimo Parroco Brid; e ciò lo scrisse e firmò di sua mano in pubblici fogli. Il Vicario Apostolico volle dargli un Coadiutore; no lo vollero. Ecco mille altri insulti al nostro santo Vicario" (ASV, ibiid., 79).

[477] AyB pba, ibíd.

Después de una demora de casi dos meses, Vera, convencido de la mala disposición del Gobierno, que cedía más bien a los empeños y solicitudes de particulares, promovidos por la masonería, que a los justos deseos del prelado, y **en ocasión de que la prensa se burlaba de la autoridad eclesiástica,** alentada con el proceder del Gobierno, determinó dar un paso más formal, **pues de otro modo era indigna la posición que ocuparía en adelante la vicaría eclesiástica de Montevideo**[478].

Semejante demora, no imputable a la secretaría, que chocaba tanto con la brevedad y regularidad del despacho de que había querido hacer un timbre suyo la administración Berro, se volvía más extraña e inexplicable por no tener que preocuparse en esos momentos el Gobierno de los medios de conservar el orden y garantizar la paz, combatidos en las administraciones anteriores por diversas combinaciones de los elementos de reacción[479].

Naturalmente, **no deja de admirar** en un hombre como Vera, poco proclive a la espera paciente y a las negociaciones fastidiosas, **el tino y la prudencia** con que había encarado y llevado tan molesto negocio; mientras que, dentro de su enigmaticidad, **impresiona la oscilación de Berro**, teniendo presente el parecer favorable del fiscal y su buena disposición inicial.

El hombre, en cuyas manos estaban los destinos del país, y en ese trance la suerte de la Iglesia, el hombre apreciado por todos como religioso, decidido, partidario de la autoridad, del orden, esperado como un Mesías por la curia, estaba emprendiendo una dirección insospechada para Vera y sus amigos.

Personalidad del Presidente Berro

¿Seguía siendo Berro el de siempre –y, por tanto, la opinión que se tenía de él era equivocada- o ya empezaba a abdicar de sus principios, cediendo a las presiones de corrientes a las que no era nada fácil colocarles un dique?

Aunque parezca algo innatural o antinómico, Berro seguía siendo sustancialmente el mismo –la opinión que se habían formado de él los católicos no era del todo exacta- y, al mismo tiempo, estaba cediendo a las pretensiones de los únicos adversarios de Vera: los masones.

No obstante ser una "persona de ideas propias, de conocimientos poco comunes, y muy capaz de proceder por sus solas

---

[478] AEM, jv 1

[479] Rev. C., agos. 25 de 1861

convicciones y por su sola conciencia"[480], estaba abdicando insensiblemente a sus principios.

Una breve mirada retrospectiva iluminará su compleja personalidad en la dinámica de su más compleja actuación.

Hijo de Juana Larrañaga, hermana del primer Vicario Apostólico, había sido educado en la doctrina y en la práctica religiosa con esmero, respirando, sin embargo, como joven y adulto, el notorio clima liberal imperante.

Relativamente a su práctica religiosa, Berro, también como presidente, "concurría invariablemente todos los días festivos a la Matriz a oír Misa de una, acompañado por sus edecanes los coroneles Lorenzo García y Manuel Mendoza"[481].

"El 18 de marzo de 1860, a raíz de la inauguración de su Gobierno, concurrió a la Iglesia del Hospital a prestigiar con su presencia la toma de hábitos de las primeras Hermanas de la Caridad Hijas de María, de nacionalidad uruguaya... El 19 de junio del mismo año fueron bautizados tres hombres de 30 a 40 años, convertidos al catolicismo... actuando como padrinos de los conversos el Presidente Berro, su ministro Acevedo y el Doctor Eustaquio Tomé, miembro del Tribunal Superior de Justicia"[482].

Detrás de esta práctica un poco tradicional y consuetudinaria, quizás, se hallaba una posición respetuosa de la religión católica, en franca convivencia con convicciones netamente liberales, teniendo razón Marini al informar, en ocasión de su elección: "Aunque me haya sido referido por una persona digna de fe, que el Sr. Berro pertenece a las sectas masónicas, no obstante habiendo sabido también por otra parte, que él profesa principios moderados, amo creer que no será molesto a la Iglesia"[483].

Convicciones de Berro

Relativamente a sus convicciones liberales, en el año 1858 había redactado su *Programa de Política*, en el que consignaba, entre otras, sus ideas sobre la Religión Católica.

Esta –se decía- es "base eterna de la verdadera moral, su efecto es grande en las costumbres, en el orden y en la paz.

Ella suple por mil leyes; y todas las que se diesen, por buenas que fueran, no alcanzarían nada, si ella no las auxiliara. ¿Cómo se podrá, pues, desconocer que no haya cosa más conveniente que el

---

480 Ibíd., jun. 6 de 1861

481 BERRO, Bernardo..., 329

482 Ibíd., 328

483 ASV, ss ae, a 1860, R 251, 53-53v

dispensarle toda protección y ayudar a que se extienda su influencia...?

Todas las sectas cristianas merecen ser toleradas; pero el culto católico es el privilegiado.

La Religión Católica es la del Estado; los favores especiales, la protección directa, deben aplicarse a ella solamente. La Iglesia debe ser libre e independiente. **La institución del obispo externo es coetánea a la introducción de los vicios en su seno y la pérdida de su primitiva santidad.**

Toda potestad soberana se degrada y envilece en la dependencia. La intervención de la potestad civil en la Iglesia, no ha de ser de inspección y corrección, sino de amparo y auxilio. **Los vicios de la Iglesia sólo pueden ser curados por ella misma.**

La Iglesia es acreedora a un pleno voto de confianza: es santa su institución, santas son sus doctrinas y sus leyes. No hay razón para confiar menos en ella que en los jefes del Estado.

Los celos, que pudieron tener su causa justificada en otros tiempos, hoy ya no tienen objeto.

La dominación papal tuvo su época: no puede restablecerse. El catolicismo ha vuelto a la propiedad característica del cristianismo, que constituyó una de sus excelencias; es a saber, la adaptabilidad a todas las condiciones del hombre y de la sociedad...

Proporcionar recursos permanentes a la Iglesia nacional, o abrir puerta para que los obtenga, sin necesidad de asalariarla, sería quizás mejor.

El salario liga demasiado: hace servil la condición del que lo recibe, y le quita de ese modo una parte de su dignidad”[484].

La Religión Católica, según Berro, era, por tanto, factor de verdadera moralidad, de orden y de paz; siendo nacional debía recibir toda protección directa y auxilios. Debía, sin embargo quedar libre e independiente.

Para que no cayese en alguna especie de esclavitud, el poder civil no debía entrometerse en su vida para inspeccionarla y corregirla, porque sus vicios sólo ella podía curarlos; se debía buscar un medio para sostenerla que no fuera el salario, porque éste volvía servil al que lo recibía y le quitaba una parte de su dignidad. Había que confiar en los jefes eclesiásticos no menos que en los políticos, y no tener celos injustificados relativamente a los mismos.

Afirmaciones abiertamente **liberales**, además de la tolerancia para todas las sectas, eran: la institución del obispo externo como introducción de los vicios, el no restablecimiento de la dominación papal, y la vuelta del catolicismo a una propiedad

---

[484] BERRO, Bernardo…., 327-328

característica del cristianismo: la adaptabilidad a todas las condiciones del hombre y de la sociedad.

Cada una de las afirmaciones de esta segunda clase, podría tener una doble interpretación, menos la relativa a la institución del obispo externo, totalmente errada según la teología católica. Sin embargo abre una perspectiva nueva y extremadamente complicada relativa al uso del poder estructural dentro de la Iglesia Católica. ¿**Poder como servicio o poder como autoritarismo**?

En dichos enunciados liberales subyace, además una convicción propia de los progresistas del siglo: **la evolución sustancial del cristianismo.**

Los claros principios de superioridad, excelencia e independencia de la Iglesia y de la correspondiente protección y ayuda por parte del Estado, hubieran podido triunfar, quizás, en otra época, pero no en la de Berro.

Este, con su fuerte bagaje liberal, encontrará en sí mismo el primer obstáculo que superar. Vera, y demás, contemporáneos, al figurárselo y estimarlo, con fundadas esperanzas, como favorable a la religión, viendo en los inicios de su administración "un preludio precoz de felices resultados", consideraban únicamente el primer aspecto de la personalidad de Berro, aspecto sumamente positivo, que aparece sin lugar a duda muy claramente en el mensaje del 15 de febrero de 1861, dirigido a las cámaras legislativas.

Conceptos de Berro sobre la religión vertidos en su mensaje de 1861

"La religión del Estado –manifestaba el mensaje- ha recibido la protección exigida por la ley fundamental. Ella prospera de una manera notable bajo el gobierno del digno Prelado que preside la Iglesia de la República.

Su visita pastoral, llevando la predicación evangélica y los sacramentos a una gran parte del país, ha sido en extremo propicia para la Religión y para el Estado.

Varios templos se están construyendo, y otros deben empezar a construirse o componerse pronto; pero hay todavía algunos pueblos donde las iglesias se hallan en completo estado de ruina o carecen de la decencia y capacidad correspondiente.

Se han auxiliado algunas de esas obras con los fondos destinados para el culto en el presupuesto, y con algunos otros arbitrios. No dudo que la piedad de los fieles supla su deficiencia, como ya en parte se está viendo.

La erección del territorio nacional en Obispado, sacaría a la Iglesia de la República de su estado irregular, y elevaría su dignidad. Pende ha tiempo ante Su Santidad un solicitud a ese respecto.

El aplazamiento de la misión a Roma, que por varias razones se hizo necesario, ha dejado en suspenso la gestión sobre ése y otros puntos que debían tratarse en la negociación a ese respecto.

La carencia de sacerdotes para atender a las necesidades del culto, se hace sentir cada día más. A medida que crezca, con la población, el número de los fieles, será mayor esa falta si no se arbitra algún medio de suplirla. Algo puede servir para eso la adquisición de eclesiásticos de otros países donde abundan; pero sería mucho mejor y más eficaz, la formación de un clero nacional suficiente por medio del establecimiento de seminarios, donde los jóvenes que tengan vocación para la carrera eclesiástica puedan recibir la instrucción y la dirección conveniente.

Existiendo presentemente dificultades insuperables para plantear esos establecimientos, y en la necesidad de ir formando sacerdotes orientales que tanta falta hacen, ha de ser preciso ocurrir todavía al expediente supletorio de enviar a Roma algunos jóvenes a educarse, según se propuso y mereció la aprobación de la Honorable Asamblea General en el período anterior.

La construcción de pequeñas iglesias en los distritos rurales, ligada al establecimiento de escuelas anexas, de primeras letras, sería de inmenso beneficio, tanto en el orden religioso como en el civil.

Doy una importancia a esta combinación, que reputaría tolerable cualquier sacrificio que hubiera que hacer para realizarla"[485].

En este mensaje se tocaban todos los puntos importantes, menos el de los jesuitas, y sin adoptar soluciones nuevas o llamativas, se encaraba la situación con sentido realista, trasluciendo de todo el contexto una indudable buena voluntad y apreciándose mucho el deseo de construir en los distritos rurales pequeñas iglesias con escuelas anexas de primeras letras. Esta combinación del orden religioso con el civil merecía cualquier sacrificio.

El silencio de Berro sobre los jesuitas, dadas las circunstancias del momento, se volvía demasiado elocuente.

Apenas calmada, pues, en el caso Jakobsen, la agitación se despertaba en otro, al estrépito de numerosas peticiones a favor del permiso de regreso de los jesuitas expulsados. A la cabeza de una de esas peticiones, figuraba más o menos un tercio de los miembros del cuerpo legislativo; y en otra, exclusivamente femenina, se observaba el nombre de la señora Berro, madre del Presidente, junto a los de las matronas más consideradas de la República[486].

El Presidente, según Sató, no daba el paso que reconocía debía dar por temor a la oposición, y ésta era cierta en el asunto

---

[485] ASV, ss ae, a 1861, R 251, 19v

[486] In.d., Ibíd., 326

jesuita[487]. El mismo Berro, como se recordará, le había revelado a Vera que le hubiera sido doloroso hacer uso de las armas para reprimir a los masones.

Buen concepto de Marini sobre Berro

Marini tenía a Berro en muy buen concepto. "No puedo comprender –le escribía a Requena a raíz de la casación del *exequátur* a Vera –como un hombre de la prudencia y tino del Sr. Berro, se haya dejado arrastrar de malos consejos en dar a esa Iglesia un golpe tan terrible, y escandaloso, y cargar él con todas las funestas consecuencias que del mismo golpe se derivarán. ¡Dios mío, qué extravíos! Si Ud. es amigo del Sr. Berro, como creo, véalo, y toque todos los resortes para conseguir de él que retroceda del mal paso, que ha dado, y borre de este modo la mancha que caería sobre su vida pública"[488]. Poco más tarde le dirá al mismo: "y siendo el Sr. Berro hombre cuerdo, como lo es..."[489]. Marini vio al primer magistrado de la República siempre en la misma luz, a pesar de sus graves yerros en el orden religioso, como había enfocado antes a Pereira bajo la misma visual, no obstante sus generosos arranques a favor de la religión.

Juicio conclusivo sobre Berro

Berro era un hombre religioso y prudente; Berro era un liberal, con claros principios en ambos terrenos, mitigando los de su primera formación católica, con los de la ilustración vigente; pero por encima de su bautismo cristiano y de su tendencia liberal primaba el hombre político con un concepto altísimo del Estado, de la constitución y del cargo presidencial, y sus amigos los masones haciendo hincapié en este resorte tendrán un buen éxito en la guerra sin cuartel librada contra Vera.

Pareció necesario destacar esta última faceta de la personalidad del presidente, porque en los documentos, mientras se acentúa por una parte su religiosidad, su buena voluntad, su prudencia y capacidad, y por la otra la oposición rabiosa de los hermanos masones, no se tiene en su debida cuenta ésta su especie de idolatría hacia el Estado y la autoridad presidencial.

Berro, en conclusión, seguía siendo siempre el mismo –no bien conocido todavía en su múltiple y complicada personalidad-, y estaba cediendo sin advertirlo quizás plenamente, a las exigencias de

[487] AEM, va 20, c 5-4, 6271-25
[488] AyB pba, Ibíd.
[489] Ibíd.

la facción más radical, convencido con eso de salvar la independencia y soberanía del Estado, conculcadas por el Vicario.

Influjo de la opinión pública

Es indudable que la opinión pública, sutilmente manejada por la masonería, por medio de peticiones y sobre todo por medio de la prensa diaria, determinó en el problema de Brid, como en otras oportunidades críticas, tanto la deliberación de Vera, como la de Berro, absorbidos ambos por la avalancha ruidosa de los liberales.

El mismo ministro de gobierno Enrique de Arrascaeta escribirá, que mientras tenían lugar los trámites para el nombramiento de un coadjutor, "una polémica inconveniente sostenida con imprudente ardor entre el periódico *La Revista Católica* y otros diarios de la capital, daban a este asunto, que sólo debía ser tratado en el Consejo de Gobierno con la circunspección y prudencia que tales asuntos requieren, un carácter de la mayor gravedad que vino a aumentar todavía una petición de personas de la más elevada posición social presentada al Gobierno a favor del Sr. Brid, cuya dignidad como Senador, Canónigo y Cura consideraban ajada con las medidas que respecto a él había propuesto el Sr. Vicario"[490].

Intimación del **cese**

Creada esta situación por la prensa que concitaba el desprecio y el desprestigio de la autoridad eclesiástica –decía Vera- "creí yo un deber de salvación del honor y dignidad del Prelado, dictar una medida extrema y arrancar el mal de raíz"[491].

El día 11 de setiembre, la vicaría comunicaba al ministro de gobierno, para que se sirviese elevarlo al superior conocimiento del presidente el **cese** que, con esa fecha, intimaba al presbítero Juan José Brid en el cargo de cura rector interino de la parroquia de la Matriz, que hasta el momento desempeñaba.

Esta medida extrema pero inevitable, había sido dictada por un deber imprescindible de conciencia, desde que los deberes del hombre público deben siempre colocarse al frente de todas las consideraciones[492].

A Brid se le comunicaba en esa misma fecha que quedaba exonerado del cargo de cura rector interino, debiendo entregar lo

[490] Pr. O., abr. 1 de 1862
[491] ASV, ss ae, a 1863, R 251, 91
[492] Ibíd., 45

perteneciente a la administración del curato al presbítero Inocencio Yéregui, quien quedaría encargado de ella hasta el nombramiento de un cura rector en la forma acostumbrada[493].

Respuesta de Brid

El cura exonerado respondía que no podía sacrificar derechos que las leyes le acordaban y que atañían a su honor y dignidad, así como a los deberes que como ciudadano le correspondían. Manifestaba, sin mengua de los respetos que se merecía la autoridad eclesiástica del Vicario, que había sido nombrado cura rector de la Matriz por presentación y acuerdo del poder ejecutivo de la República en ejercicio del derecho de patronato, que reconocía como oriental y que debía sostener como senador de la Nación.

Se abstenía desde la fecha de funcionar como tal cura, ocurriendo, sin embargo, ante quien correspondía a hacer uso de sus derechos y protestando de los daños y perjuicios que se le originaban[494].

En una carta bastante extensa, Brid le decía al ministro Arrascaeta, que si bien podía cerrar los ojos ante lo que era puramente personal, no podía prescindir del deber de mirar por la inmunidad de los derechos de la Nación, representada en los tres altos poderes constitucionales.

El acto de que se ocupaba, importaba un ataque, un desconocimiento arbitrario de los derechos que le correspondían al ejecutivo por el ejercicio del patronato, y cualquiera fuera la manera con que se miraba su nombramiento, el Vicario no podía proceder sin previo acuerdo del Presidente de la República, porque era con ese acuerdo, que había sido investido del cargo.

Para que el ministro se penetrara que no era cura interino y que por consiguiente no era amovible a voluntad del prelado, se permitía acompañar el título que se le había expedido, en el que aparecían terminantes la calidad del nombramiento y las facultades atribuidas.

Dejaba, además, a la ilustración del magistrado, apreciar la calidad del nombramiento en el terreno del derecho, pero no debía perder de vista las modificaciones que la jurisprudencia había sufrido en América, después de una dilatada serie de años en que se había puesto en desuso la colación de los curatos por oposición, y decidir, si

---

[493] Ibíd., 71
[494] Ibíd., 72

conforme al título y por la especialidad del nombramiento, podía ser considerado como cura rector interino amovible[495].

El mismo día se proponía al Gobierno, en nota separada, al presbítero que debía desempeñar el curato. Vera hacía esa presentación por no separarse de la práctica introducida en el vicariato hacía muchos años, por sus antecesores, queriendo así declinar toda ocasión de ruptura con el poder civil, hasta que se le presentara ocasión de obviar ese abuso.

Decisión del Gobierno

En la misma fecha el Gobierno contestaba que, debiendo ser un punto de resolución en el consejo de gobierno si el Vicario Apostólico estaba facultado por sí solo para destituir, sin consultar la conformidad del Gobierno, "*los Curas que siempre son nombrados con su acuerdo*", y debiendo resolver al mismo tiempo sobre la aprobación del nombramiento de Inocencio Yéregui, *era conveniente y de suma prudencia que no se innovara, dejando las cosas en el estado en que se encontraban antes de las resoluciones de que instruían las precitadas notas*[496].

Inocencio Yéregui, en cumplimiento de la orden de la vicaría de hacerse cargo de la administración de la Matriz, por dos ocasiones fue a la iglesia, pudiendo en la segunda comunicarle a Brid la orden; su contestación fue que acababa de recibir la nota del Vicario y tenía que contestarla, y hasta ver su resultado, nada podía decirle[497].

Respuesta de Vera a la primera nota del Gobierno

Vera, al recibir la primera nota del Gobierno que versaba sobre un punto de derecho, temiendo cometer alguna equivocación, si contestaba sin previo consejo de un jurisconsulto de su confianza, molestaba al dr. Requena, no obstante conocer muy bien los momentos afligentes que estaba viviendo por la enfermedad de su querida hija.

Le especificaba que quería sostener a todo trance la medida adoptada y el derecho que lo asistía. Sin separarse de ese terreno enrostraría todas las consecuencias que de ello emanasen[498].

En la nota del día 12, redactada por Requena, el Vicario, que tanta prueba tenía dada de su deferencia y respeto al Gobierno, le

[495] AGN, mg, c 1099
[496] ASV, Ibíd., 46
[497] Ibíd., 70
[498] AyB pba, Ibíd.

comunicaba al ministro de gobierno que deseaba poder aceptar la indicación de no innovar nada, dejando las cosas en el estado anterior, pero el cumplimiento de sus deberes de conciencia se lo impedía.

El prelado, pues, no podía ni debía dejar pendiente de la resolución del consejo de gobierno la extensión y límites de las facultades y prerrogativas inherentes a su elevado ministerio, y que estaban claramente definidas por el derecho canónico y el derecho civil vigente en la República.

En ambos derechos se explicitaba la facultad de los prelados de nombrar por sí solos los curas interinos o en comisión, mientras los curatos no se proveyesen con curas colados y propietarios "previo examen de idoneidad en concurso y mediando presentación e institución canónica".

Era para la provisión de tales curas que se refería la concurrencia del patrono, pero para la de curas interinos y en comisión no había ley alguna en el Estado, que obligara a solicitarla.

El avisar al Gobierno del sacerdote a quien el prelado determinaba encargar interinamente del curato, *era de mera práctica, pero jamás se había entendido ni legalmente ni racionalmente, que el prelado no pudiera separar o sustituir el cura interino cuya comisión quedaba pendiente de la voluntad del prelado.*

Vera había observado de buena gana aquella práctica, poniendo en conocimiento del Gobierno las personas que elegía y aún más solicitando la aprobación de esas personas. Negar al prelado la facultad de poner término a la comisión interina de los curas, siempre que a su juicio y en conciencia fuera ésa indispensable o conveniente al decoro del clero, al mayor respeto de la Iglesia y al bien espiritual de los fieles, *sería una novedad gravísima,* una restricción a las facultades del prelado, que podría tornarlas ineficaces obstando al ejercicio de su ministerio, impidiéndole en algún caso servir a los intereses espirituales.

Vera se prometía que el resultado del consejo a que el Gobierno iba a proceder, habría de ser conforme con estas ideas.

Agregaba, en fin, que la protección y tutela por parte del poder temporal, era la base del derecho de patronato cuyo ejercicio atribuía la constitución al Presidente. Tal derecho debía ser regulado por las leyes que regían antes de la constitución y que directa o indirectamente no se opusiesen a ella, como no se oponían sobre el particular. No correspondía, por esas leyes, al patrono ninguna ingerencia en la separación y remoción de los curas interinos y en comisión, nombrados *ad nutum praelati*. No era, pues éste el caso de ejercer aquel derecho sino en el sentido de tutelar y proteger las disposiciones del prelado de la Iglesia[499].

La vicaría, por tanto, seguía sosteniendo su perfecto derecho para la remoción de los curas interinos, sin consultar al Gobierno; en lo cual no solamente no innovaba nada, como no lo había hecho hasta el momento, sino que procedía como en otros casos análogos, sin que el Gobierno hubiera reclamado nada[500].

Dictamen del fiscal

El fiscal del Estado al evacuar la vista de la primera nota de Vera –que le había pasado el ministerio de gobierno y en la que se hacía cesar a Brid- decía que la curia desistía de sus pretensiones sobre el coadjutor. Si hasta el momento habría creído que con el nombramiento de ese funcionario, se llenaban las necesidades espirituales de la parroquia, respecto de su servicio espiritual, parecía al presente, según la medida tomada, que la reforma pretendida en el personal parroquial no era satisfactoria ni llenaría su objeto, siendo necesaria la remoción del cura. Ese cambio de resoluciones de parte de la curia debía tener sus causas poderosas, porque de otro modo no hubiera tenido lugar.

El fiscal, consecuente con sus opiniones vertidas en el asunto sobre el coadjutor, no ponía en duda las atribuciones que tenía el Vicario Apostólico para la remoción de los curas existentes en el vicariato; pero así como el Gobierno por el derecho de patronato intervenía en el nombramiento de esos funcionarios o empleados eclesiásticos, aprobándolos, si los sacerdotes propuestos por la curia eclesiástica merecían su aprobación, o negando su aprobación, si no eran de su agrado, del mismo modo intervenía en la remoción de ellos, aprobando esas remociones o negándoles su aquiescencia si no eran fundadas, si no estaban basadas en justos y poderosos motivos.

La nota del prelado carecía, además de una circunstancia esencial, expresar la causa que había dado mérito al **cese** de Brid. Esa causa o motivo hubiera venido a justificar dos cosas: la razón legal que había tenido el prelado para desistir de sus pretensiones al nombramiento del coadjutor, y lo que lo había puesto en la sensible necesidad de hacer cesar a Brid.

El Vicario expresaba en su nota, que *un deber imprescindible de conciencia* lo había puesto en la sensible necesidad de dictar esa medida; que ella era extrema, pero inevitable, desde que los deberes

---

[499] ASV, Ibíd., 47-48

[500] Ibíd., 42v

del hombre público deben siempre colocarse al frente de todas las consideraciones.

Según los términos de la nota, parecía que motivos poderosos habían impulsado al Vicario a tomar esa resolución extrema, pero desde que no los expresaba, habría derecho por parte del Gobierno de que se los manifestase, como condición indispensable para aprobar esa resolución.

"Es cierto – seguía diciendo el fiscal- que las causas que pueden dar mérito a la remoción o destitución de un cura son a veces de tal naturaleza, que no conviene por la moral pública, por el decoro del ministerio sacerdotal y por la dignidad del clero expresarse en una nota oficial, como puede hacerse si la causa es la falta por ejemplo de idoneidad y aptitudes para el buen desempeño de las funciones encomendadas a los curas párrocos; pero en ese caso el prelado las manifiesta confidencialmente al Patrono, quien entonces en vista de ellas y considerándolas atendibles, presta su aquiescencia a la remoción o destitución.

Este es el procedimiento que se ha seguido en casos semejantes, es éste el que también debe seguirse en el presente, a juicio del fiscal, sin que ello importe despojar a la autoridad eclesiástica de ninguna de sus atribuciones"[501].

Ilustrado, por supuesto este dictamen del fiscal Tomé. Al mismo tiempo que salvaba la posición de Vera, y tenía en cuenta la situación que se había creado en el vicariato por una larga serie de años, proponía una solución que, pasando por alto el problema de la interinidad de los curas existentes en la República, acercaba en forma confidencial a la autoridad civil con la eclesiástica, librando a la buena voluntad de ambas una determinación justa y honrada.

Pero este procedimiento, que posteriormente será sugerido también por Marini, ya había sido practicado en vano por el Vicario, habiendo comprobado la mala voluntad del Gobierno.

Apoyo del Gobierno y de la prensa al sacerdote Brid

Mientras las mencionadas notas fueron cambiadas, el Gobierno no sólo no prestaba su aprobación al nuevo cura propuesto por la vicaría, sino que el encargado, que ésta había nombrado para recibirse provisoriamente de la iglesia, no consiguió que el cura depuesto le hiciera esa entrega, manifestando que Brid se negaba a ello invocando una orden del ministro de gobierno. Así se lo manifestó el mismo cura a la secretaría del vicariato.

---

[501] AGN, mg, c 1131

Desde ese momento el conflicto se agravaba, por la circunstancia de quedar el templo en completa clausura, y amparada la rebelión del inferior eclesiástico por el Gobierno.

La vicaría consideró este hecho como un acto de autoridad en manera alguna consecuente con el legítimo derecho que sostenía[502].

La prensa, como de costumbre, se desbordaba cada vez más, contestando con dicterios e infamias, a las razones de los dos únicos periódicos, sostenedores de la buena causa, *La República* y *La Revista Católica*[503].

La Nación, El Pueblo, el *Comercio del Plata, La Prensa Oriental,* etc., se pronunciaron contra la medida del vicario, diciendo que Brid había sido destituido del modo más informal y contrario a la constitución y a las leyes vigentes en el país.

El Porvenir se abstenía de dar un juicio, pero subrayaba la simpatía que había sabido granjearse el cura Brid[504].

Este hizo algunas predicaciones sobrado inconvenientes y que revelaban su carácter y sentimientos, pero no lo llevó su extravío hasta el extremo de tener funciones de cura, sino que se abstenía de tenerlas.

El Vicario, guiado de moderación digna, no le había impuesto interdicción en el terreno de su ministerio sacerdotal[505].

Nota del Gobierno del día 13 y respuesta de la curia

El día 13 se recibió la nota del gobierno, en la cual se manifestaba que habiendo estado y estando el poder ejecutivo ejercitando el patronato nacional, como una de sus más importantes atribuciones constitucionales, en la destitución de Brid sin su aprobación veía ya comprometidos los derechos de que había estado y estaba en posesión.

El Presidente, sin embargo, guiado del espíritu de moderación y examen que como regla de conducta llevaba a todas las resoluciones, en la persuasión de que tal procedimiento sería valuado como correspondía, se limitaba a manifestar por entonces que no se innovase nada, debiendo ser un punto de resolución en el consejo de gobierno, si el Vicario estaba facultado para destituir por sí solo sin consultar la conformidad con el Gobierno.

Desvanecida, desgraciadamente, la expectativa de arribar a la resolución de tan grave punto en la forma propuesta, el Gobierno, que

[502] ASV, Ibíd., 42v
[503] AEM, jv l
[504] Pr. O., set. 14 de 1861
[505] AyB pba, Ibíd.

ni en esto ni en ningún otro caso estaba dispuesto a desviarse de la regla de conducta que constantemente había seguido, manifestaba que manteniéndose en posesión de los derechos en que estaba, por su parte estaba resuelto a mantener las cosas en el estado en que estaban, "no pudiendo aceptar, ni reconocer con carácter, ni facultades de cura de la Iglesia Matriz a ningún otro Presbítero, en reemplazo de Don Juan J. Brid", cualquiera fuese la denominación con que se le revistiese, mientras tanto el Gobierno en su consejo no tomara una resolución sobre los actos elevados a su conocimiento por la vicaría[506].

Este despacho fue contestado manteniendo el derecho de la vicaría y responsabilizando al Gobierno por las consecuencias de la clausura del templo, que aquel atribuía indebidamente al Vicario Apostólico[507]. Se afirmaba, además, *que el Gobierno daba al derecho de patronato una extensión que jamás había podido tener* y que si a cada medida gubernativa de la Iglesia, le era permitido al sacerdote en quien ella recaía recurrir a la autoridad civil para que escudara la insubordinación, y que si el poder ejecutivo se creía con la facultad de intervenir en todos los actos de la disciplina eclesiástica, para aprobarlos o anularlos, la independencia del poder espiritual desaparecería; el Vicario traicionaría los deberes que le imponía el puesto que ocupaba si consintiese en que fuera de esa manera ajada su autoridad[508].

Ingerencia de la comisión permanente del cuerpo legislativo

La agitación de la masonería era grandísima, y no perdonaba medios lícitos o ilícitos para salir con su intento[509].

La comisión permanente del cuerpo legislativo, en la que figuraban altos personajes de la masonería (v.g. de las Carreras, Vásquez Sagastume, Vilardebó), se había ingerido oficialmente en el asunto, alentando al Presidente a que sostuviera con energía el patronato, que nadie atacaba, según Requena[510].

Después de oír las explicaciones del ministerio y satisfecha la comisión con la actitud tomada por el poder ejecutivo, había autorizado a su representante para que manifestara al Presidente que confiaba plenamente en su energía e ilustración. Esperaba que diera una pronta y conveniente solución a tal negocio, sosteniendo sobre

[506] ASV, Ibíd., 49v
[507] Ibíd., 42v
[508] Ibíd., 50
[509] AEM, jv 1
[510] AyB pba, Ibíd.

todo los derechos que le competían como patrono de la Iglesia nacional. Si para hacerlos reconocer debidamente necesitaba el concurso de esa comisión, ella se lo prestaba desde la fecha para ese objeto, tomando sobre sí ante la asamblea general, la responsabilidad de las medidas que se adoptaran conforme a la constitución y a las leyes vigentes[511].

El Gobierno, por boca de sus máximos exponentes, Berro y Arrascaeta, luego de valorar en mucho la actitud de la comisión, se complacía en expresarle que, obrando como era su principal deber dentro de sus facultades constitucionales y en pro de los intereses de la Nación, siempre había esperado de la ilustración y patriotismo de dicha corporación el más franco y leal concurso. Le aseguraba a la vez, que en la conveniente solución que se preparaba a dar al asunto, sostendría los derechos que le competían como patrono de la Iglesia nacional[512].

Informe del representante francés

"Mientras tanto –notificaba el representante francés el 15 de setiembre- las disputas religiosas han redoblado su aspereza; la iglesia catedral acaba de ser cerrada tres días por causa de un conflicto entre el Vicario Apostólico y la autoridad civil motivado por la destitución del párroco-senador Brid. Tomando partido por éste, la Comisión Permanente de la Legislatura ofreció ayer su ayuda al Poder Ejecutivo, invitándolo a retirar el **exequátur** al Vicario Apostólico: lo que acarrearía muy distintas dificultades.

El teatro, así como la iglesia, es presa de la anarquía. Fue necesaria la intervención del jefe de policía para poner un poco de orden en la compañía dramática del Solís. Fue como la pieza corta después de la tragedia"[513].

Comunicado de la curia a los fieles y respuesta de Brid

El día 14 la vicaría dirigía un comunicado a los fieles. De las repetidas diligencias practicadas resultaba que el cura cesante se resistía a verificar la entrega de las llaves, rebelándose de este modo contra la resolución terminante de la vicaría.

Se prevenía, pues, a los fieles que sin perjuicio de las medidas que se adoptarían para reprimir severamente el procedimiento de Brid, podían ocurrir para la observancia de las prácticas religiosas,

---

[511] AGN, mg, c 1131

[512] Ibíd.

[513] In.d., Ibíd., 340

hasta tanto que no cesase ese estado de cosas, a las otras parroquias de la capital. Se justificaba la medida, aclarando que la vicaría no podía violentar las puertas del templo, colocado en indebida clausura por la incalificable resistencia de aquél a la entrega de sus llaves[514].

En respuesta, el canónigo honorario de la catedral paranaense afirmaba que la circular a los fieles lo colocaba en un concepto desfavorable. No era exacto que se hubiese resistido a entregar las llaves del templo, desde el momento que nadie se las había exigido. Intimado en el cese de su cargo, como cura rector, había tenido que abstenerse de funcionar en tal carácter. Si no había entregado las llaves era también porque había recibido orden del ministro de gobierno de no hacerlo hasta la resolución del presidente.

Lo que debía a su país y a su propia dignidad lo obligaba a levantar su frente contra esa calumnia[515].

Convicciones de Vera

Corrieron algunos días sin novedad. Vera se había mantenido firme en su resolución, y esperaba que Dios le conservara la energía, prefiriendo todos los males antes que someterse a las intimaciones del poder civil[516].

Sabía que la cuestión presente, como la de los frailes franciscanos, y como la del entierro de Jakobsen, eran hermanas gemelas: las mismas tendencias, el mismo fin, la misma sistemática oposición surgían hoy como habían surgido ayer. Los mismos frailes con las mismas alforjas; los mismos tonos que se escucharon antes se escuchaban ahora; la misma intolerancia de sectas, con sus propios alaridos y su inseparable libertad de conciencia, que todo lo toleraba, todo lo soportaba, todo lo admitía, menos lo que tocaba a la Iglesia en lo más mínimo[517].

La calma aparente le hacía pensar a Vera que el Gobierno iba declinando en la actitud imponente que había asumido y no perdía la esperanza de que el Presidente, con sentimientos piadosos, según se veía, se apartara de las inspiraciones de sus ministros. Estos, indudablemente –escribía el 15 de setiembre a Roma-, "son las causas impulsivas al mal terreno en que al principio se colocó el expresado Señor Presidente, el cual, como he escrito repetidas veces a V. E. tiene sentimientos religiosos, y abrigo una fundada esperanza de ver esta

---

[514] ASV, Ibíd., 75
[515] Ibíd., 68
[516] Ibíd., 91
[517] Rev. C., set. 19 de 1861

cuestión terminada por el dicho Magistrado de un modo honroso a la Iglesia”[518].

Comunicaciones de Requena a Marini

Requena, con menos ilusiones que su prelado, alrededor de la misma fecha, sin perder la confianza en Berro, pero sin descartar tampoco una persistencia en el camino emprendido, le comunicaba a Marini que se estaba trabajando intensamente para que el Gobierno casara el **exequátur** concedido al nombramiento de Vera.

Le habían asegurado que, llegado el caso y quedando en acefalía la Iglesia, iría a Paraná Castellanos, jefe de las logias, o algún otro magnate de ellas, a recabar del delegado el nombramiento de otro vicario.

El citado informador los consideraba muy equivocados en sus esperanzas sobre el particular, y aun se inclinaba a creer que Berro no se dejaría conducir hasta esa situación sobremanera alarmante y lamentable, “sin embargo de que un error, una injusticia, regularmente producen nuevos errores y nuevas injusticias”[519].

Uno de los curas más ilustrados le había indicado a Requena la conveniencia de que Marini, acreditado ante el gobierno oriental, se interpusiese en ese conflicto para obtener una solución honorable. Luego el mismo, rectificando su indicación, le había asegurado que se arribaría a nombrar entre el Vicario y el Gobierno un encargado provisorio de la iglesia, aplazando la resolución del asunto[520].

Las logias desde mucho tiempo atrás ya habían trazado su plan de acción: casarle el *exequátur* a Vera, desterrarlo, nombrar un comisionado ante el delegado apostólico para recabar un encargado provisorio de la iglesia, y lo realizarán con notable destreza.

Vera, por supuesto, no se amedrentaba, antes bien se complacía en tener parte en las tribulaciones de Pío IX, su modelo, aunque fuera en proporción muy pequeña[521]

Argumentación jurídica del Gobierno

Siendo clara y definida la meta que se quería alcanzar por la oposición, el 23 de setiembre el ministro de gobierno procuró respaldarla con una argumentación jurídica, que representaba un

[518] ASV, Ibíd., 91v
[519] AyB pba, Ibíd.
[520] Ibíd.
[521] ASV, Ibíd., 91v

paso atrás, comparada con la muy equilibrada del fiscal Eustaquio Tomé.

El concilio de Trento –se argumentaba- había dispuesto que los curas párrocos interinos sólo se nombrasen y existiesen con tal carácter, únicamente el tiempo indispensable, mientras se proveyeran los curatos vacantes en propiedad.

Era cierto que para la provisión del cura rector Brid se había procedido conforme en todo a lo prescripto por el concilio, menos al examen en concurso por oposición.

La falta de examen y presentación en terna, debida solamente a la escasez del clero patrio y otras circunstancias notorias, no privaba a los candidatos presentados y canónicamente instituidos del verdadero carácter de que había querido instituirlos el concilio y las leyes civiles concordantes.

Las solemnidades observadas por los vicarios apostólicos en la presentación e institución de los curas, y la larga permanencia de éstos en los curatos, les daba el carácter de verdaderos curas permanentes, y de verdaderos beneficios a los curatos que habían servido.

Por estos y otros fundamentos el Gobierno no prestaba su aprobación a la destitución del cura rector Juan Brid, decretada por el Vicario, sin que hubiesen sido llenadas ninguna de las formalidades de costumbre en la República.

Brid, por consiguiente, seguía revistiendo para el Gobierno el carácter de cura legal de la iglesia Matriz, mientras su destitución no se propusiese con sujeción a lo que prevenían los cánones y las leyes políticas y civiles de la República[522].

La vicaría se ocupaba en responder a esa nota, por medio de una comisión nombrada por Vera e integrada por Castro, Frías, y Requena[523], cuando el 26 se recibió una nueva comunicación del Gobierno, en la que, pretextando un reclamo del cura destituido, preguntaba si se habían adoptado algunas medidas en consecuencia de la revolución del 23.

Este despacho fue respondido con la comunicación del 27 de setiembre, en la que se prometía contestar a la brevedad posible[524], conteniendo la resolución del 23, puntos de derecho sobre los cuales tenía que expedirse fundada y reflexivamente[525].

---

[522] Ibíd., 51-52

[523] AyB pba, Ibíd.

[524] ASV, Ibíd., 43

[525] Ibíd., 54

Situación en la capital

El día 29 Maillefer le comunicaba a su Gobierno que en tanto que una guerra ruinosa asolaba a la otra ribera, en Montevideo continuaba el malestar, la agitación sorda y las tristes disputas religiosas.

Se esperaban, se devoraban con avidez las noticias de la guerra, y aun se las inventaba con una prodigiosa fertilidad de imaginación; y cada partido se preparaba a aprovechar el resultado de la lucha. Sólo el Gobierno, fuera cual fuese ese resultado, no tenía probabilidades de ganar, pues se veía desbordado por dos facciones extremas.

Para colmo de infortunio, su disensión con el Vicario Apostólico había sido torpemente llevada hasta el punto de no poder retroceder dignamente, ni continuar avanzando sin peligro de cisma y anarquía religiosa, agregados a tantas otras complicaciones.

En espera de la solución de ese enojoso problema, la iglesia catedral permanecía aún cerrada y, desgraciadamente, no era el templo de Jano[526].

Contestación minuciosa de la curia

El día 30 pasó la vicaría su contestación minuciosa y fundada en derecho, fruto en su totalidad, menos los dos párrafos últimos, de Requena. Este había procedido según sus convicciones y creyendo cumplir con su deber de católico[527].

"El Gobierno –se decía en dicha contestación- sabe que el infrascripto no se decidió a dar ese paso, que le era reclamado por un deber imprescindible de conciencia, sino después de haber solicitado en vano la aprobación del nombramiento de un segundo cura para la Iglesia Matriz; prefiriendo ese medio moderado y prudente para remediar males que la demora y las dificultades imprevistas vinieron a reagravar, haciendo urgente aquella medida".

Después de recordar brevemente el contenido de las comunicaciones cambiadas hasta el día 23 exclusive, observaba que las graves consecuencias derivantes de la situación anómala y penosa eran imputables más bien al ministerio de gobierno que a la vicaría. A ésta no solamente se le había impedido el proveer de otro cura, sino hasta de un encargado provisorio que administrara la iglesia, por haberse negado Brid a entregar las llaves, invocando una orden recibida del ministro.

---

[526] In. d., Ibíd., 344

[527] AyB pba, ibíd.

A pesar de todo esto, Vera confesaba que había confiado en el ánimo religioso e ilustrado del presidente. Pero al leer la nota del 23, al paso que lo lisonjeaba, porque el detenido estudio y una apreciación sin duda más exacta de los antecedentes había desterrado del juicio del Gobierno la inculpación gratuita de que la vicaría desconocía el patronato, le había impresionado dolorosamente, porque el nuevo terreno a que se había llevado el asunto, era más peligroso y de imposible aceptación por parte de la vicaría.

La declaración de que los curas interinos y en comisión, nombrados a voluntad del prelado, deben ser tenidos y considerados como permanentes, propietarios y colados, no obstante los términos explícitos del título de interinos que se les había conferido y faltarles los requisitos que *pro forma* exigen la ley canónica y la civil, era tan inesperada y tan trascendental que Vera juzgaba prudentemente que aun el cuerpo legislativo se vería embarazado para dictar una resolución. Ella, pues, importaba la derogación no sólo de la ley civil sino de la canónica; por otra parte, el ministro sabía que la derogación y la interpretación de las leyes era exclusiva del cuerpo legislativo, de conformidad con el artículo 148 de la constitución, que declaraba que las leyes preexistentes continuarían en su forma y vigor, mientras no fueran opuestas a las leyes que expedía el cuerpo legislativo.

Antes de terminar la extensísima nota, se rogaba al Gobierno que quisiera reflexionar sobre las graves y perniciosas consecuencias que hubiera traído a la Iglesia la aceptación por el prelado de la singular doctrina, por la que se pretendía, contra lo que terminantemente prescribían los cánones, convertir en un beneficio eclesiástico la interinidad de un curato, que no era más que una vicaría temporal, amovible *ad nutum*, y que ningún título, ni derecho ni investidura de perpetuidad daba al que la obtenía.

La fácil remoción, pues, de los curas interinos por el superior eclesiástico era de suma importancia en la República, donde, a falta de un clero nacional formado en sus seminarios, había necesidad de confiar la administración de las parroquias a sacerdotes del país o a extranjeros, cuya aptitudes, no estando acreditadas por el examen en concurso, tenían que someterse a la prueba de la experiencia.

Cuando ésta no les era favorable, o cuando a juicio del prelado se presentaba otro sacerdote más capaz y más digno, era deber de conciencia aconsejado a la vez por el decoro de la Iglesia y por el interés de los fieles hacer esas remociones, que no importaban una pena, desde que al cura destituido no se le privaba de una derecho legítimamente adquirido, y que tendían a la mejor administración de las parroquias.

Pretendiendo el Gobierno dar a los curas interinos o ecónomos una investidura de que carecían, y negando al prelado la facultad, *no contestada hasta el momento*, de removerles sin formación anterior de causa, ponía una gran traba al libre ejercicio de la jurisdicción eclesiástica, haciendo imposible la disciplina en el clero[528]. Se pedía, por fin, al Gobierno la reconsideración de la medida del día 23.

Labor de Requena

Requena conferenció largamente con Arrascaeta, ministro de gobierno, y aunque lo halló con mucha exaltación contra el Vicario, y con ideas muy equivocadas, esperaba que él y el Presidente Berro prestaran mucha atención a la última contestación del Vicario.

El ministro le repitió a Requena que si el prelado no reponía prontamente a Brid en el curato, obedeciendo a la resolución del día 23, estaba decidido a casarle el *exequátur* y a desterrarlo. Observándole, entonces, el jurista católico que la Iglesia quedaría acéfala, respondió que no, que no habría acefalía.

Esto confirmó a Requena en lo que se propalaba por los enemigos de la Iglesia, a saber, que saliendo Vera, el Gobierno nombraría un gobernador eclesiástico. Hubiera sido[529] la segunda edición de lo que había hecho el general sitiador Manuel Oribe, siendo su ministro el mismo Berro, durante la guerra terminada en octubre de 1851.

Sería un paso falso, que sin evitar la acefalía produciría males serios y tanto más cuanto no faltarían, como no faltaban en todas partes, sacerdotes que se prestasen para esas farsas, con que se hacía tanto daño a la Iglesia y al interés espiritual de los fieles.

Requena le había indicado al Vicario que sometiese el asunto a los párrocos, algunos de los cuales ya se habían pronunciado, rechazando la resolución del poder ejecutivo. Una manifestación de ellos, que eran favorecidos por el Gobierno, hubiera dado una gran fuerza moral a las ideas sostenidas por la vicaría.

En la misma carta a Marini, del día 2 de octubre de 1861, Requena, entre otras cosas, le comunicaba: "Escribí oportunamente al Sr. Berro sobre el asunto del obispado, recordándole la buena voluntad de la S.V.I., pero nada ha contestado, *como tiene de costumbre*, pues nunca contesta ni a lo que se le escribe ni a lo que se le dice de viva voz. En este caso, su fórmula es, que consultará al Ministerio, que someterá el asunto al consejo de gobierno. No es

---

[528] ASV, Ibíd., 55-58v

[529] Según el mismo Requena.

extraño que no me haya contestado a mí, cuando me aseguran que ni a la S.V.I. le ha contestado a su atenta carta"[530].

Exigencia del Gobierno para la reposición del cura destituido

Muy lejos de considerar la medida del día 23, el Gobierno respondió con un despacho del 2 de octubre por el que se ordenaba, por la última vez, reponer en el día al cura destituido.

Dicha contestación del ejecutivo declaraba: "Siendo evidente que la razón y objeto de la institución de los Curas interinos que tuvo en vista el Concilio de Trento, sesión 24, y la ley 48, título 6°, libro 1°, R. I. son enteramente inaplicables a los Curas que sirven las Parroquias Nacionales, ocupando éstos el lugar de los curas colados que no están en práctica en la República: siendo evidente también que si estos curas contra la esencia y realidad de las cosas y por un mejor juego de nombres, fuesen considerados como interinos y aplicables a ellos las disposiciones canónicas y civiles que les son referentes, *quedarían anuladas las regalías de Patronato Nacional en su parte más importante*: por estas consideraciones y las demás expresadas en la resolución del 23 del corriente, estése a lo en ella dispuesto, haciéndose saber a S.S.I. y ordenándose por última vez que, en el día, mantenga al Cura Rector de la Iglesia Matriz en posesión de su destino, mientras para su remoción no se llenen los requisitos indicados en dicha resolución"[531].

Por fin el Gobierno oriental caía en la cuenta, por lo menos oficialmente, de la inconsistencia de su derecho de patronato, fabricado sobre un objeto impropio.

Las regalías del patronato nacional no quedaban anuladas en su parte más importante por la posición de la vicaría, sino porque simplemente no existían ni podían existir.

Negativa de la curia y aprobación de Marini

La vicaría contestó, acto continuo, que no podía prestarse a reponer en el día en el curato de la Matriz a Brid, sin faltar a sus deberes y a su conciencia, que no podía sacrificar a ninguna consideración[532].

Marini, con fecha 2 de octubre, le decía a Vera que se había impuesto detenidamente del asunto, comunicado con nota 17 del mes anterior, sobre la separación de Brid del curato de la Matriz. A la vez

---

[530] AyB pba, Ibíd.
[531] ASV, Ibíd., 59
[532] Ibíd., 43

que aplaudía la resolución tomada por la vicaría con respecto a dicho presbítero, no podía dejar de extrañar que el Gobierno oriental tan sabio y prudente, hubiese hecho oposición hasta con violencia a una medida tan conforme a derecho y acertada. Le decía que no se desanimara y que confiara en el apoyo del Presidente, quien exactamente instruido, reconocería la justeza de la medida[533].

*Casación del **exequátur** con decreto de 4 de octubre de 1861*

A consecuencia de la última negativa, tan penosa como imprescindible para la vicaría, el Gobierno no pudo llevar más adelante la lenidad y consideraciones empleadas con el Vicario. La persistencia de éste en la posición asumida, importaba un desconocimiento del patronato nacional y un obstáculo permanente a su ejercicio y a la buena armonía que debía reinar entre ambas autoridades.

Para prevenir los graves daños que de ello habían necesariamente de venir, tanto a la Religión como al Estado el 4 de octubre de 1861 acordaba y decretaba:

"Art. 1° Declárase sin efecto el Decreto del 13 de diciembre de 1859, concediendo el Pase al Breve Apostólico que nombra, con acuerdo del Patrono, Vicario Apostólico del Estado al Presbítero D. Jacinto Vera.

Art. 2° Quedan igualmente sin efecto, y como no pasadas las cartas ejecutoriales expedidas el 14 de diciembre del mismo año al Provicario y demás Autoridades Eclesiásticas, ordenándoles que reconociesen al Presbítero Don Jacinto Vera como Vicario Apostólico.

Art.3° Comuníquese al Provisor y demás autoridades eclesiásticas y civiles, dándose conocimiento a la Honorable Comisión Permanente y haciéndose saber por oficio esta resolución y sus motivos al Delegado Apostólico ante las Repúblicas del Río de la Plata"[534].

La primera revolución de octubre estaba consumada. El clérigo rebelde Brid se encontraba muy contento, empleando para con el Vicario las palabras más soeces y sucias de que tanto hacía uso en sus conversaciones[535].

"Es en realidad un sacerdote extraviado –comentaba Requena-. ¡Cuánto daño hacen a la Religión y a la Iglesia tales sacerdotes!"[536].

---

[533] Ibíd., 69

[534] Ibíd., 61

[535] AyB pba, Ibíd.

[536] Ibíd.

Resoluciones de la curia

Vera, al comunicar a su clero el decreto ministerial, observaba que se volvía sobre el pretendido desconocimiento del patronato, como tomando una base que las notas oficiales habían destruido.

Aunque en el decreto no se invocase ley ninguna ni canónica, ni civil, ni constitucional -y ninguna podía existir que autorizara al gobierno para despojarlo de la autoridad que le había sido conferida por la Santa Sede y que ésta sola podía revocar-, no contrariaría en el hecho la medida del Gobierno.

Resignado de antemano a soportar las consecuencias, daría cuenta de lo sucedido a Su Santidad y al delegado, esperando la resolución de los mismos. El clero debía esperar tranquilo las supremas resoluciones, las cuales debían ser acatadas por todos con la más profunda sumisión y el más alto de los respetos.

Entre tanto lo exhortaba a que llenase santa y dignamente las sagradas funciones de su ministerio pastoral, conservándose unido con los dulces vínculos de la paz y de la caridad. Este debía ser el tema favorito de las pláticas y exhortaciones a dirigirse a los fieles[537].

Conde, al acusar el recibo de la nota al ministro Arrascaeta no podía menos de manifestarle el profundo pesar que le causaba la resolución del Gobierno en cuanto al desconocimiento de la autoridad del prelado de la Iglesia oriental.

Dependiendo inmediatamente de aquella autoridad a quien debía la honrosa confianza del cargo de provisor y vicario general del Estado, no podía dar paso alguno que no fuera de acuerdo con la actitud asumida por ella, ante la derogación del decreto del 13 de diciembre de 1859[538].

En presencia de tan graves circunstancias fueron adoptadas por Vera todas las precauciones que creyó de su deber, para evitar la acefalía de la Iglesia. Eligió sujetos de su entera confianza a quienes confirió la suficiente jurisdicción para atender a las necesidades espirituales.

Muchos curas párrocos, vicarios y otros sacerdotes, el día 8, reunidos en la iglesia parroquial de San Francisco, sita interinamente en la casa de Ejercicios, con el objeto de ser informados por Conde sobre todo lo ocurrido, por toda contestación manifestaron que todos y cada uno de ellos cumpliría exacta y fielmente cuanto el Vicario les encargaba.

Esperarían tranquilos las supremas resoluciones que por sí o por su delegado dictaría la Santa Sede, las cuales estaban dispuestos a

---

[537] ASV, Ibíd., 62-63

[538] Ibiid., 64

acatar con toda sumisión y respeto en los mismos términos expresados por su pastor, como fieles súbditos de la Iglesia y de su superior legítimo[539].

Esta buena disposición del clero consolaba sobremanera al pobre prelado en medio de su amargura, si bien no faltaban algunos hermanos extraviados que, desconociendo sus deberes, estaban ostentando una conducta censurable desde el inicio del conflicto y muy notablemente el fiscal eclesiástico Francisco Mayesté, el cura destituido y otros con muy corto número[540].

Como conclusión de su larga comunicación a Roma, Vera afirmaba que los avances del Gobierno tenían una tendencia de imposición para la Iglesia, que por su parte no había podido silenciar por más penosas que fuesen las consecuencias.

Aunque se considerase uno de los más humildes siervos de la Iglesia, miraría siempre los conflictos que le tocase sufrir, no como desgracia, sino como un timbre honroso, compartiendo o probando de ese modo, aunque en una escala muy inferior, las penalidades y desafueros de que era objeto el pontífice Pío IX[541], por cuya gloria y conservación no cesaba de invocar al Dios de las misericordias.

Para probar la sinceridad de estos sentimientos, enviaba el resultado de una colecta realizada entre los fieles y el clero con el fin de auxiliar a Su Santidad en sus necesidades[542].

¿Acefalía en lo eclesiástico?

Los enemigos de Vera, para ostentar su triunfo, ya iban en busca de un prelado interino, y se jactaban de que Marini se prestaría a sus pretensiones.

La acefalía completa a la que deseaban llegar se había obstado por el momento, porque el dr. Conde, a quien se había comunicado el decreto, se había limitado a acusar recibo, invocando su carácter de Provisor y Vicario General.

Parecía probable que el Gobierno le rechazase ese título, pero también él estaba dispuesto a mantener la destitución de Brid y de

---

[539] Ibíd., 65

[540] Ibíd., 43-43v

En un total de alrededor de 85 sacerdotes, los que se habían unido a Brid y se mostraban favorables al decreto gubernamental eran: Juan Domingo Fernández, Francisco Mayesté, Florentino Conde, Lázaro Gadea, Nicolás Aguirreche, Pedro Giralt, fray Pantaleón, Nieto, Rodríguez y probablemente Julián de la Hoz.

[541] ASV, Ibíd., 43v

[542] Ibíd., 77

consecuencia podía venir un segundo golpe de Estado con la destitución de la segunda autoridad eclesiástica.

Si esto se verificaba, la acefalía resultaría completa y entonces se apresurarían a deducir sus gestiones ante la delegación apostólica del Paraná[543]. Ya estaba corriendo la voz de que Mayesté solicitaba la ciudadanía para poder conseguir de Roma el nombramiento de vicario interino. Mayesté y Brid pensaban que con el apoyo del Gobierno ganarían la causa[544].

¿Medida extrema contra Brid?

Uno de los sacerdotes que más decididamente había apoyado al Vicario, opinaba que Vera debía haber suspendido *a divinis* al cura Brid por su desobediencia y rebeldía. Esperaba que el delegado le hiciera intimar la inspección, con lo que se facilitaría, según el mismo, el término del asunto.

Suspenso Brid, en efecto, el gobierno podría declinar de su exigencia y un nuevo acuerdo con Conde, como prelado interino en ejercicio, podría hacer cesar la acefalía de la Matriz, que se abría para decir misas según le placía a Brid, que retenía las llaves por orden del ministro[545].

Vera, que no había trepidado en exponerse a toda hostilidad antes de sacrificar deberes para él sagrados[546], evitó la medida

---

[543] AyB pba, Ibíd.

[544] Brid "ebbe la sfacciataggine di scrivere avvisi al pubblico, da lui stesso firmati, per aizzarlo contro il Vicario, ma furono rigettati con disprezzo; giacchè la maggior parte della popolazione venera come santo, ed ama come suo pastor e Prelato il Signor Vicario e tutti li buoni non poteano più sopportare un Parroco così scandaloso...

Tanto Brid come Mayesté vanno dicendo che essi tengono in pugno tutta Roma (cominciando dal Santo Padre); che con denari, si fa di tutto; che il Governo è con loro, ecc. Che bestemmie, andare dicendo, che guadagneranno Sua Santità con denari. Dicono che o Padre Mayesté od altro, il Governo lo manda in questo pacchetto, a Roma.

Se venisse a Roma Padre Mayesté io credo, come credono tutti i buoni, che P. Mayesté lo serreranno in S.Uffizio o in Castel Sant'Angelo, affinchè pensi di convertirsi; ond'è che speriamo in Dio che lì finirà il suo preteso Vicariato Apostolico. Dio voglia convertire quest'anime che sembrano sortite dall'inferno per distruggere la nostra Santa Religione" (ASV, ss ae, a 1863, R 251, 79-79v).

[545] AyB pba, Ibíd.

[546] Ibíd.

extrema auspiciada por muchos de la suspensión *in totum* del recalcitrante.

No podía decirse de él lo que se había dicho de otros prelados, y, desgraciadamente con razón que el interés de conservar su posición y la conveniencia personal, había sido el regulador de su conducta.

"El Señor Vera –expresaba Requena- está exento de ese reproche y con pleno derecho puede esperar la más completa aprobación de parte del Delegado de Su Santidad"[547].

Marini y Roma frente al grave hecho

Marini al recibir los informes de Vera, que le aseguraba que ya había proveído en el mejor de los modos a la dirección espiritual del vicariato, comunicándole a su vicario general y provisor todas las facultades delegables, lo había confortado ofreciéndole su asistencia en los límites de sus facultades.

Se había abstenido de reclamar ante el Gobierno, pero lo haría en un próximo futuro, si no tuviesen suceso las negociaciones de una pacífica y satisfactoria composición que había pensado introducir por medio de Requena, persona de su total confianza[548].

En su comunicación al cardenal Secretario de Estado, entre otras cosas, le manifestaba que el Vicario Apostólico no había podido acceder a la exigencia del Gobierno, porque estaba fundada en un falso presupuesto y porque era contraria a la libertad e independencia de la Iglesia.

A todo esto se agregaba que el sacerdote Brid, además de ser masón era también de costumbres indecentes y de mala reputación. Por ello Vera se había determinado a hacer frente a la situación con firmeza sin desanimarse y sin plegarse a las amenazas del gobierno[549].

Roma le contestaba a Marini que los hechos acontecidos en Montevideo eran bien tristes, y aún más tristes por las funestas consecuencias de un cisma que amenazaba originarse en el vicariato.

El digno prelado merecía mucha alabanza por la firmeza con que se había opuesto a las extrañas e injustas pretensiones del Gobierno. La conducta observada en sostener su autoridad y la independencia que le competía al poder eclesiástico por definición divina, había sido plenamente aprobada por la Santa Sede.

Se le prescribía a Marini, en fin, que, para que el Gobierno procediese cuanto antes a la revocación de su desconsiderada medida, le escribiese al Presidente, manifestándole la gran sorpresa y vivo

---

[547] Ibíd.

[548] ASV, Ibíd., 84-85

[549] Ibíd., 83v

dolor probado por el Santo Padre, por los atentados cometidos contra la persona y la autoridad revestida por Su Santidad misma de la dignidad de Vicario Apostólico.

No debía dejar de agregar, que el Papa estaba persuadido de que el Presidente no desmentiría los sentimientos religiosos con que estaba animado y que no tardaría en reparar la enorme injusticia cometida contra los derechos de la Iglesia y la autoridad que gobernaba en aquel territorio por delegación apostólica[550].

Explicación de la actitud del Presidente

Reflexionando sobre la actitud del Presidente *La Revista Católica*, bajo el título *Cosas que no se comprenden*, escribía: "Así, sucedió; y he aquí que repentinamente aquel magistrado recto, aquel ciudadano que para nosotros simbolizaba todo lo bueno, presta atención al clamoreo de esa turba de defensores de la libertad y propagadores de la esclavitud...

Son estas cosas, que, a la verdad, no nos sabemos explicar. Es ciertamente incomprensible el proceder del Jefe del Estado... ¿A qué debemos atribuir ese proceder? ¿Se habrá operado, por ventura una mutación completa en las ideas religiosas de S.E.? No podemos creerlo. Debíamos suponerlas muy poco arraigadas, lo que no es posible por su edad y por su ilustración, para creer que fácilmente se cambiarían.

¿Habrá cedido S.E. a la descompasada vocinglería de la turbamulta, que pedía hasta en asonadas parlamentarias, el exterminio de la Iglesia y de sus verdaderos ministros? No debemos tampoco creerlo.

Hacemos más justicia a los sentimientos de S.E. sin embargo que no sabemos a qué atenernos..."[551].

El articulista no se animaba sacar las conclusiones a pesar de tener bien claros los términos del problema: ***ideas y presión.***

Las **ideas religiosas** como también las **liberales** estaban bien arraigadas, dominadas ambas por el **alto concepto de autoridad** y **Estado**, y su posición ya no era imparcial frente al **empuje de las sociedades secretas** que querían dominar hasta en la casa de Dios.

Los medios que empleaban, en efecto, eran dignos de sus antecedentes.

---

[550] Ibíd., 89-90

[551] Rev. C., nov. 3 de 1861

Cansados de combatir al prelado con las armas más desdorosas, habían recurrido a los extremos, queriendo que abandonara su grey para encomendarla a uno de los **hermanos.**

Así lo decía explícitamente *El Pueblo*: "Una vez más pedimos al gobierno... corte de una manera enérgica la actual cuestión, y separando a su señoría, envíe una nueva terna a Roma para que se ponga a la cabeza de nuestra Iglesia una persona cuyas doctrinas estén más en armonía con **las ideas de la época**..."[552].

Lo afirmado con tanta desaprensión de "querer echar abajo al Prelado con una guerra decente" se estaba volviendo realidad, con la única diferencia de que ya sus enemigos echaban de menos la decencia.

---

[552] Ibíd., oct. 6 de 1861

APENDICE

1. *Ley sobre la organización de los tribunales eclesiásticos*

"El Senado y Cámara de RR.

Art. 1° El Poder Ejecutivo en consorcio con el Vicario Apostólico existente en la República, acordará la organización de Tribunales y juzgados que conozcan de las causas y negocios de la jurisdicción eclesiástica en instancias por derecho, de modo que todos se concluyan dentro del territorio del Estado, y dará cuenta a la A.G. para obtener su aprobación.

Art. 2° El juez de la primera instancia gozará de una renta anual de mil quinientos pesos, y el fiscal eclesiástico la de seiscientos de los fondos públicos.

Art. 3° Comuníquese, etc.

Sala de Sesiones en Montevideo a 4 de julio de 1835.- Carlos Anaya.

Montevideo, Agosto 12 de 1835. De conformidad con lo dispuesto por las Honorables Cámaras en la resolución de 4 de julio y de acuerdo con el Reverendo Vicario Apostólico, el Poder Ejecutivo decreta:

Art. 1° De las causas sujetas a la jurisdicción eclesiástica, conocerá el Provisor en primera instancia, en segunda el Cura Rector de la Iglesia Matriz de la Capital y en tercera el Vicario Apostólico.

Art. 2° Para resolver en segunda y tercera instancia, se asociarán al Cura Rector y Vicario Apostólico dos eclesiásticos sacados a la suerte de una lista de seis que a principios de año se nombrará por el Gobierno de acuerdo con el S.or Vicario.

Art. 3° Los jueces de los tribunales eclesiásticos no son recusables, sino con causa legítima y probada, de que conocerá en método verbal, breve y sumariamente y sin recurso, el Tribunal de Tercera instancia: y en caso que el recusado o recusados sean miembros de él, conocerá de la reacusación los que quedasen espeditos.

Art. 4° Siendo recusado el juez de primera instancia y admitida su recusación, se nombrará un acompañado, conforme a derecho.

Art. 5° Los mismos eclesiásticos de la lista de conjueces, de que habla el artículo 2° que no hubiesen salido en suerte, suplirán a los miembros del tribunal de segunda y tercera instancia, en los casos de impedimento, o de haberse admitido la recusación de alguno, o algunos de aquellos.

Art. 6° Los eclesiásticos nombrados para jueces no pueden escusarse de admitir los cargos, sin causa justificada.

Art. 7° En la primera instancia, actuará el notario eclesiástico, y en los demás el escribano, que elijan los tribunales respectivos.

Art. 8° Lo dispuesto en el presente decreto será provisorio, hasta la aprobación correspondiente.

Art. 9° Comuníquese... - Oribe, Francisco Llambí".

(ASV, ss ae, a 1861, R 251, 41-41v).

2. *Proyecto de ley del ministerio de gobierno*

"El Senado y Cámara de Representantes, etc.

Art. 1° El conocimiento de las causas sujetas a la jurisdicción Eclesiástica, corresponde, en la primera Instancia, al Cura de la Iglesia Matriz; en segunda el discreto Provisor asociado de los colegas sacados a la suerte de una lista de ocho eclesiásticos que a principios de año formará el gobierno de acuerdo con el Prelado; y en tercera instancia al Reverendísimo Vicario Apostólico asociado de dos eclesiásticos tomados de la misma lista.

Art. 2° A falta del Cura de la Iglesia Matriz, del discreto Provisor o del Reverendísimo Vicario Apostólico por impedimento legal, integrará el Tribunal un sacerdote nombrado por el Gobierno de entre los Curas de la República, consultando, en obsequio del despacho, la mayor inmediación del nombrado.

Art. 3° De las sentencias de segunda instancia, confirmatorias de las de primera no habrá otro recurso que el de nulidad e injusticia notoria ante el Tribunal de segunda apelación.

Art. 4° En caso de decirse de nulidad e injusticia notoria, de sentencias pronunciadas en tercera instancia, se integrará el Tribunal extraordinario con cuatro abogados por el orden de antigüedad.

Art. 5° Para ser fiscal Eclesiástico no es indispensable tener órdenes sagradas; cualquier particular Abogado o graduado en derecho canónico puede desempeñar este cargo a falta de eclesiástico graduado en dicho derecho.

Art. 6° El cura de la Iglesia Matriz disfrutará una asignación de... pesos, por el servicio que presta en el juzgado de primera instancia.

Art. 7° Queda acordada al discreto Provisor la asignación de mil quinientos pesos que decretó el art. 2° de la ley de 4 de julio de 1835.

Art. 8° En primera y segunda instancia actuará el Notario Eclesiástico, y en tercera el escribano que eligiese el Ilustrísimo Sr. Vicario Apostólico.

Art. 9° Deróganse todas las disposiciones de la materia, que se opongan a la presente ley.

Salas de Sesiones, etc.

Antonio Díaz.

Proyecto de ley de la comisión especial de la honorable cámara de RR.

Art. 1° Para el conocimiento de las causas sujetas a la jurisdicción eclesiástica, se establece un Juzgado de primera Instancia y un Tribunal de Apelaciones.

Art. 2° El discreto Provisor desempeñará el Juzgado de primera Instancia, y gozará del sueldo de mil quinientos pesos anuales.

Art. 3° Compondrán el Tribunal de Apelaciones el Reverendísimo Vicario Apostólico y dos eclesiásticos más, sacados a la suerte de una lista de ocho sacerdotes que a principio de año formará el Poder Ejecutivo, de acuerdo con el Prelado.

Art. 4° Para formar Tribunal será necesaria la concurrencia de dos Jueces cuando menos, y podrán dictar providencias de sustanciación y autos mero interlocutorios habiendo dos votos conformes; pero para pronunciar sentencias interlocutorias que tengan fuerza de definitiva, o causen gravamen irreparable, es indispensable la concurrencia de los tres Jueces, y que la votación sea unánime.

Art. 5° No habiendo tres votos conformes, se compondrá el Tribunal con dos jueces más sacados a la suerte de la lista de que trata el artículo 3° y del mismo modo se integrará el Tribunal en los casos en que hubiese de conocer en el recurso de revisión.

Art. 6° No confirmándose la sentencia de primera instancia podrá interponerse el recurso de segunda apelación ante el mismo Tribunal, el cual para calificar el grado y conocer del recurso, será integrado con cinco jueces en la forma prescripta en el artículo 5°.

Art. 7° De la sentencia de segunda instancia confirmatoria de la de primera no habrá el recurso de segunda apelación.

Art. 8° Las sentencias de tercera instancia o las de segunda confirmatorias de las de primera instancia, traen aparejada ejecución inmediatamente después de pronunciadas.

Art. 9° Estando legalmente impedido el discreto Provisor, el Tribunal nombrará de entre los eclesiásticos un juez especial en cada caso ocurrente.

Art. 10° En el caso de estar impedido el Reverendísimo Vicario Apostólico, el Tribunal será integrado en la forma prescripta en el artículo 3°.

Art. 11° Todo Juez podrá ser recusado por las mismas causas que en su caso, bastarían para tacharse como testigo.

Art. 12° Del incidente de la recusación del Juez de primera instancia conocerá en juicio verbal un miembro del Tribunal de Apelaciones designado por éste; y de su fallo no habrá recurso.

Art. 13° Si se recusase alguno o algunos de los miembros del Tribunal se integrará éste en la forma prescripta, e integrado conocerá de la recusación en juicio verbal y de su fallo no habrá recurso.

Art. 14° En cuanto a los términos y trámites, los Tribunales Eclesiásticos observarán lo dispuesto en las leyes sobre administración de justicia para las causas del fuero común. Los recursos de fuerza, se regirán por las leyes vigentes.

Art. 15° Para intervenir en las causas de la jurisdicción eclesiástica habrá un Fiscal que nombrará el P.E. de acuerdo con el Prelado, con la dotación de seiscientos pesos anuales y sesenta pesos para gastos de oficina. El nombramiento del Fiscal recaerá en un eclesiástico.

Art. 16° En primera instancia actuará el Notario Eclesiástico y en las demás el Escribano que elija el tribunal.

Art. 17° Deróganse todas las disposiciones de la materia, que se opongan a la presente ley.

Arrascaeta – Caravia – Fuentes – Juanicó
Tapia – Palomeque – Latorre"[553]

---

[553] ASV, ss ae, a 1859, R 251, 72v-73v;
Diario de Sesiones de la Honorable Cámara de Representantes, tomo VI, año 1859, 48-51.

FUENTES

Archivos consultados:

I.- En Roma:

1.- ***Archivio Segreto Vaticano***.- El 1° de enero de 1967 se abrió para los investigadores, en el Archivo Secreto Vaticano, el período relativo al pontificado de Pío IX (1846-1878), sin que el enorme material quedara orgánicamente estructurado.

Bajo denominaciones no apropiadas y en legajos que no llevaban el año correspondiente, se halló, después de muchos esfuerzos, el abundante material, en su casi totalidad desconocido, objeto de la presente investigación.

2.- ***Archivio di Propaganda Fide***.- El material de las secciones consultadas: "Scritture riferite nei Congressi – America Meridionale" (volúmenes correspondientes al período en cuestión), "Udienze di Nostro Signore" (volúmenes correspondientes) y "Lettere" (volúmenes correspondientes), es de escaso interés, tratándose de algunas relaciones privadas al card. Prefecto de Propaganda Fide, y de facultades concedidas periódicamente al prelado de Montevideo.

II.- En Montevideo:

3.- **Archivo Eclesiástico de Montevideo.-** Carece, lamentablemente, de mucha documentación oficial con el Estado.

Las relaciones epistolares, a pesar de ser numerosas, experimentan deficiencias relevantes.

4.- **Archivo General de la Nación**.- En la sección "Ministerio de Gobierno" se encuentra la documentación eclesiástica mezclada con el abultado material político.

En las muchas cajas revisadas (más de 100), aparecieron documentos oficiales de algún interés.

5.- **Museo Histórico Nacional – Colección de Manuscritos – Archivo y Biblioteca Pablo Blanco Acevedo**.- Se entregó últimamente a este Archivo un legajo que contenía cartas de Marini, Vera y Requena.

Material precioso y totalmente desconocido, utilizado por primera vez para este trabajo.

6.- **Archivo del Ministerio de Relaciones Exteriores.-** Material importante y, al parecer, nunca utilizado, sobre la misión confidencial del Dr. Florentino Castellanos ante el delegado apostólico, residente en Buenos Aires, y otras misiones.

Hay, además, otros documentos sueltos relativos a la Iglesia nacional.

7.- **Archivo de la Suprema Corte de Justicia**.-Material también no utilizado sobre el recurso de fuerza de fray Cándido de Nonántola y demás frailes de la misión franciscana.

8.- **Archivo de la Sede Central de la Masonería de Montevideo.** No se permitió su utilización.

III.- En Canelones:

9.- **Archivo de la Catedral de Canelones**.- Entre el material que puede interesar, hay circulares del vicariato de Montevideo a los párrocos.

IV.- En Río de Janeiro:

10.- **Archivo de la Nunciatura de Río de Janeiro.-** Contiene el material del vicariato apostólico del Uruguay desde 1830 hasta 1857, período en que la iglesia oriental dependía de la nunciatura de Brasil.

Aunque no directamente relacionado con el período estudiado (1859-1863), esclarece muchos problemas y asuntos posteriores.

V.- En Buenos Aires:

11.- **Archivo de la Nunciatura de Buenos Aires**.- En el año 1858 el vicariato apostólico del Uruguay empezó a depender de la nueva delegación apostólica en el Río de la Plata, con sede en Paraná.

Hacia fines de 1862, el mismo primer delegado apostólico mons. Marino Marini pasó a residir en Buenos Aires.

Consultada oficialmente la nunciatura de Buenos Aires sobre la documentación de este período relativa al Uruguay, con carta N° 27546, contestaba: que nada se encontraba en sus archivos[554].

Dichos documentos tampoco se encuentran en la **nunciatura de Montevideo**, ignorándose por consiguiente su paradero definitivo.

VI.- Entre las fuentes se colocan también:

12.- **Informes Diplomáticos de los representantes de Francia en el Uruguay** (1859-1863), publicados en REVISTA HISTORICA, tomo XIX, Montevideo, 1953.

13.- **Diario de Sesiones de la Honorable Cámara de Representantes**, Tomo VI, año 1859.

[554] "Buenos Aires, 30 de septiembre de 1968. Reverendo Padre, esta Nunciatura Apostólica ha recibido su amable carta del 23 del corriente mes, averiguando acerca del período relativo al Vicariato Apostólico de Monseñor Vera (1859-1864).

Al respecto comunico a Vuestra Reverencia que los documentos del período indicado no se encuentran en los archivos de esta Nunciatura. Dios guarde a Vuestra Reverencia.

Luis Gentile, Encargado de Negocios".

BIBLIOGRAFIA

a.- **Bibliografía Específica**

ALGORTA CAMUSSO, RAFAEL.- Mons. D. Jacinto Vera, Notas biográficas, Montevideo, 1931.

ARTICULOS DEL VICE POSTULADOR extra Urbem de la Causa de Beatificación y Canonización del Siervo de Dios JACINTO VERA, Primer Obispo de Montevideo para el Proceso Ordinario Informativo sobre la fama de santidad de vida, virtudes y milagros de dicho Siervo de Dios. Montevideo, 1935.

PONS, LORENZO A.- Biografía del Ilmo. y Revmo. Señor don Jacinto Vera y Durán. Montevideo, 1904.

SALLABERRY, JUAN F.- Actividades Apostólicas de Monseñor Jacinto Vera, Montevideo, 1938.

SALLABERRY, JUAN F.- Diplomacia pontificia en el Uruguay (1826-1852), en "Razón y Fe", 354-379. Madrid, 1935.

SALLABERRY, JUAN F.- El siervo de Dios Don Jacinto Vera. Montevideo, 1938.

SALLABERRY, JUAN F.- La Iglesia en la Independencia del Uruguay. Montevideo, 1930.

SALLABERRY, JUAN F.- La Personalidad de Monseñor Jacinto Vera. Conferencia en el Instituto Histórico y Geográfico del Uruguay.

b.- **Bibliografía general**

ACEVEDO, EDUARDO.- Anales Históricos del Uruguay. Montevideo, 1933-1936.

ARDAO, ARTURO.- Espiritualismo y Positivismo en el Uruguay. México, 1950.

ARDAO, ARTURO.- Filosofía pre-universitaria en el Uruguay. Montevideo, 1945.

ARDAO, ARTURO.- Racionalismo y liberalismo en el Uruguay. Montevideo, 1962.

BAUZA, FRANCISCO.- Estudios Constitucionales. Montevideo, 1887.

BERRO, AURELIANO G.- Bernardo Prudencio Berro, Vida pública y privada. Montevideo, 1920.

BRUNO, CAYETANO.- Historia de la Iglesia en la Argentina. Buenos Aires, 1966.

CASTELLANOS, ALFREDO R.- Contribución al estudio de las ideas del Pbro. Dámaso A. Larrañaga. Montevideo, 1952.

DURA, FRANCISCO.- Misión para Hispano América. Buenos Aires, 1924.

FAVARO, EDMUNDO.- Dámaso Antonio Larrañaga, su vida y su época. Montevideo, 1950.

LETURIA, PEDRO DE, S.I. – Relaciones entre la Santa Sede e Hispano-América.
I. Época del Real Patronato, 1493-1800. Roma-Caracas, 1959.
II. Época de Bolívar, 1800-1835. Roma-Caracas, 1959.
III. Apéndice, documentos, índices. Roma-Caracas, 1960.

LOPETEGUI, LEON; ZUBILLAGA, FELIX.- Historia de la Iglesia en la América Española. Madrid, 1965.

MARTINA, GIACOMO.- Pio IX e Leopoldo II. Roma, 1967.

ODDONE, JUAN A.- Tablas Cronológicas. Montevideo, 1967.

PARIS DE ODDONE, MARIA B.- La Universidad de Montevideo en la formación de nuestra conciencia liberal. Montevideo, 1958.

PEREIRA, GABRIEL A.- Correspondencia confidencial y política del Sr. Don Gabriel A. Pereira desde el año 1821 hasta 1860, acompañada de algunos documentos históricos. Montevideo, 1894-1896.

PEREZ, RAFAEL, S.I.- La Compañía de Jesús en Sudamérica. Barcelona, 1901.

PIVEL DEVOTO, JUAN E.- Historia de los partidos políticos en el Uruguay (años 1811-1863). Montevideo, 1942.

PIVEL DEVOTO, JUAN E.- Las ideas constitucionales del Dr. José Ellauri. Montevideo, 1955.

PIVEL DEVOTO, JUAN E.- Las ideas políticas de Bernardo Prudencio Berro. Montevideo, 1951.

PIVEL DEVOTO, JUAN E.; RANIERI DE PIVEL DEVOTO, ALCIRA. Historia de la República Oriental del Uruguay, Montevideo, 1956.

THOMAS, EDUARDO.- Compendio de Historia Nacional. Montevideo, 1943.

TOME, EUSTAQUIO.- El Vicariato Apostólico de Don José Benito Lamas (1854-1857) en REVISTA HISTORICA, Tomo XIII, Montevideo, 1941.

c.- **Periódicos de Montevideo**

NACION (LA), 1859.
PAIS (EL), 1862-1863.
PRENSA ORIENTAL (LA), 1861-1862.
REPUBLICA (LA), 1859.
REVISTA CATOLICA (LA), 1860-1862.

d.- **Periódico de Buenos Aires**

RELIGION (LA), 1859

ABREVIATURAS DE LAS FUENTES

ASV, ss ae, a..., R...,...
Archivio Segreto Vaticano, Segretaria di Stato, Affari Esteri, anno..., Rubrica..., ...(=numeración del folio).

ASV, pd, a..., vol..., ...
Archivio Segreto Vaticano, Processus Darariae, anno..., volume..., ... (=numeracioón del folio).

APF, src, am. vol...
Archivio di Propaganda Fide, Scritture Riferite nei Congressi, America Meridionale, volume...

APF, udns, vol...
Archivio di Propaganda Fide, Udienze di Nostro Signore, volume...

AEM, va..., c..., ...
Archivo Eclesiástico de Montevideo, Vicariato Apostólico..., carpeta..., ...(=numeración del folio).

AGN, mg, c...
Archivo General de la Nación, Ministerio de Gobierno, caja...

AyB, pba, ms, d...
Archivo y Biblioteca Pablo Blanco Acevedo, Manuscritos del Museo Histórico Nacional, documento...

AMRE, da, c...
Archivo del Ministerio de Relaciones Exteriores, Delegaciones Apostólicas, caja...

AMRE, in, c...
Archivo del Ministerio de Relaciones Exteriores, Iglesia Nacional, caja...

ASC, a..., vl
Archivo de la Suprema Corte de Justicia, año..., varios legajos n.1.

ANRJ, c...
Archivo de la Nunciatura de Río de Janeiro, caja...

In. d.
Informes Diplomáticos.

ABREVIATURAS DE LOS PERIODICOS

Nac. = La Nación

País = El País

Pr. O.= La Prensa Oriental

Rel. = La Religión

Rep. = La República

Rev. C.= La Revista Católica

NOTAS

1.- Los textos citados entre comillas reproducen los originales, con algunas correcciones ortográficas y de puntuación.

2.- Gracias al interés y patrocinio del señor **Juan E. Pivel Devoto,** esta investigación histórica fue publicada por primera vez en la Revista Histórica, Nos. 124-126 y 127-129, Montevideo 1971 y 1972.

3.- Con este trabajo el autor consiguió, en 1970, su título de Doctor en Historia Eclesiástica (**Universidad Gregoriana de Roma**).

www.ingramcontent.com/pod-product-compliance
Lightning Source LLC
LaVergne TN
LVHW091049080826
845145LV00002B/685